农产品市场营销

段晓猛　编　著

中国建材工业出版社

图书在版编目（CIP）数据

农产品市场营销 / 段晓猛编著．—北京：中国建材工业出版社，2016.9（2022.1重印）

ISBN 978-7-5160-1482-0

Ⅰ．①农… Ⅱ．①段… Ⅲ．①农产品市场－市场营销学 Ⅳ．①F762

中国版本图书馆CIP数据核字（2016）第115568号

内容提要

从目前来看，我国国内农业组织化与经营方式还相对落后，农产品市场化及其开放程度还不高，这些无论对新农村建设还是与国际农产品市场接轨都会造成很大的障碍。在社会主义新农村建设中，提高农产品营销水平和竞争优势是一项重要课题。

本书从农产品市场营销概述和农产品市场营销战略入手，分析了制定农产品市场营销策略、农产品营销队伍管理、农产品专业市场营销、农产品营销新思维、农产品促销策略实施、农产品物流与配送、农产品标准、分级与消费者特征。根据课程实际需要，适当增加了营销案例，希冀让这些发生在我们身边的故事有助于我们更好地经营我们的宏伟事业。

本书编写力求通俗易懂，深入浅出，可作为农产品生产大户、农产品流通经营者扩大知识面、掌握农产品市场营销常识和专业知识的通俗读本，也可作为大中专院校和职业教育管理学、市场营销学专业师生的参考资料。

出版发行：中国建材工业出版社
地　　址：北京市海淀区三里河路1号
邮　　编：100044
经　　销：全国各地新华书店
印　　刷：大厂回族自治县益利印刷有限公司
开　　本：710×1000　1/16
印　　张：14
字　　数：230千字
版　　次：2016年9月第1版
印　　次：2022年1月第2次印刷
定　　价：26.80元

本社网址：www.jccbs.com　微信公众号：zgjcgycbs

PREFACE

前　言

近年来，我国经济的快速发展、城市化进程的加速，为农业现代化的发展提供了巨大的空间。

社会进入小康即所谓的中等收入阶段，人们对基本需求的标准出现“反工业化”的趋势，对食品安全性、有机性、特色化的需求与关注度急速提高。我们的饮食需求实现了从紧缺到满足，从温饱到小康的历史性转变。由此带来农产品的升级换代与巨大变革。

我国农产品市场发展迅速，类别繁多，包括粮油市场、蔬菜市场、水产品市场、肉食禽蛋市场、干鲜果品市场等。自进入新世纪，市场硬件设施明显改善，商品档次日益提高，市场运行质量日趋看好。与此同时，随着国内农产品市场的开放，农产品竞争日趋加剧，已经从单一的产品竞争演变成为全方位的、多层次的综合性竞争。然而，由于农产品营销队伍建设滞后，缺乏市场营销专业知识，农产品经营者往往还是凭借个人经验和对市场的简单估计来销售农产品，很少运用现代市场营销手段，在提高农产品的市场竞争力方面显得力不从心。

随着改革开放的深入进行和新农村建设的推进，农产品的经营销售活动也成为“三农”问题中的重点。学习市场，走向市场，在市场中发展壮大，是每个农业企业和经营者必定要走的道路。正基于此，我们编写了这本培训教材，希冀能够对广大农产品经营者尤其是农产品营销人员有所帮助。

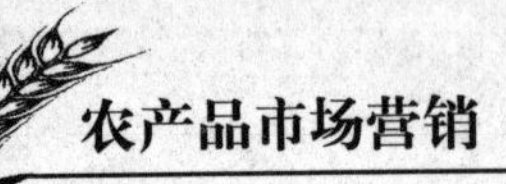

本书共设置了9章34节内容。在编写过程中参考了大量的专业资料和同行专家的研究成果，在此对他们的研究成果和辛勤工作表示衷心的感谢。由于编写者水平有限，不足之处在所难免，恳请同行专家和读者批评指正。

编　者

2016年5月

CONTENTS

目录

目 录

第一章　农产品市场营销概述

〔案例导入〕

农产品市场升级：需靠现代化运营管理模式

农产品批发市场的转型升级，是推进农业现代化的重要环节。从第一代农产品批发市场“圈地、圈院子、盖围墙”的特征，到第二代批发市场虽然硬件设施基本健全，但市场功能发挥不完善，目前中国农产品批发市场正进入第三代，这就是：设施先进、功能完善、管理科学、主动承担社会责任的现代化市场。

全国政协委员、香港宏安集团有限公司主席邓清河在接受记者采访时表示，借鉴海外先进经验，有助于中国农产品批发市场走向现代化、标准化和国际化。

据了解，宏安集团是香港最大街市管理营运商，旗下中国农产品交易有限公司是香港唯一专营菜篮子工程的上市公司。作为爱国爱港人士，邓清河心系祖国民生，希望利用自己的经验为解决农产品流通、“价贱伤农”及“价贵伤民”等问题贡献微薄之力，同时希望通过市场引导农民调整产业结构，主动参与市场竞争。近年来，中国农产品交易有限公司在武汉、玉林、洛阳、徐州、钦州、开封、淮安等15个城市，建设、经营大型农产品批发市场，形成了全国性农产品物流中心网络，连续8年稳居中国农贸发展外资龙头企业地位。目前，该公司已营运的项目总体占地面积过万亩，建筑面积达300万平方米，农副产品年交易总量超过3000万吨，经营户达3万个，合作农户超过十万，享有“中国农贸建设与营运典范”的美誉，多次受到地方政府及百姓嘉许。

值得嘉许的，更有邓清河带给内地农产品市场的现代化运营管理模式。

在食品安全监测方面，旗下的农产品市场普遍采用行业领先的二维码技术，以便独立的第三方专业检测机构人员定期检测农产品质量，及时追溯供货商源头，保证市民能享受到安全、优质的食品。

在中央结算方面，各市场设置了电子货币交易平台，可以通过智能卡简化交易流程；市场的中央结算系统使交易信息透明化、提高了经济效益；通过经营户交易数据，建立信用评估体制，向经营户及农户提供小额贷款；与中国建设银行、中国农业银行等金融机构合作，实现交易卡与银行卡信用互通功能。

在发展冷链物流中心方面，通过总量超过10万吨的恒温及低温冷库和拥有直通全国的冷链物流车，向经营户提供保质保量的冷冻保鲜服务。

在农副产品电子商务方面，各地市场建立起了农产品电子商务平台，有效提升了农商户经营业绩；总部应用互联网技术发布农产品最新价格指数、市场供求信息，增强了农产品交易的透明度，促进了农产品交易市场的健康发展。

可以说，中国农产品交易有限公司已成为内地发展现代化农产品批发市场的先锋。

在投资改造并建设内地农产品批发市场的过程中，并非一帆风顺，目前武汉白沙洲农副产品大市场就遇到了困惑。邓清河称："公司在2009年收购白沙洲市场，但在2010年正式接手经营及变更董事过程中，才发现白沙洲公司原股东在2007年的股权交易中存在问题，原市场的持有者在管理上也存在不少漏洞，这在我们2009年收购时毫不知情"。虽然遇到困难，但邓清河仍然坚持尊重合约精神，一面与原股东进行法律诉讼，一面履行作为大股东的责任，以一贯的规范化管理模式经营白沙洲农副产品大市场，并得到商户的良好口碑。目前，已投资5亿多元解决该市场的土地证完善、排污及消防等问题，使原来的老旧市场升级改造成为拥有员工500多位、经营户5000多个、交易额超过250亿元、排名全国前五的综合性农产品批发市场。

"我非常赞同国家全面推进依法治国的理念，支持法院对于事实部分的认定，法院并没有否定整个交易，另外一份11.56亿元的协议也已经履行完成。后续的法律措施，将由律师来处理，相信事情会有完美的解决方案"。邓清河表示，"我相信国家、相信政府、相信法治，国家不断完善的法治会保护好投资者的合法权益。我们在国内的大量投资都得到了很好保护，相信在武汉的合法投资也同样会受到保护。我也会继续增加内地农产品批发市场的投资，为国家的'菜篮子'工程作出更多更好的贡献"。

来源：中华工商时报

第一节　市场和农产品市场

一、理解市场概念

市场是人们进行商品交换与买卖的地方。商品的需求、供给与商品交换，构成了市场经济的基本内容。

1. 市场是商品流通和交易的地方

在这个场所里，存在着提供用于交换的商品、商品的卖方、还有具有购买能力和购买动机的买方。

（1）农民从事生产经营活动所需要的化肥、农药等生产资料，消费者所需要的消费品，都必须在市场上才可以买到。

（2）经营者生产的一切产品，绝大部分都必须在市场上才能卖出去，才能从生产领域流通到消费领域，从而实现商品的价值。市场是商品的经营者、生产者、消费者三者之间进行经济联系与交往的场所。

2. 市场是不断发展的

（1）在自给自足的自然经济占统治地位的情况下，市场由简单的商品交换形成，分散于各地的、封闭式的、狭小的市场，由于商品的种类、数量非常有限，因此难以形成市场体系。

（2）经济向前发展，在社会化、专业化的市场经济情况下，商品在生产和流通中表现出来的竞争越来越激烈，商品的种类和数量不断增多，从而使市场结构由分散改为统一，由单一改为多元，由国内向国际发展。

3. 市场的构成要素

（1）市场的参与者：也就是商品的卖者和买者。市场交换必须有具备一定行为能力的人，并且有其活动能力，才可以进行市场交换，这是市场存在的先决条件。一般农产品市场的主体是农产品生产经营者和消费者，包括企业、个体户、政府及其机构。

（2）交换行为：一般的交换行为包括人们选择哪种商品、何时购买、购买多少、以何种价格购买等。

（3）交换媒介物：就是用于交换的商品，包括生活资料和生产资料、资金、技

术信息、劳动力等。作为市场交换的客体，首要的条件是它的使用价值，即有用性。

二、市场的功能

人们离不开市场，这是因为市场有其独特的功能。通过挖掘商品自身的功能，保证其生产的顺利进行，进而推动商品生产的发展。

市场功能指市场本身所具有的客观职能。一个较为完善的市场体系，其主要功能可概括为几个方面。

1. 联系功能

实现不同商品生产者之间的经济结合和相互联系。社会分工越细，市场的这一功能也就越为重要。在现代市场经济条件下，需要通过市场的联系功能来进行调节，进而解决供需矛盾。

2. 交换功能

这是市场最基本的功能，离开了商品交换，也就不存在市场。市场交换功能的发挥，使商品经营者或生产者得以拿自已的产品在市场上出售，从而得到货币，然后再向别人购买自已所需要的消费资料或者生产资料，实现劳动与商品的交换。

3. 价值实现功能

在市场经济条件下，要靠市场来实现商品价值。当农产品经营者把商品出售后，所得货币能够补偿生产过程中所耗费的劳动和物质，那么商品价值就会得到完整的体现；如果商品卖不出去，或所得货币不足以补偿劳动和物质耗费，则价值就不能完全实现或不能实现，生产规模就会被迫缩小或中断。

4. 调节功能

通过价值规律和竞争的作用调节各类生产要素在各个生产部门之间的布局和分配。主要体现在以下两个方面。

（1）通过市场竞争，调节商品的供求。某种商品的价格上涨，说明这一商品供不应求，生产这种商品就一定会有利可图，于是生产者就都开始生产这种商品。反之，商品价格下降则说明这一商品供大于求，生产这种商品可能会导致亏本，于是生产者便会转产别的商品，或者压缩这种商品生产。也就是说，通过价值规律的作用，在部门间调节生产要素的配置，使商品供求达到平衡。

（2）通过市场竞争的作用，改变生产要素的原有配置格局，也就是说，在竞争中让一部分较好的经营者得到发展，淘汰另一部分较差的经营者，在优胜劣汰的竞争之下，就会使资源从配置效益较低的地方向效益较高的地方流通，使有限的资源得到合理配置。

5. 服务功能

一个比较完善和成熟的市场体系，它对市场需求者的服务主要表现在两个方面。

（1）面向市场进入者，能顺利完成商品买卖，他们的目的是保证商品交易的顺利进行，市场的一大功能是为经营者提供所需的各种组织机构。

（2）通过建立如银行、信托公司、保险机构、商品检验部门、技术咨询等设施与服务机构，向市场进入者提供服务。

6. 反馈功能

市场时时都在通过价格、供求等反馈着各种信息，这些信息就成为国家或农产品经营者掌握市场动向，根据市场需求确立营销决策或进行生产的重要依据。因此，整个经济活动的综合反映就是市场的行情。

7. 劳动比较功能

通过商品比较来推动生产经营者努力采用新材料、新技术、新方法，不断提高劳动生产率，改善生产经营条件，才能取得较好的社会效益与经济效益。

三、类型多样的农产品市场

农产品市场的分类可以按照销售方式、交易场所的性质、商品性质和交易形式来进行划分。

1. 按照销售方式划分市场

按照农产品销售方式，可以将农产品市场分为两类，即零售市场和批发市场。

农产品零售市场，就是进行农产品小量、单个交易的场所。农村的集市是零售市场，城市的食品商店、副食商店、超级市场和农贸市场也都是零售市场。

农产品批发市场，是指每笔交易量都比较大，成批量地销售农产品的市场。不仅中转集散地和农产品产地设有批发市场，作为销地的大中城市也会设有批发市场。

2. 按照交易场所的性质划分市场

按照交易场所的性质，可将农产品市场分为三类，即销地市场、产地市场和集散与中转市场。

（1）产地市场。指在各个农产品产地兴建或形成的定期或不定期的农产品市场。

产地市场的主要特点是：①以现货交易为主要交易方式；②接近生产者；③以批发为主，如蔬菜批发市场等都是形成了一定规模的产地批发市场；④专

业性强，主要从事某一种农产品交易。

产地市场的主要功能是为分散生产的农户提供了解市场信息和集中销售农产品的场所，同时，便于农产品的初步分级、整理、加工、包装和储藏、运输。

（2）销地市场。销地市场是指设在大中城市和小城镇的农产品销售市场，其市场还可再分为销地零售市场和销地批发市场。

销地零售市场主要分布于大、中、小城市和城镇；销地批发市场主要设在大中城市，购买对象一般是农产品零售商、饭店和企事业单位、机关食堂。销地市场的主要职能是把经过集中、初步加工和储运等环节的农产品销售给消费者。

（3）集散与中转市场。该类市场多设在交通便利的地方，如铁路、公路交汇处。自发形成的集散与中转市场，则有可能在交通不便的地方，一般这类市场的规模都比较大，建有较大的交易场所、仓储设施和停车场等配套设施。

集散与中转市场主要职能是将来自各个产地市场的农产品进一步集中起来，经过加工、储藏与包装，通过批发商分散销往各地的批发市场。

3. 按照商品性质划分市场

按照商品性质划分，农产品市场还可以分为蔬菜市场、粮食市场、肉禽市场、果品市场、水产品市场、植物纤维市场等。

4. 按照交易形式划分市场

按照农产品交易形式划分，农产品市场可分为期货交易市场和现货交易市场。

（1）期货交易市场，是指进行期货交易的场所，如郑州粮食期货交易所。而农产品期货交易对象并不是农产品实体，只是农产品的标准化合同。

（2）现货交易市场，是指进行现货交易的场所或交易活动。现货交易是指买卖双方谈判，也就是讨价还价后，达成书面或口头买卖协议，商定付款方式或其他条件，在一定时期内进行货款结算和实物商品交付的交易形式。

四、农产品市场的特殊性

农产品市场和其他市场相比，具有固有的特殊性。

1. 农产品市场供给具有周期性和季节性

农业生产具有季节性，农产品市场的货源随着农业生产的季节不同而变动，特别是鲜活农产品，需要及时采购和销售。农业生产有周期性的特点，在一年之中其供给有淡旺季，数年之中还会有平产年、丰产年、歉产年。所以，在农产品供应中解决周期性、季节性的矛盾，维持供应均衡，是一项长期而重要的工作。

2. 农产品市场交易的产品具有生活资料和生产资料的双重性质

农产品市场上的农副产品，一方面，农产品是人们生存的必需品，居民的日常饮食都要由农产品市场供应；另一方面，农产品可以供给生产单位用作生产资料，如农业生产用的种子、饲料和种畜等，以及工业生产中所用的各种原材料等。

3. 农产品市场风险比较大

农产品是具有生命的产品，在储存、运输、销售中会发生霉变、腐烂、病虫害，极易导致损失。因此农产品的市场营销必须组织良好，设施完善，尽量缩短流通时间，降低风险。

4. 农产品市场的基本稳定性

农产品供求基本稳定且平衡，是保证经济发展和社会稳定的要求。因此，对农产品市场的农产品价格和营销活动，既要加强宏观调控，又要充分发挥市场机制的调节作用，以实现社会稳定和市场繁荣。

5. 农产品市场多为小型分散市场

农产品生产大多分散在千家万户，农产品集中交易时具有地域性特点，常采用集市贸易的形式，比较分散，而且规模小。在交通枢纽地区、大中城市也有较大规模的农产品集散市场。

总之，农产品市场的这些特性，使农产品的市场营销具有自身的规律性。在市场营销活动中，农户要自觉地按照客观规律进行自己的生产经营活动，只有这样才能取得较好的经营效果。

第二节　农产品市场现状

一、我国农业和农村经济发展现状

1. 粮食等农产品生产稳步增长，农业综合生产能力进一步提高

近几年来，党中央、国务院不断强化农业的基础地位，推进了结构调整，提高了粮食综合生产能力。

国家统计局发布了2015年国民经济和社会发展统计公报。数据显示,全年粮食种植面积11334万公顷,比上年增加62万公顷。棉花种植面积380万公顷,减少42万公顷。油料种植面积1406万公顷，增加1万公顷。糖料种植面积174万公顷，减少16万公顷。

全年粮食产量62144万吨,比上年增加1441万吨,增产2.4%。其中,夏粮产量14112万吨，增产3.3%；早稻产量3369万吨，减产0.9%；秋粮产量44662万吨，增产2.3%。全年谷物产量57225万吨，比上年增产2.7%。其中,稻谷产量20825万吨，增产0.8%；小麦产量13019万吨，增产3.2%；玉米产量22458万吨，增产4.1%。

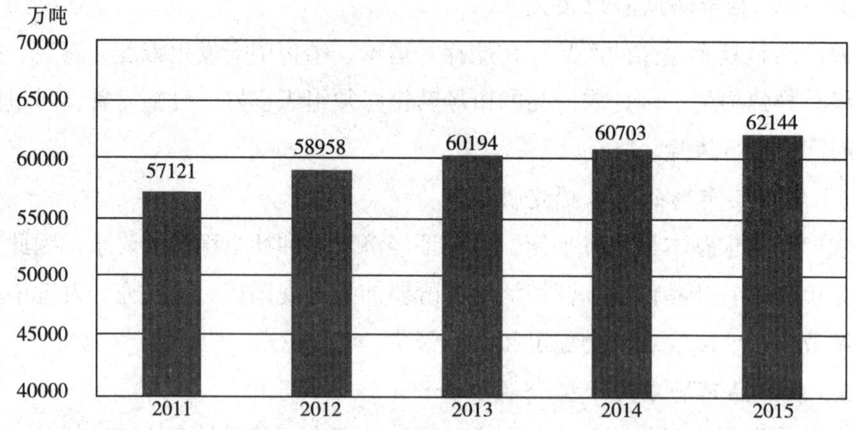

图1—1　我国2011~~2015粮食产量

全年棉花产量561万吨，比上年减产9.3%。油料产量3547万吨，比上年增产1.1%。糖料产量12529万吨，比上年减产6.2%。茶叶产量224万吨，比上年增产6.9%。

农产品供求总量基本处于平衡状态。粮食总产量连续多年保持增长，这是因为粮食效益稳定且相对较高。这与国家不断强化粮食安全政策有着直接关系。受政策激励，粮食市场价位相对较高，以及受农业生产资料市场总体上继续保持稳定等积极因素影响，预计粮食供求总量基本平衡的状况将会更加巩固。

由于受农民收入增长较快和农村消费市场价格相对稳定、环境治理趋好等积极因素影响，近几年农村消费市场旺盛，农村社会消费零售额逐年提高。这对于扩大内需，促进国民经济健康运行有着极为重大的意义。

2. 农民收入快速增长，农民生活质量得到明显提高

近几年，全国农民增收明显，主要表现在：农民外出务工人数继续增加，工资性收入明显增加；农产品价格恢复性上涨，农民出售农产品后收入增加；国家大幅度增加生产性补贴，农民得到的实惠也渐渐增多。

3. 农村经济结构和农业调整出现积极变化，农产品质量不断提高

从农村产业结构来看初步核算，2014年全年国内生产总值636463亿元，按可比价格计算，比上年增长7.4%。分季度看，一季度同比增长7.4%，二季度增长7.5%，三季度增长7.3%，四季度增长7.3%。分产业看，第一产业增加值58332亿元，比上年增长4.1%；第二产业增加值271392亿元，比上年增长7.3%；第三产业增加值306739亿元，比上年增长8.1%。从环比看，四季度国内生产总值增长1.5%。

（1）农业生产形势较好

全年全国粮食总产量达到60710万吨，比上年增加516万吨，增长0.9%。其中，夏粮产量13660万吨，比上年增长3.6%；早稻产量3401万吨，比上年下降0.4%；秋粮产量43649万吨，比上年增长0.1%。谷物产量55727万吨，比上年增长0.8%。全年棉花产量616万吨，比上年下降2.2%。全年猪牛羊禽肉产量8540万吨，比上年增长2.0%，其中猪肉产量5671万吨，比上年增长3.2%。全年禽蛋产量2894万吨，比上年增长0.6%；牛奶产量3725万吨，比上年增长5.5%。

（2）市场销售稳定增长

全年社会消费品零售总额262394亿元，比上年名义增长12.0%(扣除价格因素实际增长10.9%)。其中，限额以上单位消费品零售额133179亿元，比上年增长9.3%。按经营单位所在地分，城镇消费品零售额226368亿元，比上年增长11.8%，乡村消费品零售额36027亿元，比上年增长12.9%。按消费形态分，餐饮收入27860亿元，比上年增长9.7%，商品零售234534亿元，比上年增长12.2%，其中限额以上单位商品零售124971亿元，增长9.8%。12月份，社会消费品零售总额同比名义增长11.9%（扣除价格因素实际增长11.5%），环比增长1.01%。

全年全国网上零售额27898亿元，比上年增长49.7%。其中，限额以上单位网上零售额4400亿元，增长56.2%。

农业生产更加注重生态产品的开发，全国已初步形成绿色食品、无公害农产品和有机食品“三位一体、整体推进”的安全农产品生产发展格局。

二、我国农产品供给形势

1. 我国粮食供求变化

（一）粮食生产

改革开放以来，我国粮食产量总体呈较快增长态势。2013年全国粮食产量达60194万吨，较1978年增长97.5%，年均递增2.0%，具体可分为4个阶段。

第一阶段（1978—1984年）：粮食产量持续大幅增长。1978至1984年，全国粮食产量年均增长5.0%。在这一阶段，粮食增长主要受单产水平提高驱动。1984年，全国粮食播种面积较1978年下降6.4%，但粮食单产则增长42.8%。

第二阶段（1985—1998年）：粮食产量波动中增长，增速有所下降。单产水平提高仍是该阶段粮食总产量提高的主要驱动因素。1998年较1984年全国粮食总产量增加10499万吨，增长25.8%，年均增长1.7%。其中，粮食播种面积增长0.8%，单产提高24.8%。

第三阶段（1999—2003年）粮食产量持续减产。该阶段的突出特点是：不仅粮食播种面积有较大程度减少，单产水平也有所降低。2003年，全国粮食产量仅为43070万吨，较1998年减少15.9%，年均递减3.4%，为1990年以来的最低水平。

第四阶段（2004—2013年）：粮食产量持续增加。2003至2013年，全国粮食增产17124万吨，增长39.8%，年均增长3.4%，其中播种面积增长12.6%，单产增长24.1%，对粮食增产的贡献分别为31.7%和68.3%，粮食播种面积的扩大和单产水平的提高，同时支撑着粮食总产量的增加。

（二）粮食净进口

中国是世界人口第一大国，虽然国家粮食自给能力不断增强，但国内粮食②需求持续增长，中国粮食进口也逐步增加，已成为粮食贸易大国，在世界粮食市场上占有重要地位。

一是贸易规模不断扩大，总体以进口为主。2012年中国净进口粮食7747万吨，比1980年增长5倍，年均增长5.8%。2004年以前，中国粮食净进口数量不大，并有若干年为净出口。2004年以后，中国粮食净进口量快速增长，并长期为粮食净进口国。此后，中国粮食净进口数量几乎一年一个台阶，于2012年突破7000万吨，直逼8000万吨大关。

二是贸易品种结构不平衡，波动性较大。从结构看，中国主要出口玉米、大米，进口小麦。玉米和大米总体为净出口，小麦总体呈净进口。其中，玉米出口量很大，波动也相当大，净进口量峰值与谷值之差达2146万吨，大米进出口量较稳定，波动较小，但两者出口量均呈逐年下降趋势，近几年均为净进口，特别是2012年净进口量分别达到495万吨和209万吨，创1980年以来新高，均比1980年增长2.2倍。小麦进口量明显下降，出口量有所增长，净进口量波动较大。

粮食总产量与净进口量构成粮食的总供给量。改革开放以来，我国粮食总供给量逐年上升，从1991年的43866万吨增加到2012年的66705万吨。

（三）粮食需求

在人口增长，饮食结构变化，农产品加工、生物、医药、能源产业发展等共同影响下，我国包括口粮消费、饲料消费、工业消费在内的粮食需求持续增长。从三大类消费来看，工业用粮和饲料用粮增长较快，而口粮需求缓慢增长。2012年工业用粮消费量达10130万吨，较2003年增长123.8%，年均增长9.4%；饲料用粮紧随其后，2012年消费量达14722万吨，较2003年增长23.1%，年均增长2.3%；口粮消费量虽仍最多，为25389万吨，但较2003年仅增长6.9%，年均增长0.7%。

分品种看，作为工业和饲料用粮主力的玉米和小麦，消费快速增长，增速明显快于口粮为主的稻谷。2012年玉米消费量达20000万吨，超过稻谷成为粮食第一大消费品种，较2003年增长50.5%，年均增长4.7%；小麦消费量12417万吨，较2003年增长15.5%，年均增长1.6%。2012年稻谷消费量为19961万吨，较2003年增长5.6%，年均增长0.6%，其中口粮较2003年增长8.7%，年均增长0.9%，工业用粮增长8.0%，年均增长0.9%，而稻谷的饲料用粮作用持续削弱，导致消费下降18.3%。

2. 我国奶业综合生产

奶业生产总体稳定，生产方式加快转变。国家统计数据显示，2014年我国牛奶产量达到3 725万t，比2013年增长5.5%。奶牛单产不断提高，荷斯坦奶牛平均单产可达到6 t。奶牛规模养殖加快推进，全国机械化挤奶率超过90%，奶牛全混合日粮、发情监控、疫病防治、粪污利用、快速检测、信息智能管理等技术在大中型牧场得到广泛应用。中国农业大学国家奶牛产业技术体系对全国规模牧场调研显示，2015年上半年，奶业生产形势保持平稳，但奶源市场整体供大于求，生鲜乳价格持续低位运行，截止2015年6月，生鲜乳平均价格在3.40元/kg左右，同比下降15%左右，稳定奶业生产的压力依然很大。

3. 2015年我国油籽油料产量数据

2015年我国油料种植面积为1390万公顷，较去年预估面积1404万公顷减少14万公顷，减幅为1%；预计油料总产量为3500万吨，较去年预估产量3508万吨减少8万吨，减幅为0.3%。如果考虑大豆和棉籽，2015年我国油籽种植面积为2340万公顷，较去年预估面积2506万公顷减少166万公顷，减幅为6.6%；油籽总产量为5518万吨，较去年预估产量5832万吨减少314万吨，减幅为5.4%。

2015年我国大豆种植面积610万公顷，较去年预估面积680万公顷减少70万公顷，减幅为10.3%；预计大豆总产量1100万吨，较去年预估产量1215万吨减少115万吨，减幅为9.5%。

2015年我国油菜籽种植面积为730万公顷，较去年预估面积759万公顷减少29万公顷，减幅为3.8%；预计油菜籽总产量为1430万吨，较去年预估产量1477万吨减少47万吨，减幅为3.2%。国内企业和分析机构普遍认为，我国油菜籽实际播种面积和总产量远低于统计局公布的数据。

2015年我国花生种植面积为470万公顷，较去年预估面积460万公顷增加10万公顷，增幅为2.1%；预计今年花生总产量为1690万吨，较去年预估产量1648万吨增加42万吨，增幅为2.5%。

4. 农业经营规模偏小

近几年，现代农业的发展、增长方式的转变、农业产业结构的调整和农村劳动力转移步伐的加快，客观上要求调整一家一户的小规模农业生产经营方式。在农业生产方面，我国户均耕地7.2亩，仅为美国的1／400，规模经营受到土地分散承包的制约。在生猪生产方面，由于农户分散饲养大量减少，尽管规模化养殖已占到40%以上，但在规模数量上并没有完全替代农户散养的状态，因而导致生猪生产规模大幅波动。

三、农产品市场营销存在的主要问题

1. 农民的市场营销意识淡薄

一方面，由于我国农民作为农产品生产者的主体，其自身素质并不高；另一方面，因长期以来农产品一直是计划经济产品，使得作为农民的生产者，只根据自身的要求和条件来决定生产什么和生产多少，而不用去关心市场到底需要什么。另外，由于技术、资金、信息等方面的限制，加上农民自身力量弱小，因而也难有效地开展农产品营销活动。

2. 缺乏准确地产品定位和有效的市场细分

现在，农产品市场的产品大多为同质产品，多数农产品生产者没有对市场进行准确的市场定位和细分，而是盲目地跟风，什么赚钱生产什么，而一旦生产出来，其产品却难被市场消化。

3. 不能准确地获得市场信息

现在，我国农村现有的信息工作还非常薄弱，交通通讯落后，基础设施较差，农民很难准确及时地得到可靠的信息。同时，农民自我保护意识和自身素质比较差，面对各种信息不知如何分析、鉴别、判断，只能凭主观判断，而且往往获得的是虚假的或过时的信息。

4. 市场营销策略运用不充分

市场营销策略运用，主要表现在产品策略的几个方面上。

（1）农产品质量不高。随着社会的发展，农产品生产加工过程中越来越多的采用农药、化肥及各种添加剂等。同时，由于农民在养殖、种植、加工等方面没有科学指导，很容易造成农产品质量不高、科技含量低下等问题。

（2）产品结构不合理。现在，我国的农产品结构，总体来说是低档产品多，大路产品多，原料型产品多，普通产品多；同时，高档产品少，优质产品少，深加工品种少，专用品种少。这种产品结构不适应市场对农产品的需求。

（3）产品包装得不到重视。农产品生产者很少注重产品的包装，大多数的农产品都是几十千克或上百千克放在一起，用塑料袋和麻袋包装。

（4）品牌意识非常淡薄。农产品的生产者大多是农民，由于传统农业生产方式的惯性，基本上就没有什么品牌意识，绝大多数农产品也都没有品牌。

（5）价格上没有细分。许多农产品等级没有确切划分，好坏一个价。另外，对农产品定价缺乏市场分析和调研，经常是以个人的主观意识来制定产品的价格，造成主观定价代替市场定价。

（6）市场宣传力度不够。不重视农产品促销，农产品生产者基本上没有为产品做宣传。现在，我国许多农产品经营者仍遵循着“好酒不怕巷子深”的旧观念，固守传统市场。

（7）重产品，轻流通。由于受我国长期对农产品实行统购统销的影响，各地普遍存在重农产品生产、轻农产品流通的现象，从而导致农产品流通滞后于生产，农产品生产者与购买者之间没有形成有效的沟通，致使产品流通渠道不畅。

第三节 认识市场营销

一、农产品市场营销的概念及作用

1. 农产品市场营销

农产品市场营销，是指为了满足人们的欲望和需求，而实现农产品潜在交换的一种活动过程。农产品市场营销要求农产品生产企业及经营者，要对人们的现实需求有研究，而且还要研究人们对农产品的潜在需求，并且创造出新的需求。

农产品市场营销的根本任务，就是以最合理的价格将生产出来的产品通过流通渠道销售给消费者，从而使生产与消费的矛盾得以解决，满足生产或生活消费的需求。

2. 农产品营销的作用

（1）促进农民增收。农产品成为商品销售后，可增加其附加值，使农民的收入得以增加。

（2）满足消费需求。农产品营销沟通了生产地和销售地，使消费者能在适当的地方及时地买到合适的农产品，也使生产地的农民能够及时地将农产品转化为商品。

（3）扩大就业。一部分农民以营销农产品为职业，可以增加非农收入，带动餐饮、运输等相关行业的发展。

（4）指导农业产业结构调整。市场营销的指导作用，可以带动农民向生产适销对路的农产品方向发展，从而优化农业资源的配置，带动农业产业结构的调整，间接提高农民的收入。

二、农产品市场营销的特点

1. 以消费需求为出发点

农产品生产经营者要从分析、研究消费者的消费需求出发，来决定自己的经营方向，按照消费者的需求规划农产品的生产和销售。只有按照消费者需求生产出来的农产品，才能得到消费者的欢迎，才能在市场上顺利地流通，从而保证农产品生产企业与经营者能够收回投资并获取利润。

2. 以满足需要求利润

在市场营销观念支配下，农产品生产企业与经营者在决定生产之前，要先了解这种农产品或相关服务对满足消费者需求的最终效果，然后再根据消费者需求的满足程度，来确定农产品生产企业与经营者的盈利多少。消费者需求被满足的程度越大，农产品生产企业与经营者的盈利就越多；反之，消费者需求被满足的程度越小，农产品生产企业与经营者的利润也就越少。

3. 以营销组合为手段

农产品市场营销强调如何从满足消费者和用户的需求出发，通过整体营销策略即定价策略、产品策略、促销策略和渠道策略的综合运用，更好地实现农产品生产企业与经营者的经营目标。

4. 要树立尊重消费者利益的观念

农产品生产企业与经营者要树立起对消费者利益尊重的观念。这包括两个方面的内容：一是兼顾消费者和用户的个别需求与社会公众的利益，对有可能造成环境污染或资源过度消耗的农产品，加以改进。二是兼顾消费者和用户的长远利益及眼前利益需要，如对某些农产品长期或过量使用可能带来的副作用加以说明，提醒消费者和用户适度消费。

三、市场营销观念

1. 生产观念，以产定销

生产观念，以产定销这种观念，是指生产者生产什么就卖什么，因为经济处于短缺阶段，因而生产者不用关心市场的需求，其任务只是集中精力增加产品产量，而想要增加利润只需加强生产管理、降低成本就可以了。可见，生产观念就是“以产定销”的观点，它是短缺经济条件下，产品供不应求，商品生产还不发达，物资短缺等卖方市场存在的条件下所形成的观念。

生产观念中，重点是产品的生产过程；生产的目的是从多生产中获利；经营者的盈利手段就是不断扩大生产，从而增加产品产量。而现在，我们的经济发展已经超越了这个阶段。

2. 销售观念，以销定产

随着新技术的采用和生产的发展，产量和产品品种不断增加，市场由供不应求的“卖方市场”变为供过于求的“买方市场”，这时人们开始担心如何才能把产品销售出去，从而实现其价值，而不再是如何扩大生产来更多地赚取利润的问题，人们的营销观念开始由生产观点转向销售观点，由以生产为中心转变为以销售为中心，技术开始为销售服务，市场能销售什么产品，就研究和生产什么产品。

3. 产品观念，信奉物美价廉

对于产品，信奉物美价廉，比较注重提高产品质量，认为消费者欢迎那些质量好且价格合理的产品，因此经营者应提高产品质量。只要物美价廉，消费者就会找上门来，而不用大力推销。

其实，奉行产品观念，会造成“市场营销近视症”，在市场营销管理中没有远见，只看见自己的产品质量好，而看不到市场需求有什么变化，结果必然会使自身走入困境。

4. 社会营销观念，赚钱兼顾社会利益

在满足消费者某种需要的同时，还应考虑兼顾社会利益，以及他人的需求。在经营者安排生产经营时，除了要考虑投资效益外，还要考虑对环境是否会造成污染，对资源是否会造成消耗等社会问题。

5. 市场营销观念，顾客就是上帝

随着经济逐渐发展，人们的消费已由解决温饱问题，转变为解决质量问题。如果市场饱和，就算产品做得物美价廉，加上各种推销方式，仍然不能将全部产品推销出去，此时市场竞争变得更为激烈。不能满足消费者新的需要的生产经营，将会被淘汰，这将会迫使营销活动由“以销售为中心”进入“以消费者为中心”的新阶段。也就是说，消费者想要什么，经营者就会销售什么，生产者也就生产什么。因此一些国家出现了“用户第一”、“顾客是上帝”等口号。

市场营销观念是以消费者为中心、以市场为导向的新观念，生产活动的重点是满足消费者的需求；经营者的盈利手段是全面经营、整体销售；当然经营者需要从满足消费者需求中获利。

四、市场营销理念的新特征

1. 关系营销

现代市场营销的发展，大体上经历了几个阶段，即消费者营销、产业市场营销、社会营销、服务营销，而随着新经济时代的到来，关系营销得到了更多的关注。关系营销是为了建立、保持长期、稳定发展、成功的交易关系，而进行的所有市场营销活动。

关系营销具有两个基本点：一是在微观上，认识到企业与消费者相互关系的性质在不断改变，市场营销的核心是从交易转变到了关系上。二是在宏观上，认识到市场营销会对范围很广的一系列领域产生影响，包括劳动力市场、消费者市场、内部市场、供应市场、相关市场。

关系市场营销与传统的市场营销有着本质的区别。传统的市场营销理念基本上是交易市场营销的观念。关系市场营销则是比交易市场营销更为进步和宽泛的概念。关系市场营销的提出是全球市场竞争激化的结果，竞争的加剧造成了竞争观念的转变，人们开始认识到竞争双方不只是对抗的，还可以是合作互利的。

2. 绿色营销

随着世界环保运动的兴起和环保意识的增强，“绿色产品”、“绿色消费”、“绿色包装”等词不断涌现出来。绿色消费成了现代生活的主题，在绿色消费的驱动下，绿色营销这一概念也应运而生。

所谓绿色营销，是指企业以环境保护观念作为其经营的基本理念，以绿色文化为其价值观念，以消费者的绿色消费为出发点和中心，力求满足消费者绿色消费需求的营销策略。因此，21世纪的主流就是实现可持续发展的绿色营销，实施绿色营销是农产品企业的必然选择。

3. 网络营销

信息社会和新经济时代的最大特征，就是智能化和网络化。由于互联网的飞速发展，带来了效率、速度和不确定性，使现在的营销理念必须通过变革，才能适应新的市场营销环境。消费者通过互联网这个虚拟的空间可以购物，以此来进行自己的消费行为，这标志着网络营销时代的到来。

网络营销，又被称为虚拟市场营销。新经济时代改变了传统市场营销的运作模式，以互联网技术为基础的网络，会取代旧有的贸易方式，而且还会将市场营销竞争从一个物理的空间转变到一个虚拟的空间。

4. 文化营销

新经济时代，随着互联网的发展与普及，以及科技的不断创新，企业传统上具有的战略优势，如规模经济、自然资源、资金与技术优势等，由于相互间的差距不断缩小，而不再成为优势或不再是永久的优势。企业在价格、产品、渠道及促销等营销操作层面上的竞争，由于市场运作规范的建立与完善，以及畅通的信息，使得相互间借鉴和模仿的速度越来越快，想以此建立起长久的竞争优势将不再可能；而企业所创建的文化是难以模仿的，一旦建立起来，对企业来说将会成为一种持久的竞争力。

所以，新经济时代的竞争，将会是文化的竞争。企业实施文化营销的目的在于将自身的行为文化、理念文化、制度文化、物质文化与企业的品牌、思想加以整合，通过营销活动有效地传递给社会，从心理、生理、思想、感情等多方面给消费者一种奇特的综合体验，通过对消费者进行文化启蒙，进而建立一种前所未有的消费文化。

第二章 农产品市场营销战略

〔案例导入〕

《食用农产品市场销售质量安全监督管理办法》发布

国家食品药品监督管理总局8日发布消息称，《食用农产品市场销售质量安全监督管理办法》于2016年3月1日起实施。

办法主要内容有：

一是明晰食用农产品市场销售监管边界。该办法明确食用农产品市场销售是指通过集中交易市场、商场、超市、便利店等销售食用农产品的活动。

二是明确食用农产品市场销售相关主体义务。该办法明确食用农产品集中交易市场开办者要履行食用农产品市场准入管理、建立健全食品安全管理制度、建立入场销售者档案、市场信息报告制度、食用农产品检查制度、制定食品安全事故处置方案等义务。

三是明确食用农产品市场准入具体要求。该办法明确食用农产品进入集中交易市场必须提供食用农产品产地证明或者购货凭证、合格证明文件；无法提供的，必须进行抽样检验或者快速检测；抽样检验或者快速检测合格的，方可进入市场销售。

国家食品药品监督管理总局要求各地食品药品监督管理部门认真做好《食用农产品市场销售质量安全监督管理办法》的宣传贯彻工作，进一步规范食用农产品的市场销售行为，不断提高监管能力和水平，有效防控食用农产品质量安全风险，确保公众健康安全。

来源：新华社

第一节 农产品市场调查与预测

有效的市场营销活动必须建立在市场分析的基础上，市场分析主要包括市场调查和市场预测两个步骤。市场调查和市场预测是两个前后衔接、密不可分的环节，市场调查是市场预测的基础和依据，市场预测是市场调查的延伸和发展。

一、农产品市场调查

农产品市场调查，是根据农产品市场调查的目的和需要，运用一定的科学方法，有组织、有计划地搜集、整理、传递、存储和利用市场有关信息的过程。其目的在于通过了解市场供求发展变化的历史和现状为管理者和企业的决策者制定政策、进行预测、做出经营决策、制定计划提供重要依据。

（一）市场调查的基本内容

市场调查的内容十分广泛，具体内容要根据调查和预测的目的以及经营决策的需要而定，最基本的内容有以下几个方面。

1. 市场环境调查

政治方面，主要有政府有关经济政策，如农业发展方针、价格、税收、财政等方面的政策；经济方面，主要有农业生产水平、科技水平、自然资源状况、人口及其构成、居民收入及其消费结构、市场价格水平等；社会文化方面，主要有居民文化教育程度及其职业构成、民族分布特点及其宗教信仰、生活习惯等；自然环境方面，如地理位置、气候、交通运输等状况；竞争环境方面，主要是同行业生产能力、生产方式、成本价格、产品特征及市场占有率等情况。

2. 消费者需求情况调查

调查一定时期一定范围内人口变化，居民生活水平的变化，购买力投向，购买者爱好、习惯、需求构成的变化，对各类农产品在数量、质量、品种、规格、价格等方面的要求及其发展趋势，调查配套商品、连带性商品及其他商品之间存在的需求比例关系及函数关系，了解社会集团购买力的需求。

3. 生产者供给情况调查

调查社会、商品资料及其构成情况，包括生产规模、生产结构、技术水平、生产力布局、生产成本、自然条件和自然资源等生产条件的现状和未来规划。同时要特别重视农业生产情况的调查，农业生产状况直接影响到农产品市场状况。许多农副产品既是城乡人民的生活资料，又是工业部门的生产资料，搞好这方面的调查，对于全面安排好城乡市场具有重要作用。

4. 销售渠道的通畅情况调查

了解农产品销售渠道的过去和现状，包括农产品流通的各个环节、推销人员的基本情况、销售渠道的利用情况及其存在的问题等。

5. 市场行情调查

具体调查农产品在市场上的供求情况、存货状况和市场竞争状况。要调查有关地区、有关企业、有关商品之间的差别和具体供求关系，如有关地区、企业同类商品的生产、经营、成本、价格、利润、资金周转等重要经济指标及其流转、销售情况和发展趋势等。

（二）市场调查的步骤

进行市场调查，因时间、地点、费用、设备等条件不同而不同，在具体做法上也不可能有统一的标准，但一般来说可以按以下的步骤进行。

1. 确定市场调查目标

指要确定调查的目的、范围和要求，也就是要确定调查的主题。

2. 制定调查计划

调查计划是调查目的和任务的具体化。规定出必须搜集的资料，设计出基本的调查方法，组织好调查人员，安排好日程，以及预算好调查经费等。

3. 搜集和利用现有资料，进行初步调查

搜集现有企业内部的有关情报资料。内部资料包括各种会计资料、统计资料、年度总结报告、专项问题报告以及财务决算等。外部资料包括政府公布的统计资料、公开出版的期刊、文献、报纸、书籍、研究机关的调查报告与研究报告、经济年鉴手册等。通过对这些资料的分析，初步了解和发现各影响因素之间的关系，从而确定调查问题的方向。

4. 运用一定调查方法进行现场实地调查

在经过初步调查的基础上，进一步确定要调查的具体问题，并运用一定的调查方法，直接取得第一手资料。资料搜集需注意：①准确性，对所提供资料的真实性和可靠性进行分析，力求去伪存真；②针对性，根据具体需要有目的有计划地进行；③系统性，对市场情报资料要加以分类、合并、整理，不间断地进行，不能时有时无；④完整性，要保证有关情报资料的完整性；⑤预见性，注意及时搜集有关调查问题的发展动向和发展趋势的情报资料。这样，调查的资料才能发挥情报资料的效用，为进行市场预测、经营决策提供可靠依据。

5. 资料的整理与分析

（1）编辑整理。要检查调查资料的误差，对情报资料进行评定，如资料的根据是否充分，推理是否严谨，阐述是否合理，观点是否正确，以保证资料的真实与准确。

（2）分类编号。为便于查找、归档、统计和分析，必须将经过编辑整理的情报资料分类编号。

（3）统计。将已分类的资料进行统计、计算，有系统地制成各种计算表、统计表、统计图，以便利用和分析。

（4）分析。运用调查资料所得数据和事实，分析情况并得出结论。

6. 编写调查研究报告

编写原则是：紧扣主题；内容力求客观、扼要、重点突出；文字简练。报告中可用图表说明，图文并茂，易于理解。最后，调查报告提出后，调查人员还应追踪了解报告是否被采纳。如被采纳，则需了解建议的采用程序和实际效果，并协助业务人员尽早实现报告中提出的建议方案。

（三）市场调查的方法

市场调查的方法很多，应结合调查目的和内容适当选择。

1. 按调查方式分类

（1）询问调查。通过面谈、电话、信函等手段，搜集所需要的信息资料，是市场调查的常用方法，又可分为三种。

①访问。调查者面对面地向被调查者询问有关问题，可以当场记录；可以采取走出去、请进来或召开座谈会的方式；可以根据事先拟定的询问表或调查提纲提问，也可采取自由交谈的方式进行。访问法的优点是直接与被调查者见面，当面听取意见，并可观察其反应，可根据被调查者的态度，采取灵活多变的措施，互相启发，便于深入了解和研究问题。

②电话调查。根据调查者抽样调查的要求，通过电话向调查对象询问意见。它的优点是资料搜集快、成本低，按统一询问表询问，便于统一处理；缺点是仅限于有电话的用户或消费者，被调查者不易与其合作，不能询问较复杂问题，更不容易深入了解。

③邮寄调查。又称通讯调查，就是将设计好的询问表、信函等寄给被调查者，请其填好后寄回。它的优点是调查区域广，被调查者可有充分时间回答询

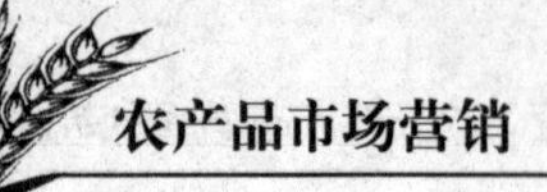

问，调查成本较低，能避免个人访问中可能产生的调查员主观的影响；缺点是调查回收率低，收回时间长，被调查者可能误解询问表中某些项目的含义。

这三种方法究竟采用哪种，要根据问题的性质和要求，以及调查资料的范围、费用、询问表的长短和复杂程度综合考虑和选择。

（2）现场观察法。这是调查人员直接到市场进行观察与记录的一种搜集信息资料的方法。调查人员可以肉眼观察、手写记录，也可以利用仪器设备收录和拍摄，收集现场的真实现象和数据，如顾客流量、消费者对某些商品的选择和态度等。这一方法的优点是可以比较客观地搜集资料，直接记录调查的事实和被调查者在现场的行为，调查结果更接近于实际；缺点是观察不到内在因素，因为要求观察人员具有较高的技术业务水平，使这一方法的利用受到限制。如果在采用观察法的同时结合询问法，效果会更好些。

（3）实验调查法。这是来源于自然科学的实验求证法，一般是从影响调查问题的许多因素中选出一个或两个因素，将它们置于一定条件下进行小规模实验，然后对实验结果进行分析，研究是否值得大规模推广。例如，在影响销售量变动的几个因素中，选择价格、包装两个因素进行实验，在其他影响不变的情况下，从销售量的变动，便可判断价格和包装的影响。实验法的运用范围较广，凡是某一农产品在改变品种、包装、设计、价格、广告等因素时，都可应用这一方法先进行小规模实验，调查用户的反应，然后研究是否值得大规模推广。

（4）资料分析法。也称间接调查法或室内研究法，是依靠历史的和现实的动态统计资料，在室内进行统计分析的方法。如通过资料研究，可以分析市场供求趋势、市场相关因素、市场占有率等。这一方法的优点是可以充分利用现有资料、节省调查费用。但是调查人员要有丰富的专业知识和管理经验，才能胜任这一工作。

2. 按调查样本的多少分类

（1）全面调查法。对某一社会现象进行全面调查。其特点是一次性和全面性。这一方法获取的资料全面、系统、准确、可靠，但费工、费时、费钱，不宜经常采用。

（2）典型调查法。经过调查典型户而推算市场情况。这一方法经常被政府相关部门和企业采用。如各地统计局和计委都联系有一批比较固定的典型户，常年对之进行购买力和家庭调查。这一方法的优点是调查对象少、容易合作、调查比较深入，还可以深入被调查单位的生产经营过程，直接获得比较系统的第一手资料，而且比普通法又节省费用。但是在选择典型户时要注意其代表性。

（3）重点调查法。在研究市场总体中只选择少数单位进行调查。在调查方法上与典型调查类似，但目的不在于用调查资料推算市场，而是为了调查了解重点问题和重点单位的情况，所以取得资料也有一定代表性和指导意义。

（4）抽样调查法。在调查单位中抽取一定数量的样本进行调查，从而推算总体。按照是否遵守随机原则，可分为随机抽样调查和非随机抽样调查两大类。按抽样方法不同又可分为四种。

①抽签抽样法。就是从被调查的市场总体中，不做任何有目的的选择，纯粹偶然地抽取样本以推算总体。

②分层抽样法。就是将总体分为若干类型，然后在每一类型中按比例随机抽取部分个体为样本进行调查。这一方法代表性强、误差小，一般多运用于社会购买力调查、居民家庭收支调查、商品销售量调查、农产品产量调查等。

③分群抽样法。就是将总体分成若干群体，再从各群体中随机抽取部分群体为样本进行调查。

④机械抽样法。又称等距抽样。就是将总体按照某一预定的标准顺序排列，然后每隔若干数目选取一个个体为样本进行调查。这一方法简便易行，代表性强，误差小，并可利用现有资料进行抽选，但要注意样本区间不要与样本特性的周期重合或成倍数关系，以免误差扩大。

以上几种抽样调查方法既可单独使用，也可综合使用。但要注意，样本的代表性差和样本数目过少会降低准确度，而样本过多，调查费用又会增加。所以，调查组织的成员要精干、有一定素质，选择合适的调查方法，以提高调查质量。

二、农产品市场预测

（一）农产品市场预测的概念及内容

农产品市场预测，一般是指在农业综合企业市场调查或已掌握一定信息资料的基础上，依据对市场经济规律的认识，运用一定的方法，对影响市场供求变化的各种因素进行分析与测算，对市场变化做出趋势判断和量的估计，目的是为企业经营决策提供资料或为社会提供市场信息。

市场调查和市场预测是相互依托、互为补充的，而且又都为经营决策服务。所以只有市场调查深入，市场预测准确，企业才能做出正确的经营决策。

（二）市场预测的分类

从市场预测的时间分，可分为近短期预测（一般1年以内的预测称近期预测；1～2年的预测称短期预测）、中期预测（一般指2～5年的预测）、长期预测（一般指5年以上的预测，20年以上又称长时期预测或未来预测）。

按市场预测的项目分，可分为单项预测和复项预测。单项预测是对市场供求各种因素中的一个项目进行预测。如某种商品的价格水平、销售量、销售利润、市场占有率等指标，选择其中一个项目进行预测。复项预测是对市场供求关系中两个以上项目的综合性预测。如对新年、春节期间猪肉销售量进行复项预测，可以根据上一年销售实绩和当年的调查预测，对新年、春节期间猪肉各部位销售量、价格水平等进行预测。

从预测的商品种类分，可分为大类商品的预测和商品品种的预测。如粮食是一大类，还可分成小麦、稻谷、玉米等。也可按品种分，如对粳稻进行预测。

从预测方法分，可分为定性预测和定量预测，或经验判断预测和数学方法预测，也可分为直观判断预测、因果关系预测等。

从市场预测的范围分，可分为宏观经济预测（如全国市场供求总量预测、国民生产总值增长率预测等）、中观经济预测（一般指部门或地区的经济总量方面的预测）、微观经济预测（一般基层单位在各种经济活动的经济预测）。我们重点介绍宏观和微观市场预测。

1. 宏观市场预测

（1）社会商品购买力与商品可供量总额平衡情况的历史和现状以及今后发展趋势的预测

供求总额是否平衡，关系到市场全局的总体布局，不仅要求在省、市范围内进行预测，而且要求在全国范围内进行预测。就农产品而言，既对农产品总供给和总需求进行预测，也可就主要农产品（如粮食、棉花、油料等）的总供给和总需求进行预测。

（2）商品供求构成的发展变化趋势及其特点的预测

所谓商品构成是指各类商品在供求总额中所占的比例。例如，在商品购买力中，生产资料购买力和生活资料购买力的比重如何，在消费品中，吃、穿、用等各类商品的需求各占多大比重。这样就可预测到供求构成的发展变化趋势如何，购买力主要投向哪方面，商品供应量构成和需求构成是否适应。如果不适应，就会造成一部分商品积压，另一部分商品供不应求，从而影响整个市场的供求总额平衡。

（3）商品供求量的城乡、地区分布及其发展趋势的预测

城乡之间的经济发展速度不平衡，它们之间的商品可供量和社会购买力的发展速度也有所不同。比如近几年来，我国城乡购买力的发展速度就有了很大变化。过去一般是城市购买力增长快于农村，前几年农民收入增长幅度大于城市职工。今后的发展趋势如何，要通过预测掌握具体数据，以便合理安排城乡市场供应。以上属于宏观预测范围，它牵涉整个国民经济的发展情况，需要对国民经济各部门的发展进行综合分析。

2. 微观市场预测

微观市场预测主要是预测具体商品的产、供、销发展变化情况及未来可能达到的水平，其主要内容包括以下两点。

（1）市场需求预测。 这是对社会商品购买力及其投向的预测。为此要调查工农业生产的发展趋势，人民收入的增长程度，生活水平的变化特点，历年结余购买力数额及购买力的投向，居民消费结构及消费心理的发展趋势等。

（2）商品资料预测 。 这是对社会商品可供量及其发展趋势的预测。为此要调查研究有关商品的生产能力、生产布局、生产技术的发展情况，以及生产资料、能源、运输条件等的变化趋势。调查了解影响农产品供应量的其他因素，如商品率高低，价格水平，社会农产品储备、集市贸易情况，国家经济政策的变化，这些都从不同方面影响着市场供应量。在进行预测时，应在了解上述因素的历史发展变化的基础上，分析这些因素对未来市场供给量的影响程度，然后预测未来一定时期内可能达到的市场供应量。

（三）市场行情预测

调查预测有关商品的供求关系和价格变化的趋势。通过了解对比各地区和有关企业的同类产品的生产、成本、价格、资金周转、劳动效率等技术经济指标，以及市场需求和商品资料的预测，即可判断出有关商品的供求关系发展趋势以及价格变化的影响情况等。

（四）产品寿命周期预测

分析各类商品处于市场寿命周期的哪一阶段，预测该商品的销售趋势，以便采取对策。

（五）市场其他情况预测

如某商品的市场占有率预测、市场竞争情况预测以及各种专题预测。

第二节 农产品目标市场营销战略

一、农产品市场细分

所谓农产品市场细分，就是根据农产品总体市场中不同的消费者在需求特点、购买行为和购买习惯等方面的差异，把总体市场划分为若干个不同类型的购买者群体的过程。随着农产品的丰富及消费行为的多样化，消费者对农产品的需求、欲望、购买行为以及对企业营销策略的反应等表现出巨大的差异性。每个用户或消费者群体就是一个细分市场，或称子市场。每一个细分市场都是由具有类似需求倾向的消费者构成的群体，分属不同细分市场的消费者对同一农产品的需求存在明显差异。

（一）农产品市场细分的依据

由农产品市场细分的概念可知，市场细分的客观依据是消费者需求的多样性。只要消费者的需求存在差异性，就可以进行市场细分。具体地讲，市场细分的依据主要有以下几点。

1. 消费者需求客观上存在多样性

随着农业生产力水平和人们生活水平的提高，消费需求的多样性越来越明显。农业生产企业要根据这种客观要求，细分消费群体，生产和经营多样化的农产品，并针对各种消费群体运用不同的营销组合策略。

2. 消费者购买动机客观上存在多样性

消费者受社会、家庭等诸多因素的影响，在认识、感情、意念等心理活动过程中会形成不同的购买动机，从而引发不同的购买行为。消费者购买动机是引发购买的前提，因此，企业应当认真研究和掌握目标消费者的购买动机，有的放矢地制定和实施营销策略，以取得农产品营销的成功。

3. 消费者购买行为的多样性

消费者由于收入、性格、教育程度等不同而存在着购买心理的差异，会产生多种类型的购买行为，如理智型、冲动型、经济型、习惯型、情感型、不定型等。企业应注意分析影响消费者行为的心理因素，了解不同消费者的消费理念信念，生产符合不同心理需求的农产品。在促销手段上要设法迎合消费者的心理需求。正确选择目标市场，有针对性地开展产品营销活动，使消费者的潜在需求变为现实需求。

（二）农产品市场细分的标志

消费者对农产品的需求与偏好主要受地理因素、人口因素、心理因素及购买行为因素等方面的影响。因此，这些影响因素都可以作为农产品市场细分的标志。

1. 地理标志

农业企业或农产品营销组织可以按消费者所在的地理位置来细分消费者市场，研究不同地理位置的消费者对农产品的不同需求和偏好。如根据不同地区对大米的需求不同，可将大米市场细分为东北、华北、华东、华中、华南等子市场。

2. 人口标志

人口情况与市场对产品的需求、爱好、购买特点及使用频率等关系密切。人口变量比其他变量更容易测量，因而人口因素是企业细分农产品市场的重要标志。

3. 心理标志

心理状态直接影响消费者的购买趋向，特别是现今的社会，顾客购买农产品已不限于满足基本生活需要，他们购买时有不同的消费取向。企业可以按照消费者性格、爱好等来细分农产品市场。

4. 行为标志

这类标志是根据消费者对农产品知识、态度、使用及对销售形式的感应程度等行为来细分农产品市场。它是农产品市场细分的一个重要因素，在农产品相对过剩、消费者收入不断提高的市场条件下，这一因素显得更加重要。

（三）农产品市场细分的步骤

1. 确定企业的营销目标

就是确定企业要生产什么，经营什么，要满足哪一类消费者的需求。农业企业或农产品营销组织应根据自身条件，以市场为导向，确定营销目标，选择进入市场的范围，这是市场细分的基础。

2. 列出进入市场的潜在消费者的全部需求

这是企业进行市场细分的依据，必须尽可能全面地列出消费者的各种需求。例如，企业准备进入肉牛养殖业，就必须尽可能把消费者对牛肉的品种、口味等的需求全部详细列出。

3. 进行市场细分

企业通过对不同消费者的需求调查了解，分析可能存在的细分市场。

二、农产品的市场定位

农产品市场定位是指农业经营者根据竞争者现有产品在市场上所处的位置，研究消费者对该产品某种特征或属性的重视程度，塑造自己产品与众不同的鲜明个性或形象，并把这种形象生动地传递给顾客，从而确定该产品在市场中的适当位置。农产品市场定位的实质是取得目标市场的竞争优势，确定企业及其产品在顾客心目中的适当位置，并留下值得购买的印象，以便吸引更多的顾客购买。因此，市场定位是企业市场营销体系中的重要组成部分，对于提升企业市场形象，提高农产品市场竞争力具有重要意义。

农产品的市场定位是农业经营者通过为自己的产品创造鲜明的特色和个性，从而在顾客心目中塑造出独特的形象和位置来实现的。这种特色和形象可以通过产品体现出来，也可以从消费者心理方面反映出来，还可以从价格水平、品牌、质量、档次、技术先进性等方面表现出来。

（一）农产品市场定位的方法

市场定位的方法多种多样，但由于农产品具有与一般产品不同的特点，其定位方法有其特殊性。

1. 根据农产品质量和价格定位

产品的质量和价格本身就是一种定位，一般来说，在消费者看来，较高的价格意味着较高的产品质量。农产品价格普遍偏低，对优质农产品实行高价，使其与普通农产品区别开来，满足消费者对优质农产品的需求，从而达到高品质定位的目的。

2. 根据农产品的用途定位

同一农产品可能有多种用途，如有的农产品既可供消费者直接食用，又可用于食品加工，那么可分别对它们进行不同的定位。此外，当发现一种农产品有新的用途时，也可运用这种定位方法。

3. 根据农产品的特性定位

农产品的特性包括其种源、生产技术、生产过程、产地等，这些特征都可以作为农产品定位的因素。如“绿色农产品”、“无公害蔬菜”等都是根据农产品的特性进行定位的。

4. 根据消费者的习惯定位

指由产品使用者对产品的看法确定产品的形象，进行目标市场定位。

（二）农产品市场定位的步骤

农产品市场定位的实质是农业经营者取得在目标市场上竞争优势的过程。因此，市场定位的过程包括三个步骤。

1. 明确企业潜在的竞争优势

通过营销调研，了解目标顾客对于农产品的需要及其欲望的满足程度，了解竞争对手的产品定位情况，分析顾客对于本企业的期望，得出相应研究结果，从中明确本企业的潜在竞争优势。

2. 选择企业的相对竞争优势

从经营管理、技术研发、采购供应、营销能力、资本财务、产品属性等方面与竞争对手进行比较，准确地评价本企业的实力，找出优于对手的相对竞争优势。

3. 显示独特的竞争优势

指通过一系列的营销工作，尤其是宣传促销活动，把其独特的竞争优势准确地传递给潜在顾客，并在顾客心目中形成独特的企业及产品形象。为此，企业首先应使目标顾客了解、认同、喜欢和偏爱本企业的市场定位；其次，要通过一切努力稳定和强化目标顾客的态度，以巩固市场定位；最后，还应密切关注目标顾客对市场定位理解的偏差，及时矫正与市场定位不一致的形象。

三、农产品目标市场选择

（一）农产品目标市场及其条件

农产品目标市场是指农业企业或农产品营销组织决定进入并为其服务的农产品市场。农产品目标市场的选择，一般是在市场细分的基础上选择某一个或几个细分市场作为营销对象，但并不是所有的细分市场都能作为企业的目标市场。一般来说，目标市场应具备如下条件。

1. 要有一定规模和需求量

农产品目标市场首先应具有一定规模，因为农业企业进入一个新市场的成本相当高，如果市场规模过小，企业进入市场的收益不足补偿投资，这样的子市场就没有开发价值；另一方面，市场上要有一定的现实或潜在需求量，这样，企业才可能向市场提供相当数量的、适销对路的、物美价廉的农产品，以满足消费需求，并获得盈利。

2. 有一定的购买力

当消费者具有现实的购买力时，便能将未满足的需求变成现实的需求，构成现实的市场。企业进入这样的市场，才有足够的销售收入。因此，确定目标市场，首先要进行消费者购买力分析，不具备购买力的市场，尽管有潜在的需求，也不能作为目标市场。在分析购买力时，不仅要分析其收入和经济实力，而且要研究消费者的不同消费倾向。

3. 未被竞争者完全控制

企业确定目标市场，不仅要研究市场规模、需求状况和购买力，还要分析和掌握竞争对手在该市场上的经营状况，尤其要考虑他们的经营战略。如果该市场未被竞争对手完全控制，企业进入市场后才能充分发挥优势；如果竞争者只是表面上控制了市场，而本企业实力又强，则依然可以设法挤进这一市场参与竞争，以竞争与协作模式并举，配合公共关系和行政等手段，力争在市场上占有一定的份额。

4. 营销者应具备相应的经营实力

作为目标市场，除了应具备上述条件外，更要考虑企业自身的经营实力。只有当营销者的人力、物力、财力及经营管理水平等条件具备时，才能将子市场作为目标市场。

（二）农产品目标市场策略

1. 农产品目标市场策略类型

企业选择的农产品生产范围不同，其目标市场的营销策略也不一样。一般地说，有以下三种类型。

（1）无差异性策略

在进行市场细分之后，不考虑各子市场的特性差异，而只注意各子市场需求方面的共性，把所有子市场即农产品的总体市场看作一个大的目标市场，只生产一种农产品并制定单一的市场营销策略，力求在一定程度上适应尽可能多的顾客需求。相对而言，消费者对农产品的需求差异不大，因而更适合运用无差异性市场营销策略。这种策略的优点是：可大批量地生产、储存、运输和销售，因而单位农产品的成本较低；另一方面，不用细分市场，经营方式简单，营销费用较低。其缺点是：满足不了农产品相对过剩情况下消费者需求的多样化需求，生产者的产品单一，在市场需求尚未得到满足的情况下，会引来众多竞争者，会造成竞争过度；由于企业过分依赖单一产品，企业适应市场能力低，市场经营风险大。

（2）差异性策略

针对各细分市场中消费者对农产品的不同需求，生产不同的农产品，并采用不同的营销策略，以适应不同子市场需求。这种策略适用于从事多种经营的大型农业企业，小型农业生产者则不宜使用这种策略。这种策略的优点在于：通过生产多种农产品去满足不同消费者的需求，扩大总销售量，从而增加销售收入和利润。缺点是：生产复杂，投资大，单位农产品成本高，营销费用高。

（3）集中性策略

集中性策略是指企业集中全部力量，只选择一个或少数几个子市场作为目标市场，生产一种较理想的农产品，实行专业化生产和营销，在较少的子市场上拥有较大的占有率。这种策略适于资源条件较差的企业或农业生产者，如开发特色农业，生产特色农产品。这种策略的优点是：把资源与能力集中于少数子市场，有利于迅速占领市场，提高新产品的知名度和市场占有率，可以节省营销费用，并能获得较高的投资利润率；当该农产品取得消费者的信任和偏爱时，便可迅速扩大市场范围。缺点是：市场狭窄，新产品单一，市场应变能力差。

2. 选择目标市场策略应考虑的因素

（1）企业实力

企业实力是选择目标市场策略应考虑的首要因素。企业实力主要包括财力、生产能力、技术开发能力以及经营管理能力等。如果实力较强，可采用无差异性市场营销策略或者差异性市场营销策略；如果企业实力较弱，则应采用集中性市场营销策略。

（2）产品的市场生命周期

产品市场生命周期的不同阶段，也影响目标市场策略的选择。在介绍期，市场上产品少，竞争者也少，此时宜采用无差异性营销策略或集中性营销策略为主。在成长期和成熟期，进入市场的产品增多，竞争者也多，此时应采用差异性营销策略。进入衰退期后，为保持原有市场，延长产品生命周期，则以集中性营销策略为主。

（3）竞争状况

企业在选择目标市场策略时还必须考虑竞争者的情况。当竞争者少时，可采用无差异性市场营销策略；竞争者多，竞争激烈时，应选择差异性市场营销策略或集中性营销策略。在农产品相对过剩的时期，由于传统的无差异性市场营销策略致使农产品销售困难，竞争激烈，选择差异性市场营销策略或集中性营销策略有利于缓和竞争。

（4）市场特点

企业选择目标市场策略的目的是为消费者服务并争取顾客，因此，顾客购买农产品的行为特征是企业确定目标市场策略时必须考虑的因素。在农产品市场，普通农产品相对过剩，顾客对优质农产品和特色农产品则有特殊的需求，此时，实施差异性营销策略或集中性营销策略将大有可为。

（5）市场营销宏观环境

一方面，国家的宏观政策影响着人们的消费行为，另一方面，农产品市场受国家政策的影响较大，因此，选择目标市场策略时必须考虑农产品市场营销的宏观环境。

第三节　农产品市场营销组合

农业经营者对农产品定位和目标市场选择以后，还要通过市场营销组合把所设计的定位传递给目标市场的消费者，有效的营销组合策略将使定位形象更加鲜明。

农产品市场营销组合是指农业经营者为了销售农产品以实现营销目标和进入目标市场实施的对可控制的各种营销因素的综合运用。

一、农产品市场营销组合的特点

（一）可控性

市场营销活动，除受宏观环境的影响外，还受企业本身可控制因素的制约，这些可控制因素又是市场营销的手段。市场营销组合就是对这些营销手段的综合运用。农产品经营者可根据目标顾客的需求，选择自己的产品结构和服务，制定销售价格，选择分销渠道和促销手段。但是，这些可控因素必须适应企业的资源状况和外部环境的变化，这样才能制定出有效的营销组合方案。

（二）复合性

营销组合的每一个因素又包含若干小因素，形成各自的次组合。如产品因素包括质量、特色、品牌、规格等；价格因素又包括基本价格、折扣、信贷条件等；地点又包括渠道、实体分配等；促销又包括广告、人员推销、营销推广等。因此，营销组合是一个多层次的复合结构。企业在进行营销组合决策时，不但要求取得6Ps的最佳搭配，而且要实现它们内部的最优组合，使所有这些因素得到最佳搭配。

（三）动态性

市场营销组合不是一成不变的静态组合，而是一个千变万化的动态组合，只要其中一个营销组合因素或其他因素发生变化，就会产生一个新的组合。如一家生产蔬菜的农业经营者，由原来生产普通蔬菜转向生产无公害蔬菜，由于产品因素发生变化，其他组合因素也相应地进行了调整，价格由低价调整为高价，地点由集贸市场销售改为在大型超市销售，促销则可选择运用多种手段。

二、农产品市场营销组合策略的影响因素

（一）目标市场特点

目标顾客的需求决定着市场营销组合的策略，所以必须分析目标市场各方面条件，先排除掉不能起作用或作用不明显的营销组合因素，再根据以下几个方面的条件，识别一个可能的目标市场对各个基本策略的影响，从而制定出最佳的市场营销组合。

第一，目标市场上潜在顾客的情况，如年龄、文化水平、收入状况、分布密度等。

第二，消费模式和消费者行为。这些会影响产品的设计、包装、品种等策略，也会影响企业制定适应顾客需要、投其所好的促销策略。潜在顾客购买的迫切性、选购商品的意愿等会影响销售渠道的长度、宽度、销售服务标准和顾客愿意支付的价格水平。

第三，市场竞争的特点。这个条件影响市场营销组合的各个方面。如果市场处于垄断状态或是开发新的领域而竞争不激烈，仅用一种市场营销组合，就可以取得成功；如果竞争较充分，就意味有较多的竞争者和多种营销组合方案，可以找出最好的方案加以比较、分析和借鉴，对每一种市场营销组合的效益做出评价，从而选择最佳方案。

（二）宏观营销环境

农产品市场更容易受到宏观营销环境的影响，特别是国家的农业政策会对农业生产及农产品市场产生直接的影响。因此，宏观营销环境对农产品市场营销组合有直接的影响作用。

（三）资源状况

资源包括资金实力、技术、设备、专利、公众形象、员工技能、管理水平等，每个企业在资源方面都不同，企业市场营销组合必须充分利用本企业的长处，避免同那些具有类似实力的企业进行正面的直接竞争。

（四）市场营销预算

市场营销组合要耗费大量的财力，并涉及稀有资源的使用，如广告需要资金，组织销售队伍需人力，产品开发需要人、财、物等，且有周期性特点。在预算过程中，目标市场、国家的宏观政策和竞争对手市场营销组合都可能发生变化，因此，市场营销组合还要与市场营销预算取得动态平衡。

第四节　农产品营销策略

我国农产品从整体上讲已经出现了供大于求的状况，如果还停留在以前的老观念上盲目生产，不顾市场的变化，就会造成更为严重的产品过剩。而促进农民持续增收和最大限度拓展农村内部增收空间，都离不开农产品的营销。

为此需要采取相应的策略，包括农产品的产品策略、相应的价格策略、渠道策略和促销策略等，同时，从总体来说，还需要采取相应的整体策略。

一、协调联动

当前的农产品市场，靠某个企业、某个产品来带动是远远不够的，必须采用协调联动的方法，增加企业、产品的关联性、延伸性、精深性、增值性，以降低竞争成本，形成以“农产品的龙头企业带动—协会协调—半成品坯料加工—农户基地协同发展”的产业链，避免恶性竞争。这样才能形成以龙头加工企业带动种植户和养殖户种、养、加工，引领农民走上致富之路。

农产品只有通过组成联盟，才能使企业竞争力增强、规模效益显现、发展迅速。目前，我国农产品行业无序竞争，相互杀价现象严重。可通过成立协会来协调规范企业发展，通过行业分层组成联盟，发挥集约优势、规范效应，增强行业、企业发展竞争力。

二、产业化经营

目前我国农户应发展农产品产业化经营，将生产、加工、运输，销售等环节联成一体，多层次提高农产品附加值。可以从根本上提高效益，减少市场风险，通过大型龙头企业的带动，发展农产品商品基地，使农民有比较可靠的市场销售保证，尽量避免农产品生产的盲目性。

三、拓宽营销渠道

在新经济和网络经济背景下，市场的需求日益个性化，对农产品营销渠道参与程度越来越高。

信息技术为异地交易提供了物质基础，便利的交通运输大大提高了农产品物流的速度。如江苏省无锡市就出现了网络购菜，人们足不出户，在家里或办公室轻点鼠标，到傍晚时分所需的菜就会准时送到指定地点，极大地方便了日益忙碌的人们，尤其受到广大没有时间逛菜场的白领们的欢迎。

参与农产品加工，通过投资办厂，租赁乡企厂房、车间等方式开展农产品加工或委托加工，为下游企业开展初加工产品，为超市或专卖店开展定向生产。从而促进更多的农产品加工转化，增加企业效益和农民收入。

四、现代流通方式

现阶段可积极发展农产品连锁经营和物流配送，适时发展冷链配送系统，在城市开设农产品连锁专卖店。扩大对超市、大专院校、餐饮业的农产品配送业务，形成在主产地采购，在城镇超市配送销售的农产品经营体系。

第三章　制定农产品市场营销策略

〔案例导入〕

获嘉黑豆的生命周期及衍生品

1. 获嘉黑豆的概况

黑豆营养丰富，含有蛋白质、脂肪、维生素、微量元素等多种营养成分，同时又具有多种生物活性物质，如黑豆色素、黑豆多糖和异黄酮、皂苷等。

黑豆中所含的不饱和脂肪酸，可促进胆固醇的代谢、降低血脂、预防心血管疾病，且黑豆的纤维素含量高，可促进肠胃蠕动，预防便秘。所以，黑豆是减肥佳品。如黑豆豆浆不像黄豆性冷，喝多了也不会拉肚子，而且还有治疗风湿、抗衰老等效果。黑豆豆浆，全麦面包，可以称之为营养减肥早餐的黄金搭档了，要减肥的女士们可以吃得舒坦放心。黑豆一直被人们视为药食两用的佳品，因为它具有高蛋白、低热量的特性。黑豆中蛋白质含量高达36%~40%，相当于肉类的2倍、鸡蛋的3倍、牛奶的12倍，还能提供食物中粗纤维，促进消化，防止便秘发生。

获嘉黑豆有着悠久的种植历史，目前，已获得国家地理标志农产品标识。

2. 获嘉黑豆的整体概念

（1）核心产品。黑豆，唐代陈藏器的《本草拾遗》记载，黑豆能“明目镇心，温补。久服，好颜色，变白不老。”黑豆的核心层次是“满足饮食、保健的需要”。

（2）视觉产品。黑豆已形成了礼品包装为主的视觉产品；并延伸出的黑豆腐竹、黑豆腐皮、黑豆饸饹条、黑豆面叶、黑豆油、黑豆茶等衍生产品。黑豆的视觉层次“从原始生态的豆、到方便食用的食品以及可以饮用的茶类等系列黑豆产品”。

（3）附加产品。获嘉黑豆已获得国家地理标志农产品标识。具有“补肾益阴，健脾利湿，除热解毒”的保健作用。

（4）心理产品。代表了当地的特产，已经成为获嘉人走亲访友的必备礼品，表达了对亲朋健康的爱护。

3. 获嘉黑豆的产品生命周期

以前黑豆主要被用作牲畜饲料，那时人们崇尚白色食品，只有贫者和食不果腹的人才食用黑豆。在医者和养生者发现并总结出黑豆的医疗保健作用后。黑豆逐渐成为药食同源的食品。随着人们生活水平的提高，开始注重保健，黑豆的保健价值逐渐被更多的人认识，黑豆保健市场逐年扩大，黑豆腐竹、黑豆腐皮、黑豆饸饹条、黑豆面叶、黑豆油、黑豆茶等相关的衍生产品相继出现，丰富了人们的食谱。

主要被用作牲畜饲料使用的黑豆，随着牲畜逐渐退出农业开始，走到了产品生命的衰退期。然而，当越来越多的人重新发现了黑豆的保健作用后，黑豆重新得到了重视，成为保健品的新贵——保健黑豆。曾经出现了每千克售价达到了200多元，是普通豆类价格的100多倍，保健黑豆进入了产品的导入期，超高的利润让更多的经营者进入了黑豆市场，保健黑豆的供应量激增，许多经营者开始了分享保健黑豆的市场，保健黑豆进入了产品的成长期。随着市场竞争的加剧，保健黑豆的相对利润增幅开始下降，随后出现了黑豆油、黑豆面叶、黑豆腐竹、黑豆腐皮等大量衍生品，保健黑豆进入了产品的成熟期。成熟期持续的时间受到众多因素的影响，黑豆的未来发展由市场决定。

第一节　认识农产品

一、认识产品

1. 产品

农产品市场营销是以满足市场需要为核心任务，而市场需要的满足只能通过提供某种农产品来实现。因此，农产品是市场营销的基础，其他各种市场营销策略，如价格策略、分销策略、促销策略、公共关系等，都是以产品策略为核心展开的。因此，让我们先来认识什么是产品？

人们通常理解的产品是指具有某种特定物质形状和用途的物品，是看得见、

摸得着的东西。这是一种狭义的定义。

产品不仅仅是个生产过程，更是一个经营过程。在现代市场经济条件下，每一个农产品营销者应致力于农产品整体概念的开发和产品组合结构的优化，并随着产品生命周期的演化，及时开发新产品，以更好地满足市场需要，提高产品竞争力，取得更好的经济效益。

而对于经营者来说：产品是指人们通过购买而获得的能够满足某种需求的所有物品的总称，它既包括具有物质形态的产品实体，又包括非物质形态的利益，这就是“产品的整体概念”。

2. 产品整体概念

产品整体概念通常用从下几个方面来表述。

（1）核心产品

核心产品指产品能够提供给消费者的基本效用或益处，是消费者所追求的核心内容。如馒头是为了充饥，西瓜是为了解渴等。因此，经营者在开发农产品时应明确地确定产品能提供的基本效用，该产品才具有吸引力。

（2）视觉产品

视觉产品是产品在市场上出现时所具有的具体物质外形，它是产品的形态、包装等。核心产品只有通过视觉产品才能体现出来。产品的视觉特征主要指质量、外观、大小、包装等。如面粉，它不仅仅指把小麦加工成面粉，还包括它的灰分、面筋指数、品相、容量等。

（3）附加产品

附加产品指消费者购买产品所得到的各种附加利益的总和。它包括：送货、使用指导、质量保证等售前售后服务。由于产品的消费是一个连续的过程，因此，服务是不能少的。可以预见，随着市场竞争的激烈展开和用户需求不断提高，附加产品越来越成为竞争获胜的重要手段。

（4）心理产品

心理产品指产品的品牌和形象提供给消费者心理上的满足。农产品的消费往往是生理消费和心理消费相结合的过程，随着人们生活水平的提高，人们对农产品的品质和品牌看得越来越重，因而它也是产品整体概念的重要组成部分。有关产品整体构成见图3–1。

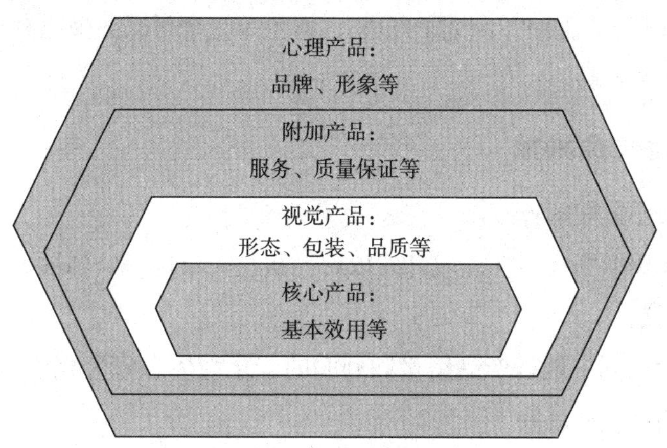

图3–1 产品整体构成图

3. 产品整体概念的意义

产品整体概念，是市场经营思想的重大发展，它对经营者有着重大意义。

（1）指明了产品是由视觉特征和心理感受构成的综合体。一方面经营者在产品设计、开发过程中，应有针对性地提供不同功能，以满足消费者的不同需要，同时还要保证产品的可靠性和经济性。另一方面，对于产品的心理感受也应充分重视，因为，它也是影响消费者购买产品的重要因素。

产品的视觉特征和心理感受的关系是相辅相成的，心理感受包含在视觉特征之中，并以视觉特征为后盾；而视觉特征又需要通过心理感受来强化。

（2）产品整体概念是一个动态的概念。随着市场消费需求水平和层次的提高，市场竞争焦点不断转移，对产品提出更高要求。为适应这样的市场变化，产品整体概念的外延处在不断再外延的趋势之中。当产品整体概念的外延再外延一个层次时，市场竞争又将在一个新领域展开。

（3）对产品整体概念的理解必须以市场需求为中心。产品整体概念的4个层次，清晰地体现了一切以市场需求为中心的现代营销观念。衡量一个产品的价值，是由消费者决定的，而不是由经营者决定的。

（4）产品的差异性和特色是市场竞争的重要内容。产品整体概念4个层次中的任何一个要素都可能形成与众不同的特点。经营者在产品的效用、包装、款式、品牌、形象等每一个方面都应该按照市场需要进行创新设计。

（5）把握核心产品内容可以衍生出一系列有形产品。一般来说，视觉产品

是核心产品的载体，是核心产品的转化形式。这两者的关系给我们这样的启示：把握产品的核心产品层次，产品的包装、特色等完全可以突破原有的框架，由此开发出一系列新产品。

二、产品生命周期

1. 产品生命周期的概念

产品生命周期指产品在完成开发以后，从投入市场开始到被市场淘汰为止所经历的时间周期。

产品生命周期一般以产品销量和利润的变化为标志分为4个阶段：导入期、成长期、成熟期、衰退期（图3-2）。

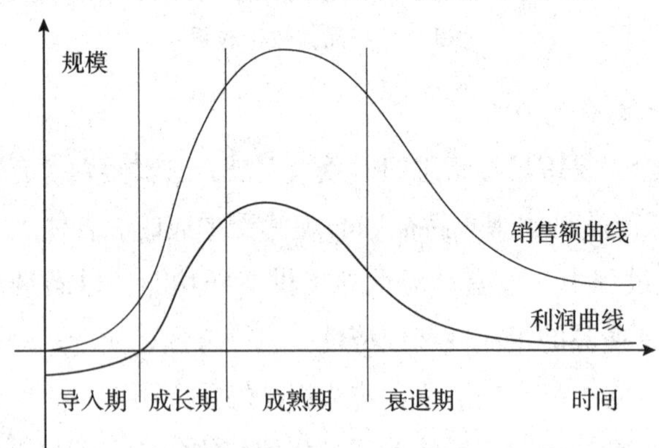

图3-2　产品生命周期

2. 产品生命周期的特征

在产品生命周期的不同阶段，销售量、利润、消费者、市场竞争等都有不同的特征，这些特征可用表3-1概括。

表3-1　产品生命周期不同阶段特征

	导入期	成长期	成熟期		衰退期
			前期	后期	
销售量	低	快速增大	继续增长	有降低趋势	下降
利润	微小或负	大	高峰	逐渐下降	低或负
消费者	爱好新奇者	较多	大众	大众	后来者
竞争	甚微	兴起	增加	甚多	减少

3. 产品生命周期各阶段的营销策略

由于产品生命周期各阶段的特点不同，经营者在各阶段做出的经营决策的内容也不同。

（1）导入期营销策略。这一阶段新产品刚投入市场销售，由于销售量少而且销售费用高，经营者往往无利可图或者获利甚微，经营者营销重点主要集中在“促销—价格”策略方面。

①快速撇取策略。即以“高价格—高促销水平”策略推出新产品，迅速扩大销售量来加速对市场的渗透，以图在竞争者还没有反应过来时，先声夺人，把本钱捞回来。采用这一策略的市场条件是：绝大部分消费者还没有意识到该产品的潜在市场；消费者了解该产品后愿意支付高价；产品十分新颖，具有老产品所不具备的特色；经营者面临着潜在竞争。

②缓慢撇取策略。即以“高价格—低促销费用”策略推出新产品，高价可以迅速收回成本、撇取最大利润，低促销费用又是减少营销成本的保证。

采用这一策略的市场条件是：市场规模有限；消费者大多已知晓这种产品；消费者愿意支付高价；市场竞争威胁不大。

③快速渗透策略。即以“低价格—高促销费用”策略，花费大量的广告费，以低价格争取更多消费者的认可，获取最大的市场份额。

采取这一策略的市场条件是：市场规模大；消费者对该产品不知晓；大多数消费者对价格敏感；竞争对手多，且市场竞争激烈。

④缓慢渗透策略。即以“低价格—低促销费用”策略降低营销成本，并有效地阻止竞争对手介入。

采取这一策略的市场条件是：市场容量大；市场上该产品的知名度较高；市场对该产品价格相对敏感；有相当数量的竞争对手。

（2）成长期的营销策略。成长期的主要标志是销售迅速增长。这是因为，已有越来越多的消费者喜欢这种产品，大批量生产能力已形成，分销渠道也已疏通，新的竞争者开始进入，但还未形成有力的对手。这一阶段经营者的营销应尽力发展销售能力，紧紧把握住取得较大成就的机会。

①改进产品质量和增加产品的特色、款式等。在产品成长期，经营者要对产品的质量、性能、式样、包装等方面努力加以改进，以对抗竞争产品。

②开辟新市场。通过市场细分寻找新的目标市场，以扩大销售额。在新市场要着力建立新的分销网络，扩大销售网点，并建立好的经销制度。

③改变广告内容。随着产品市场逐步被打开，该类产品已被市场接受，同类产品的各种品牌都开始走俏。此时，经营者广告的侧重点要突出品牌，力争把上升的市场需求集中到经营者自身的品牌需求上来。

④适当降价。在扩大生产规模、降低生产成本的基础上，选择适当时机降价，适应多数消费者的承受力，并限制竞争者的加入。

（3）成熟期的营销策略。成熟期的主要特征是："二大一长"，即在这一阶段产品生产量大、销售量大，阶段持续时间长。同时，此时市场竞争异常激烈。为此，经营者总的营销策略要防止消极防御，应采取积极进攻的策略。

①市场改进策略。通过扩大消费者队伍和提高单个消费者使用率，来提高销售量。

②产品改进策略。通过改进现有产品的特性，以吸引新用户或增加新用户使用量。

③营销组合改进策略。通过改变营销组织中各要素的先后次序和轻重缓急，来延长产品的成熟期。

（4）衰退期营销策略。产品进入衰退期，销售量每况愈下；消费者已在期待新产品的出现或已转向；有些竞争者已退出市场，留下来的经营者可能会减少产品的附带服务；经营者经常调低价格，处理存货，不仅利润下降，而且有损于经营者声誉。因此，在衰退期的营销策略有以下内容。

①收缩策略。即把经营者的资源集中使用在最有利的细分市场、最有效的销售渠道和最易销售的品种上，力争在最有利的局部市场赢得尽可能多的利润。

②榨取策略。大幅度降低销售费用，也降低价格，以尽可能增加眼前利润。这是由于再继续经营市场下降趋势已明确的产品，大多得不偿失。而且不下决心淘汰疲软产品，还会延误寻找替代产品的商机，使产品组合失去平衡，会削弱经营者未来的市场布局。

上述内容可用表3-2来概括。

表3-2　产品生命周期不同阶段的营销策略

	导入期	成长期	成熟期	衰退期
产品策略	确保产品的核心产品层次	提高质量、改进款式、特色	改进工艺、降低成本、产品改进	有计划地淘汰滞销品种
促销策略	介绍产品	品牌宣传	突出经营者形象	维护声誉
分销策略	开始建立与中间商的联系	选择有利的分销渠道	充分利用并大分销网络	处理淘汰产品的存货
价格策略	撇脂价或渗透价	适当调价	价格竞争	削价或大幅度削价

4. 产品组合策略

产品组合策略：经营者根据其目标和市场竞争环境，对产品组合的宽度、长度、深度和密度进行抉择，使之形成最佳的产品组合。

（1）扩展策略。扩展策略包括扩展产品组合的宽度和长度。前者是在原产品组合中增加一条或几条产品线，扩大经营者的经营范围；后者是在原有产品线内增加新的产品项目，发展系列产品。

一般当经营者预测现有产品线的销售额和毛利率在未来几年要下降时，往往就会考虑这一策略。这一策略可以充分利用经营者的人力等各项资源，深挖潜力，分散风险，增强竞争能力。当然，扩展策略也往往会分散经营者的精力，增加管理困难，有时会使边际成本加大，甚至由于新产品的质量、功能等问题，而影响经营者原有产品的信誉。

（2）缩减策略。缩减策略是经营者从产品组合中剔除那些获利小的产品线或产品项目，集中经营那些获利最多的产品线和产品项目。

缩减策略可使经营者集中精力对少数产品进行品质改进、降低成本的工作，删除得不偿失的产品，提高经济效益。当然，经营者失去了部分市场，也会增加经营者的风险。

（3）产品延伸策略。每一个经营者的产品都有其特定的市场定位。产品延伸策略是指全部或部分地改变经营者产品的市场定位。具体做法有向下延伸、向上延伸、双向延伸。

①向下延伸。指经营者原来经营高档产品，后来增加一些中低档产品。

②向上延伸。指经营者原定位于低档市场的产品线向上延伸，在原有产品向上增加高档产品项目，使经营者进入高档产品市场。

③双向延伸。是指原生产中档产品经营者在取得市场优势后，决定同时向产品线的上下两个方向延伸，一方面增加高档产品，另一方面增加低档产品，力争全方面占领市场。

三、农产品

1. 农产品的特点

（1）食品的原料。农产品生产的大部分是将原料直接或进行非常简单的加工后进行出售，如豇角打捆后，直接进入市场进行销售。因此，经营者经营农产品原料获得的效益就会非常低。

（2）低廉的价值。与其他产品相比，农产品较为笨重，在产品流通的过程中，又需要投入较多的劳动、运输成本等，但价值又极为低廉。如一车小麦的价值远远低于一车电视机或洗衣机的价值，更没有办法与网上下载的程序相比。因此，农产品经营者的收益也是非常少的。

（3）易变质的产品。农产品作为有生命的生物产品，如果不被及时使用，最终都会变质腐坏。必须在一定的时间内进行销售，否则就会丧失其价值。对农产品经营者来说，如果不能适时出售农产品，将影响到基本的生存问题。

（4）不稳定的品质。农产品的生产受到光、温、水、病、虫、天气等自然条件的影响，农产品的产量、品质、品相等得不到保证。对农产品经营者来说，难以提前与消费者签订供货合同，农产品经营者承担了巨大的风险。

（5）不易变的产量。农产品的生产规模受环境条件的制约，生产周期又很长。一旦错过了生产周期，生产的数量基本确定，难以适应需求的变化。农产品价格的剧烈变化导致经营者的收益变化无常。

（6）生产的季节性。大部分农产品的生产具有高度的季节性特点。要求农产品的经营者要么具有强大运输及销售能力，要么具有强大的收贮能力，才能保证农产品的安全经营。强大的运输或收贮设备往往只是短暂的超负荷的利用，一年之中，可能大部分时间都是闲置。高投入低利用，是农产品经营者的沉重负担。

“蒜”你狠、“姜”你军、“豆”你玩、“苹”什么、“糖”高宗、“药”你苦、“辣”翻天、“玉米”疯、养猪死、猪上天、白菜亡、萝卜坑等。这些现实生活中农产品价格的上上下下，让多少农产品经营者欲哭无泪。

2. 农产品新品开发

农产品和任何产品一样，有着出现、成长、成熟和衰亡的生命周期。因此，农产品经营者不能只顾经营现有的产品，还需要放眼未来，开发新产品。它不仅是经营者降低自身风险、提高效益的有效手段，也是提高竞争力的重要措施，也是创造新需求、增加新客户的最佳方式。

农产品市场营销中的新产品，可以是原有产品有新特征发现、新功能应用、新外观、新口味、新颜色等的变化，甚至新的加工工艺、新包装技术的采用等。新产品可以包括：全新的产品、换代的产品、改进的产品、仿制的产品等。

开发有市场潜力、满足市场需求的新产品，经营者必须遵循以下基本原则：①具有开发新产品的信息收集能力。②具有开发新产品的技术条件。③具有开发新产品的管理能力。④具有新品种的生产能力。⑤具有新产品的营销推广能力。

新产品开发的过程包括：①形成新产品的构想。②新产品的市场调研；③新产品功能及特征的定位。④新产品的技术分析。⑤新产品的投入预算。⑥新产品的研制。⑦新产品的试用及完善。⑧新产品的推广及销售。⑨新产品的改进。

第二节　制定农产品销售价格体系

一、农产品价格的形成

价格和收入在农产品营销决策中起着非常重要的作用。然而，成本、价格、收入和利润是有效调节农产品营销策略的根本因素。

1. 影响农产品价格的因素

影响农产品价格的因素主要包括：①国家宏观政策、经济环境等。②消费者的收入、习惯、需求量等。③经营者的生产决策以及生产规模。④经营者的增值服务、采购成本、流通成本、营销成本等。⑤天气、病虫害等一些不可预测因素；⑥农产品的替代品多而复杂，也是影响农产品价格的重要因素。

2. 农产品价格的特点及变动规律

农产品价格与工业品价格相比，有价格变动频繁、变动幅度大和地区差异大等特点。

尽管农产品的市场价格变动频繁，但这种变动又是有规律可循的，这就是农

产品价格的季节变动规律和周期变动规律。例如，蔬菜刚上市时价格较高，到了大量上市时价格就会降低。有些农产品只能在特定的地区生产，如铁棍山药，只有生长在沁河南岸的温县北部及武陟西北部的地方，其他地区种植的山药均为非铁棍山药。因此，会导致同一农产品因不同的地区产地导致价格差异巨大。

（1）季节变动规律。农产品随季节变动的规律主要是由农产品季节性生产规律所决定的。例如，草莓生长在春天，桃盛产在夏天，苹果到秋天才上市。农产品生产具有季节性，而人们的消费却是常年性的，因此，使农产品的价格会随季节不同而变化。一般来说，应季农产品供应量大，价格相对较低；过季农产品需要贮存与加工，且供应量减少，价格相对较高。

（2）价格周期变动规律。价格周期变动规律是指市场价格发生变动引起需求量变动，而农产品生产不能立即做出反应，只有等到下一个生产周期才能调整生产，调整了之后可能又会出现新一轮变动，如此周期性循环。造成农产品价格循环周期变动的原因主要有3个：

①农产品生产周期相对长，不可能像工业品那样根据市场供需状况和价格信号立即调整生产结构和生产量，改变市场供需状况。②当前大多数农产品还是由分散农户生产的，这种小生产与大市场的格局，使生产结构和生产数量难以迅速适应市场需求的变化。③当前多数农产品经营者仍处于封闭生产经营状态，还没有形成以市场为导向的经营观念，搜集不到市场供需变化的准确信息，只凭直观感觉决策，往往是某种农产品市场价格高便一哄而上；市场价格低又一哄而下，使生产总是滞后于市场需求。

（3）经济发展周期的变动规律。在经济高速发展时期，就业率和收入快速提高，增加了对农产品的需求，从而刺激农产品价格上升；反之，经济发展速度降低后，就业率和收入增长放缓，对农产品的需求也随之减弱，从而引起农产品价格下降。

（4）节假日需求周期性的变动规律。节假日需求的变化导致市场供求量的变化。如春节和八月十五，消费者的需求激增，农产品的供应量往往是平时的数倍，节后需求量骤减，导致价格出现明显的变动。就像春节前的农产品，不是一天一个价，随时价格都在变动，增幅不再是百分位的变化，甚至可能是数倍的变化。

3. 农产品定价目标

影响农产品价格的因素虽然很多，但是，农产品定价的目标是农产品经营者的具体任务，它是确定价格策略和营销策略的重要依据。农产品定价目标主要有以下几种：①以生存为目标，就是在激烈的竞争中，经营者在处于不利的市场环境中实行的一种缓兵之计，只能作为短期行为目标。②以利润最大化为目标。只有该农产品在市场中处于有利地位时，才可以选用的方式。③以增加销售量为目标，为了降低单位产品的成本，通过增加销量实现盈利的方式。主要吸引对价格敏感的消费者。④以市场占有率为目标，在市场竞争中，为了增加市场占有率，提高市场控制能力，阻止竞争者进入的措施。⑤以适应市场为目标，为了稳步进入市场，以竞争者的价格作为定价基础，与竞争者保持相对稳定的关系，避免价格战的策略。

二、农产品的定价方法

农产品经营者往往需要根据不同的情况、不同的定价目标，采取不同的定价方法。常用的定价方法包括以下几种。

1. 成本加成定价法　又称成本导向定价法，就是以产品的成本作为定价的基本依据，定价时较少地考虑市场需求和竞争状况。 根据所确定的加成率（毛利率）和单位产品的总成本来制定产品的单价。由于毛利率的确定方法不同，加成定价法又可分为成本加成法（顺加法）和售价加成法（倒扣法）。

2. 目标利润定价法　根据企业的总成本和确定的目标利润来制定产品价格。

3. 理解价值定价法　是以消费者对产品的价值感受和需求强度来作为定价的基本依据。

4. 需求差异定价法　又称差别定价法，即企业对同一种产品或劳务，可根据不同的顾客，不同的时间、地点，不同的式样等制定不同的价格。差别定价法有以下几种形式： 因顾客而异的差异定价法；因产品式样、花色而异的差异定价；因时间而异的差异定价； 因地点而异的差异定价。

5. 竞争导向定价法　是以市场上相互竞争的同类产品价格作为定价的基本依据。

三、农产品定价策略

1. 折扣定价策略

折扣定价策略是为了鼓励消费者及时付款、大量购买等采用低于基本价的策略。折扣定价策略主要包括：现金折扣、数量折扣、功能折扣、季节折扣等方式。

2. 心理定价策略

心理定价策略是针对消费者的不同消费心理，制定相应的价格，以满足不同类型消费者需求的策略。

心理定价策略一般包括尾数定价、整数定价、习惯定价、最小单位定价、招徕定价。

3. 促销定价策略

农产品属于价格敏感性的大众消费品，常运用促销价格以吸引眼球、增加销售的策略。

促销定价策略常在节假日进行，如节假日的“买一送一”、“大酬宾”等优惠活动，是以招徕顾客为目标的定价策略。比如，超市节假日中，牺牲某种产品的销售利润，甚至低于成本的价格进行促销，让消费者明显感觉到该产品价格明显低于周边市场，选购有利可图，踊跃前往购买。

4. 声望定价策略

一般消费者都有面子需求，经营者将有品牌的产品，制定比市场中同类产品价格高的价格，它能有效地消除消费者心理障碍，使消费者不但产生信任感和安全感，而且会有面子。

5. 新品定价策略

新品定价策略常根据新品的特征选择不同的价格策略。

当经营的新品是供应不足，或是培育的新、奇、特品种时，采用新产品定价策略，其价格要高出其价值的几倍或十几倍，以获取最大的利润。

当经营者的新品需求弹性较大，价格低，销量大，价格高，销量就会显著下降，采用渗透定价，其价格定得较低，可让产品迅速占领市场的策略。

当经营者的新品具有显著的特征，又不是必需的产品；常采用适中的价格，这种定价策略可能使经营者和顾客都比较满意。这种定价策略适宜于优质、特色的农产品。

四、农产品的调价

1. 影响农产品调价的因素

由于农产品价格受众多因素的影响，农产品的调整价格具有常态性。农产品调整价格有主动调价和被动调价，价格走向又可分为提价和降价。其原因和对策见表3–3。

表3–3　农产品价格变动的原因及对策

走向		原因	对策
主动调价	提价	产品供不应求 成本增加	控制提价幅度 向消费者说明情况 帮助大宗顾客降低提价的影响
	降价	产品供应过剩 产品成本降低 市场扩张 新品上市，老产品清仓	控制降价频率，不宜频繁降价 淡季降价比旺季降价有利
被动调价	提价	通货膨胀 厂地租金上涨等	合理涨价，帮助大宗客户降低成本
	降价	销量下降 市场份额降低 竞争加剧	销量下降时，不宜采取降价

2. 降价技巧

降价技巧，就是经营者根据经营情况，对产品降低价格的几种经销方法。这种方法若使用得当，无论对经营者自己，还是对广大消费者，均有较大的好处。

（1）降价的意义。产品降价，可以扩大销售，增强竞争能力，促使经营者加强管理。一般来说，除产品滞销、陈旧变质等原因外，经营者要降价销售，就必须降低产品的成本。为此，经营者就要加强管理，降低消耗，提高劳动生产率。否则，一是无法降价；二是经营者收入会减少。

（2）降价的形式。经营者产品降价，多采用如下形式。

①经营性降价。经营者为了扩大产品销售，有时甚至将产品售价降到成本以下，以吸引消费者购买。随着产品销量的扩大，单位产品的成本大大下降，利润也就有了。这种降价，一般属高明的经营者行为。

②优惠性降价。指经营者针对人们的求利心理，对带头购买、经常购买和大量购买的用户，给予优惠待遇，以鼓励他们扩大购买和经常光顾。此种“与人分利，于己得利”的策略，是扩大市场、争取客户的好办法。

③陈旧性降价。指经营者的产品由于长期积压，在外观、性能等方面已陈旧或变质，消费者很少问津，经营者为了将死物变成活钱，用于进行再生产，可采取削价的形式，促使产品尽快售出。所以，陈旧性降价也称处理性降价。

④竞争性降价。是经营者在产品的经销过程中为争夺用户所采用的低于竞争对手产品价格的一种策略和手段。

⑤季节性降价。季节性降价是经营者对季节性产品所采用的一种经销手法。一般来说，在产品的销售旺季，可按正常价格售出；到了销售的淡季，便应降低产品价格。

⑥效益性降价。效益性降价是经营者由于改进技术、加强管理、降低消耗，使产品的成本明显下降，从而降低产品的售价。降价后，经营者仍能保持较好的经济效益。同时，这种降价形式一旦实施，便可大大增强竞争能力，扩大产品销售，进一步提高经营者的经济效益。

（3）降价的技巧。降价的策略和技巧很多，上述6种降价形式中，每一种均体现着一定的策略和技巧。在销售实践中，还常采用如下降价技巧。

①“零头”降价。即根据消费者的求廉心理，将产品的整数价格变为尾数价格。

②弹性降价。即根据购物的不同数量，确定不同降价幅度的一种降价技巧。例如，一次购物在100件以内，产品按原价出售；一次购物100~500件，按原价的95%出售等。产品的弹性降价技巧，一般也称产品的折扣定价技巧，它可促使消费者多购买产品。

③自动降价技巧。例如，美国一家商店规定，店内出售的产品如12天后卖不掉，就自动降价25%出售；再过6天卖不出，就自动降价50%出售；再过6天卖不出，就自动降价75%出售；再过6天卖不出，就将产品送人或抛弃。该店这样做，开始时亏了本，但时间长了，受到了消费者的普遍欢迎。

④自行降价技巧。一些易腐变质、当天必须售完的产品，如蔬菜、瓜果、鲜鱼等，若上午未售完下午就应自行降价，若下午仍未售完商店即应及时处理。

⑤赠送降价技巧。例如，在出售铁棍山药的特产店，贴着这样的告示：“每购买2.5kg山药，赠送礼品盒一个。”这就是特产店对铁棍山药采取的赠送降价技巧。经营者为吸引消费者购买产品，一般采用3种赠送降价技巧。

·搭配奉送。即顾客买一样东西，店方送一个小纪念品。

·配套发奖。即顾客在店里买东西，可凭发票到指定地点领奖。奖品大都是一些实用或有纪念意义的物品。

·减价优惠。即顾客买了东西后，可得到商店所发的优惠券，顾客凭券可在指定地方买到低价的产品。

⑥逆反降价技巧。一般情况下，产品降价出售，总是由高到低，如100元降为90元。

但有的经营者在对产品进行降价时，却登出“100元可买110元产品”的广告。这种降价技巧，从表面上看，与“100元产品卖90元”没有什么差别，但仔细一想则不然：折扣的大小不同。“100元产品卖90元”，折扣价为产品价格的90%；“100元买110元产品”，折扣价为产品价格的90.91%。二者相差0.91%，即后者的折扣比前者略低，经营者可增加约1%的利润。

消费者的心理反应不同。“100元的产品卖90元”，消费者的直觉是削价求售，而“100元买110元产品”，使消费者产生了货币价值提高的心理反应，产生“与产品降价无直接关系”的错觉。

实现的销售收入不同。在销售情况大致相同的情况下，“100元产品卖90元”，一次实现的销售收入为90元：“100元买110元产品”，一次实现的销售收入为100元。显然，后者比前者高出10元。

⑦部分降价技巧。为吸引消费者购买，可在经营者出售的产品中挑选具有代表性的一两种产品进行降价，或者降低消费者敏感性较强产品价格。这样，既可直接吸引顾客前来购物，还可起到让顾客在购买降价产品的同时，也购买其他非降价产品的作用。

⑧全面降价技巧。杭州市解放路百货商店在报纸和电视台登出一则广告“凡本店出售的产品，其价格一律低于杭州市同类商店。如果有顾客买到的东西价格高于本市同类商店，均可持货物和单据到本店领取高出部分的差价。”在这里，该店就是采用了全面降价（低价）的技巧。从表面看，商店似乎减少了利润，其实并非如此。该店采用此法后，前来购物的人日渐增加，当月销售量就比上年同期上升45.7%，资金周转加快10.36天，利润增长44.9%。

（4）降价的要求。为使产品降价取得理想的效果，经营者必须努力做到如下几点。

①降价的幅度要适宜。经营者产品的降价，应根据具体原因、目的和要求进行，降价的幅度既不宜过小也不宜过大。过小，不足以引起消费者的兴趣，达不到

降价的目的；过大，既会给经营者带来一定的利益损失，又会引起消费者的猜疑。

②降价的时机要恰当。对时尚产品，流行周期一过就应降价；对季节性产品，季末就应降价。一般来说，对新鲜产品，如蔬菜、水果、水产品等，在闭市前就应降价；对一般产品，应尽可能在陈旧、变质前降价。在市场疲软时，对非紧俏产品可随时降价处理。

③降价的次数应有所控制。总的要求是，经营者产品降价的次数不宜太多。一个产品的降价次数多了，会使消费者产生观望等待心理，不利于经营者的产品销售，也不利于经营者经销工作的正常开展。

④降价的标签应显示出来。产品降价后，应将降价后的价格标签立即显示出来。制作降价后的价格标签，一种方法是划去原标价，再填写降价后的价格；另一种方法是换上降价后的新标签。

3. 提价技巧

提价技巧就是经营者根据经营者的生产经营情况，对经营者产品实行提高价格的一种经销方法。

（1）提价的效应。产品提价，对经营者来说，既有有利的一面，又有不利的一面，会产生正、负两种效应。通过提价，可增加效益，改善经营管理。即在产品成本一定的情况下，产品提价可提高经营者的盈利水平，增加效益。如果产品的售价不变，成本提高，时间长了，经营者就会缺乏足够的市场承受能力，就会发生亏损。但提价也会减少销售，削弱产品的竞争力。消费者对提价有一种本能的反感，心理承受能力较弱。所以，产品提价必然会减少（特别是提价开始阶段）销售。同时，根据价值规律，无论产品是供大于求，还是供小于求，在产品质量一定的前提下，谁的产品价格低，谁就会吸引更多的买者。

经营者只有在发生下列情况之一时，才能对产品进行提价。

①在产品供不应求，又一时难以扩大生产规模时，可考虑在不影响消费者需求的前提下，适当提高价格。

②对需求弹性较小的产品，经营者为促进单位产品利润的提高和总利润的扩大，在不影响销售量的前提下，可适当提高价格，如食盐等。

③产品的主要原材料价格提高，影响经营者的经济效益，在大多数同类经营者都有提高价格意向的前提下，可适当提高价格。

④产品的技术性能有所改进，或功能有所提高，或服务项目有所增加，在加

强销售宣传的前提下，可适当提高价格。

⑤与竞争对手相比，经营者确信自己的产品在品种、款式等方面更受用户欢迎，在市场上已建立良好的信誉，而原定价格水平偏低，可适当提价。

⑥经营者产品的生命周期即将结束，经营同类产品的经营者大多转产，经销人员在出售产品时，面对一些具有怀旧心理的消费者，自己的产品处于“奇货可居”状态时可以提高价格出售。

（2）提价的要求。无论是因经营者的费用增加而提价，还是经营者根据市场情况提价，都有一定的风险，搞不好会适得其反。因此，经营者在提价时，必须遵循如下要求。

①提价的幅度要适宜。产品提价的幅度不宜过大，一般应控制在这样的水平上：一是不宜高于经营者生产经营费用增加的幅度；二是不宜高于同类产品经营者提价的幅度。

②提价的形式要灵活。可对产品直接提价，如从2元直接提到2.2元；可对产品间接提价，如改变结算方法、减少折扣，也可对产品搭配提价，如一种产品提价，可与另一种产品降价相配合。

③提价的手法要巧妙。有些产品可通过改变其形状、材质、包装等手法提价，使用户易于接受。有些产品可通过增添附加物或增加服务项目，或赠送礼品等方法提价，使用户感到实惠。

④选择好提价的时机。对产品性能改进的技术性提价，应在用户需求最迫切、反感程度较小的时候提价。如某种仪器经过改进，功能有所提高，用户又急等使用，则可适当提价。对产品成本提高造成的费用性提价，应向用户广泛宣传解释，取得广大用户谅解后提价。

⑤控制提价的次数。产品提价要尽可能一步到位，不宜分步到位。在一定的时间内（如一年），经营者产品提价的次数不宜多于一次，否则，容易遭到广大消费者的抵制。

⑥提价后要进行情况跟踪。产品提价后，经营者的有关部门，如经销部门或财务部门，要对用户进行跟踪调查。调查的内容主要有：第一，用户对产品提价的承受能力。这种能力可称为产品提价的适宜程度。第二，消费需求的转移情况。一种产品提价，往往会使该种产品的相关产品或代用品的销量增加。由此可反映出该产品提价与相关产品或代用品价格之间的关系，从中可分析产品提价的合理性。

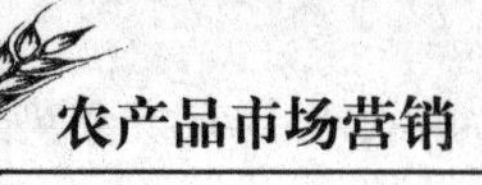

⑦提价的回落要慎重。随着经营者外部环境的改变和内部条件改善，产品提价后，经营者还要适时考虑价格的回落，设法将提高的价格再降下来。要回落价格，就要做好两项工作。

一是挖潜。经营者只有通过挖潜，大搞技术革新，提高劳动生产率，才能减少消耗，降低成本，使价格回落建立在可靠的基础上。二是慎重。

〔案例导入〕

铁棍山药的价格变迁

铁棍山药是河南的著名特产之一，已有3 000年种植历史，曾为历代皇室之贡品，属于四大怀药（怀山药、怀地黄、怀牛膝、怀菊花）的极品，在国内外享有很高的知名度，现已被列为国家原产地保护产品，原产地为焦作怀庆府沁河沿岸一带（焦作温县、武陟、孟州、沁阳等地）。而传统铁棍山药的种植区域集中在沁河南岸、秦岭岗以北，东西长1万余米、南北宽5 000余米的范围内，仅限温县北部及武陟县西滑封以西的垆土地上。焦作周边也有种植，品质都不及传统地区所产，只有传统地区种植的才能叫做“铁棍山药”。

铁棍山药富含丰富的蛋白质、维生素和多种氨基酸与矿物质，既能补脾、肺、肾之气，又能滋养脾、肺、肾之阴，为气阴双补之珍品。然而普通山药，既没有铁棍山药的药用价值，也没有铁棍山药的营养价值高。

改革开放初期，铁棍山药作为传统的中药及保健品，曾以干制品销往我国江苏、浙江、福建、广东、台湾以及东南亚等国家和地区，种植铁棍山药的效益好，所以，每个乡镇都有好几家颇具规模的山药加工厂，加工铁棍山药的干制品。

然而到了20世纪90年代，受市场需求和假货的影响，干制的铁棍山药制品需求量急剧下降，价格下跌，而外出打工收益及其他乡镇企业的发展，铁棍山药的种植面积急剧萎缩，山药加工厂多数关闭，铁棍山药进入生产低谷期，几乎找不到几亩成片的铁棍山药种植地。其种植的目的多数是以自用为主。

进入21世纪后，随着经济的发展，生活水平的提高，养生需求的增长，铁棍山药作为传统的知名保健品又成为大家追寻的目标. 铁棍山药的需求迅速增加。尤其是2008年9月胡锦涛总书记考察铁棍山药种植基地的新闻报道和2009年中央电视台的健康之路节目两次制作铁棍山药的专题，让全国消费者认识了铁棍山药，之后铁棍山药的价格一路飙升，鲜山药每千克曾经达到200多元的历史高价。

高价导致种植面积的增加，尤其是假冒铁棍山药的泛滥，导致铁棍山药价格迅速回落，当地农业部门积极为种植铁棍山药的农民提供认证的防伪标识，并加大宣传力度，为维护铁棍山药的价格稳定做出了积极贡献，有利地保护了当地种植者的利益。

第三节　组建农产品分销渠道

由于经营者和消费者之间存在着时间、空间、数量、价格等方面的矛盾，产品从经营者手中到消费者手里要通过一定的渠道实现。因此，分销渠道的选择是市场营销工作中一项非常重要的内容。

一、分销渠道的含义

分销渠道，即产品销售途径，就是把农产品从经营者手中送到最终消费者手里的完整过程，包括4层含义。

1. 分销渠道是完整的产品流通过程

分销渠道的起点是生产经营者，终点是消费者，分销渠道作为产品流通的途径，一端连接经营者，另一端连接消费者。因此，它所组织的是从生产经营者到消费者的完整的产品流通过程，而不是产品流通中的某一阶段。

2. 分销渠道的积极参与者是中间商

分销渠道的积极参与者是产品流通过程中各种类型的中间商。产品从生产领域进入消费领域的整个过程中，要发生多次的买卖行为，以及各种类型中间商的交易活动。因此，它可示意为：生产者—批发商—零售商—消费者，如同接力棒，一个环节接着一个环节。

3. 分销渠道以产品所有权转移为前提

生产商向消费者转移产品，应以产品所有权的转移为前提。如生产商将其产品直接售给消费者或用户，不经过中间商，这是直接转移产品所有权。但在通常情况下，生产商都是经过一系列中间商将其产品转卖给消费者或用户，也就是说，在分销渠道中要多次更替产品所有权，这是间接转移产品所有权。如果流通过程有代理商参与，如生产商—代理商—批发商—零售商—消费者，代理商对产品没有所有权，只是代客买卖，把产品所有权从生产商手中转移到其他中间商手中。

4. 分销渠道是产品实体的空间运动路线

分销渠道是指某种特定产品从生产商转移到消费者所经历的过程，分销渠道

不仅反映产品价值形态变化的经济过程，而且也反映产品实体运动的空间路线。

产品的分销渠道构成营销活动效率的基础，要提高营销效率，应该以最低成本完成营销，对分销渠道的基本要求，应该是多渠道，少环节。

二、选择农产品分销渠道应考虑的因素

选择正确的分销渠道，要考虑农产品经营者的主观条件和客观条件等诸多因素，其中，关键的因素是目标市场的状况、产品的特点和经营者本身的资源状况。

1. 消费者的需求

从消费者角度来说，渠道空间的便利性、合理的价格、农产品的新鲜度、安全无污染是他们关心的问题。因此，必须围绕着消费者的需求来规划布局农产品的渠道。

（1）渠道空间便利性。农产品特别是蔬菜、水果等产品，是消费者每天都要消费的生活必需品。消费者对这些农产品的分销渠道的空间便利性提出了很高的要求。因此，采用密集型分销是比较合理的，主要方便消费者就近购买。

（2）产品价格。对于每天都要消费的农产品，消费者对其价格通常比较敏感。因此，如何控制成本是农产品分销渠道需要解决的问题。减少流通环节，可以有效地控制农产品成本，降低农产品价格。

（3）产品新鲜度。消费者普遍对农产品的新鲜度要求比较高。因此，一方面，要最大限度地减少诸多的中间环节，保持农产品的“鲜度”，减少损耗。另一方面，要加强保鲜、冷藏等技术的应用。

（4）产品安全。消费者对农产品的安全也非常重视。因此．一方面要加强保鲜、冷藏等技术的应用。另一方面，可以通过提升终端形象和档次，让消费者消除对产品质量的疑虑，产生一种信任感。

2. 农产品本身属性

鲜活的农产品在运输、贮存、销售中会发生腐烂、发霉和病虫害，极易造成损失，因此周转要快，要尽量缩短流通环节，渠道越短越好；而比较耐久的农产品，则可以采用比较长的渠道销售。

3. 经营者本身的资源

（1）经营者的规模和声誉。实力很强、市场声誉好的经营者，一般利用少环节或直销渠道，而资金和条件有限的经营者，多数要依靠中间商的力量。

（2）管理能力。管理先进的经营单位，可以直接派出推销人员或自己设立销售网点，使渠道缩短，缺乏销售经验和能力的农产品经营者，则可依赖中间商。

（3）控制渠道的愿望。有些知名品牌，为了维护产品的声誉，控制产品的售价，宁愿花费较高的直接推销费用，采取短渠道销售；有的经营者只求卖出产品，不想控制分销渠道，大多依赖中间商销售。

（4）成本效益。经营者可供选择的分销渠道很多，但在选择过程中，要考虑成本和效益情况，注意选择低成本、效益好的方案，以利于提高其利润水平与竞争能力。

近年来，随着市场的不断发展成熟，不断形成了一些新型的渠道模式。例如，农超对接、电子商务、连锁直销等。这些新型渠道模式的出现，可以大幅度提高渠道效率，便于控制渠道成本，是农产品生产者提高市场竞争力的有效手段和必然选择。

三、可供选择的分销渠道

1. 直销

不经过中间环节而把自己生产的产品直接销售给消费者或用户，消费者和用户完成了所有的营销活动。

这是最短、最直接的渠道，由生产商直接控制产品的营销，从而可以迅速地得到顾客的反馈。像电话营销、送货上门、邮购、企业自办商店、展销会、合同销售等都属于这种形式。

直销适用于：①销售量增大或用户众多的情况下。②一些珍贵的、高价的或复杂的产品也采用这种渠道营销。但它有弊端，就是生产商销售工作量增大，而且可能会受限于商销售市场面和顾客范围，不利于生产商增加销售和进一步发展。

2. 单一环节直销型

生产商将产品直接批发给零售商，再由零售商卖给用户，即生产者—零售商—消费者。运用单一环节直销型，比直销型接触的市场面要广。但对生产商来说，要面对许多零售商进行销售业务，工作量仍相当大，而且市场面也有限，不利于生产和销售的进一步发展。

3. 多环节销售型

农户生产的产品经过多层次、多环节销售给用户，一般有几种形式：①生产者—批发商—零售商—消费者。②生产者—代理商—零售商—消费者。③生产者—代理商—批发商—零售商—消费者。

这些形式使生产商市场接触面广泛，企业信息来源广泛，可扩大用户群，增加销售量，但是，由于中间环节多，也可能引起产品的贮运量增大，使产品到达用户之间的周期延长，造成经营费用增加或成本提高，直接影响到产品价格。

四、选择分销渠道

要在经营上取得成功，只有适销对路的产品还不够，还必须有恰当的渠道把产品送到消费者手中。

选择正确的分销渠道，要考虑经营者的主观条件和客观条件等诸多因素，其中，关键的因素是目标市场的状况、产品的特点和企业本身的资源状况。

1. 考虑目标市场因素

（1）潜在顾客数量。如果潜在顾客的数量相对较少，可以考虑使用推销人员直接推销，相反，一般农产品顾客数目多，就必须考虑使用中间商进行广泛的销售活动。

（2）市场分布状况。目标市场是集中还是分散，如果比较集中，一般可采用直接销售的方式；如果比较分散，则使用中间商。

（3）市场容量大小。对于一次性购买数量很大的用户，可直接供货；对于订单较小的用户，可以通过中间商进行销售。

从上述分析可以看出，农产品营销适宜使用中间商，而不适宜直销。

2. 考虑产品因素

（1）价格。价格越高，越宜于选择短渠道模式，因为多一次中间环节，就要加上一定的中间商利润，会影响销路，一些价格较高的产品，最好是用推销员直销。

（2）产品耐久性。易腐产品或式样容易过时的产品，周转要快，渠道越短越好；而比较耐久的产品，则可以采用长渠道销售。

（3）产品技术性质。一般技术性较高的产品，或是售后技术服务非常重要的产品，应尽量缩短渠道。高技术含量的消费品，如通过中间商销售，必须设立服务中心，防止因无力承担服务而影响销售。

（4）产品的体积、重量。体积大、重量也大的产品，宜短渠道销售，以减少流通费用。

3. 考虑宏观因素

这是不可控因素。如我国政府对农产品分配方式有许多规定，对一些关系国计民生的粮食，国家建有国有收贮渠道进行管理，有些产品实行国家专卖，如卷烟、食盐，这些规定必然会影响经营者分销渠道的选择。

五、分销渠道策略

1. 选择分销渠道的基本策略

（1）综合性分销渠道策略。即运用多种分销渠道综合地推销自己的产品，通过批发商把产品分布到各零售点，销售面十分广泛，竞争性特别强。

该策略常用于日常必需品的销售，农产品销售也适宜这种策略。

（2）选择性分销渠道策略。由于某些产品的特殊性，或者经营者能力限制和消费者的偏爱等，选择较为合理的、有效的分销渠道作为自己产品销售线路。

（3）独家分销渠道策略。在某一特定市场，仅选择一家批发商或零售商专营自己的产品，一般情况下，这些经销或代理商不再经营其他同类产品。①适用于消费品中的选购品，特别是一些名牌优质产品，特产等。②可使生产者与经销者联系密切，有助于提高产品形象，提高经营利润，有利于控制市场，排斥竞争，还可以节约经营费用。③独家经销容易因推销力量不够而失去市场，风险大。④独家销售不利于开展市场竞争，也不利于消费者选择，应尽可能不采用此方式。

从上述分析可以得出，一般农产品营销不太适用这种分销策略。

以上介绍的3种策略，随着情况的变化而变化，有时可采用一种或两种策略。

2. 选择中间商

多数产品都需要通过分销渠道中的中间商进行销售，这主要是因为中间商具有无法比拟的优点：如中间商有较多的专业销售人员；他们的顾客多，销售机会大；他们有广泛的社会关系和销售网络，更能促进销售。

（1）选择中间商的原则。适宜的中间商可以帮助经营者取得比较好的销售，不适合的中间商不但无法实现销售目标，反而会丧失市场份额，必须本着

"宁缺毋滥"的原则选好中间商。

①要注重中间商的信誉。中间商信誉越高，产品销量就越大，因此，应将信誉高的中间商作为自己的选择对象。②看中间商的实力。包括资金、人员素质、业绩增长幅度、过去营业状况、仓贮运能力等。中间商实力越强，销售成功的概率就越高，因此，实力强的中间商是首选。③看中间商产品销售组合。考察中间商总共经营多少产品，产品特征，这些产品与自己产品的配合程度，以及中间商对自己产品的熟悉程度。④分析预期合作程度。与中间商合作关系处理的好坏，直接影响到产品的销售。中间商是否全力以赴地配合，对于销量的提高与否起决定性作用。

（2）了解中间商的需求。

给予中间商尽可能丰厚的利益。通过建立合理的级差价格体系，保证利益在各层次渠道成员间的有序分配，即保证每一层次的中间商都能通过销售产品取得合理的利润。

①与中间商的主要管理层保持密切联系。②深入到中间商中去，了解它们的经营管理工作。③有固定的时间与机制保证双方定期交流。④定期向中间商进行调查，了解其看法与意见。⑤要求中间商自评。⑥对中间商的问题及时给出建议。⑦安排专门营销人员负责各中间商的工作，以保证信息反馈的及时与准确。

3. 选择直销

许多经营者都将直销作为一种有力的营销方式。它不仅可以节省营销成本，而且重要的是这种方式可直接贴近顾客，有利于了解市场，宣传产品，建立良好的信誉，常见的方式有如下几种。

（1）展销。展示销售就是在没有特定销售场所的情况下，临时租用一些场所展示产品，并在现场进行销售活动。可以有多种形式：①一般展销。②召开新产品发布会。③参加由社会机构组织的产品展销会。④组成车队游走销售。⑤运用海报、传单、赠品等方式，吸引顾客到场参观。

（2）邮购。

①建立完整的顾客名单与相关资料，了解其需求，并定期或不定期地寄发邮购宣传订单，以维持良好关系。②选择印刷媒体的广告形式，而且印刷必须精

美，说明务必清楚，使顾客一目了然地了解产品的特性，以刺激消费者的需求与购买欲。③提供赠品、特价产品，或限量供应等，使消费者觉得现在不买会遗憾，以促使顾客采取行动。④顾客订购后立即处理，使其在最短的时间内收到产品。⑤如通过给顾客寄生日卡、贺年卡等方式，加强与顾客的接触与沟通，强化彼此间的关系。⑥加强售后服务，妥善处理顾客抱怨与异议。

（3）电话营销。电话营销是利用电话来达到销售产品或服务的一种销售方式。一般有两种类型：一为专门提供“接听”服务，通过电话专线接受顾客的订货、咨询或抱怨，电话费用由经营者负担；另一种是主动出击，以“外拨电话”的方式与消费者接触，借用关心与诚恳的口气，循序渐进地促销产品。

①做好顾客资料的整理工作，包括顾客的住址、电话、姓名以及购买来往记录等，针对特定对象进行接触。②对电话营销人员进行基本训练，包括基本电话礼貌用语、如何使用电话营销技巧、时机的配合、客户类别分析、商谈要领、产品知识等，使得营销人员在短短的电话交谈中，破解客户的防卫心理，取得对方的信任，完成交易。

（4）媒体营销。媒体营销是通过电视、广播、报纸、杂志等大众媒体，将产品的销售信息传递出去，使消费者利用上门或打电话等方式订购，以完成买卖双方的交易程序。

媒体营销与广告的区别：广告只是宣传产品的功能、形象，让顾客知道产品，而销售则是由批发商或零售商进行。媒体营销的主要目的是告知消费者我们的电话、通信地址，以方便顾客电话订货或直接上门订货。

（5）自动化销售。所谓自动化销售，即是指利用自动销售机，投入特定的交易媒介（如硬币或电脑记录卡等），而完成产品的销售。自助洗衣、电动游乐器、行李存放保险箱、自动计时停车器等均属此类。应该注意的问题是：①设置的地点以人潮往来频繁的地方为佳。②相关人员应该定期巡回维修机器、补充货品。③留下顾客抱怨处理电话，以便机器出故障时，让消费者有地方诉说，维修人员能立即加以处理。

（6）网络营销。随着网络的迅速发展和在各领域的日益应用，众多的生产厂家和销售商的电子商务应用更是一种不可避免的趋势。

网络营销是指以网络为传播手段，通过对市场的循环营销传播，达到满足消费者需求和商家诉求的过程。

①互联网作为传播媒介，其跨时空和地域、覆盖全球、以多媒体形式双向传送信息和信息实时更新等，是其他媒介所无法比拟的。这正是网络营销者所追求的。②互联网自身就是一个生机勃勃的“虚拟市场”。在这个市场中，全球的网民是消费者，一个个的网站好似一个个商家，各类作为产品在网上被广泛交易。

4. 选择批发商

批发商是指按照批发价格经营批量产品买卖的产品经营者，经销商通过将大批量拆分成小批量，或将小批量组合成大批量的方式，将产品组合成不同的数量，以满足不同消费者的需求。

（1）批发商的营销职能。批发商作为生产商与零售商之间的中间商，从市场营销的角度看其主要功能是：①采购。根据市场需求，预先从生产商手中购入产品，实现集中货源的功能。②销售。批发商的最终目标是销售产品，通过销售为零售商提供货源。③分配。批发商通过大量购买产品，将用户所需分散提供给其他批发商或零售商，解决了制造商不愿小批量销售，零售商无力大量购买和不能向每个制造商购买的问题。批发商通过这种分销活动，便具有在地区、季节、部门、行业、生活与生产消费间平衡分配和合理扩散产品的功能。④运输。批发商在采购、分配、销售活动中，必然会产生产品在空间的转移，因此，批发商要及时、准确、安全、经济地组织运输。⑤贮存。批发商利用贮存来创造时间效应，以使零售商随时可获得小批量现货供应；另外，批发环节的仓储，可调节市场淡季和旺季，起到“水库”作用。⑥资金融通。资金雄厚的批发商可以对零售商实行信用进货，以弥补其资金不足，也可以通过预付款的方式资助生产者，起到资金融通的作用。⑦风险承担。批发商承担了由于产品季节、损耗及其他原因而造成的损失及风险；通过对零售商包退包换产品，承担降价、削价给零售商所造成的损失，从而为零售商提供风险保证。⑧信息服务。批发商利用信息灵通、联系面广和分销渠道多的条件，为零售商和制造商提供宣传、广告、定价、商情等咨询服务。

（2）农产品批发商的两种类型。从事农产品批发业务的批发商一般有两种类型。

①一般批发商，即独立的批发商组织，自己拥有产品所有权，实行独立的经营核算。一般是向生产商或大批发商购进产品，然后卖给商业客户或其他用户，

赚取买卖之间的价格差额。②经纪人和代理商。不拥有产品所有权，他们主要是通过自己的服务，促成买卖双方交易，从中赚取一定数量的佣金。

经纪人。不控制产品，不承担交易风险。他们的业务主要是介绍买卖双方磋商交易，促成双方成交。成交后，由卖方直接向买方送货，委托人要向经纪人支付一定的佣金。

代理商。从事代购或代销业务，但不拥有产品所有权的商业组织，主要形式有厂家代理商、销售代理商、进货代理商、佣金商等。

5. 零售

从一般的小杂货店，到应有尽有的超市，在现代市场经营中，零售商是分销渠道系统中人数最多的组织。它的基本职能是从事零售交易，把市场需求的产品直接销售给最终消费者。

每一个零售商，不管它位于这一系列的哪个环节，都面临两个问题：一是该卖什么，即怎么搭配产品；二是在哪儿卖，即选择销售地点。

（1）该卖什么。每一个零售商，都面临着如何选择搭配产品的挑战，该卖什么。在它选择地点和选择所要服务的市场目标之前，这一步就该开始考虑了。随着时间的推移，它可以向分销渠道的上游成员——经销商、批发商、生产商征求意见，也可以通过广告、与消费者交谈或访问其他城市的零售商店来寻找答案。

（2）选择零售地点。对零售商来说，选择地点与选择搭配产品同样重要，甚至更为重要。一般地，零售商选择零售地点，应该考虑这样几个问题。

①看看你是“和谁在一起”。即选择一个这样的地点，它能使你置身于与你在生意上互补且没有竞争对手的经营环境之中。②考虑你所提供的产品或服务的性质。如果你所提供的产品是一些选择性很强的消费品，那么，你应该将购物是否便利作为优先条件考虑进去。③如果你提供的产品是一些价值高的耐用消费品，那么，购物是否方便并非决定性条件，消费者宁愿多跑路而寻找价格便宜的地方去购买适宜的产品。这时，地点就不是一个非常重要的因素了，而产品质量和售后服务可能更重要。④传统商业区与闹市区。不管你是选择传统商业区，还是选择闹市区，一个基本的原则是购物的舒适和安全。良好的周围环境和社会秩序等是你应该考虑的一个重要问题。⑤营造一种良好的氛围。氛围是吸引顾客并使之感到满意的重要因素。它能提高商店的人流量，鼓励购物者在商店逗留更多的时间，并刺激他们的购买欲望。如利用色彩和光线可给人们带来赏心悦目的视觉效果；背景

音乐一直被用于营造商店氛围；合适的气味可以促进顾客的购买倾向；外观设计也很重要。

（3）延长营业时间。小城市的零售商经常抱怨白天无生意可做，这是可以理解的：白天大部分人都在上班，所以，白天销售额下降。零售商应该是在顾客想买东西的时候开门，而不是自己想开门的时候开门。

消费者生活方式的变化和经营环境的竞争日趋激烈，零售商必须在顾客想买东西的时候开门营业。那么，怎样延长你的营业时间呢？

①使用应答服务，即当你的商店无人值班时，用录音电话或传真机记录下顾客发来的信息。②白天晚开门，晚上的营业时间就可以适当延长。③做一些产品目录，顾客可以通过电话或邮寄来订货。④周末或非营业时间派雇员值班。⑤雇一些兼职人员晚上工作，当业务量小时，让他们做一些其他工作。

〔案例导入〕

河南长垣甘蔗的销售渠道

甘蔗是多年生草本植物。甘蔗的茎秆内汁液丰富且味甜，还含有对人体非常有益的各种维生素、脂肪、蛋白质、有机酸、钙、铁等物质。在世界热带和亚热带地区都有栽培，最大的甘蔗生产国是巴西、印度和中国。中国甘蔗的主产区是广西壮族自治区，近些年种植面积在1 400万亩左右，占到了全国60%以上，其次是云南约400万亩、广东200万亩、海南100万亩。南方其他地方种植的甘蔗面积都不多，北方甘蔗种植面积就更微不足道了。

1. 长垣甘蔗的出现

以前，长垣也曾种植过甘蔗，当时是北方品种，产量低品质又差，在20世纪80年代末就已经绝迹。

2008年长垣县金丰种植专业合作社社长李瑞玲，通过考察引种十余个南方甘蔗品种，经过3年的试验筛选出来两个适合当地种植的甘蔗品种。到2011年开始规模化种植，目前，已经初具规模，并成为当地的特色农产品之一。

2. 长垣甘蔗的特点

虽然河南长垣的甘蔗面积非常少，但是，河南长垣甘蔗与南方甘蔗存在显著的差异。主要表现在：①长垣甘蔗生产期短，甘蔗株高明显低于南方甘蔗。②长垣甘蔗比南方甘蔗收获时间早，在当地销售，又减少了流通时间，上市时间比南方甘蔗早1个月左右。而且水分散失少。③长垣甘蔗生长后期，日温差大，糖分积累量高，其甜度高于南方甘蔗。

3. 长垣甘蔗的营销渠道

由于长垣甘蔗具有上市时间早、糖分含量高、水分更丰富的特点，很受当地水果批发商、超市的欢迎。因此，销售渠道选择了直销模式。

销售方式及渠道：在甘蔗收获前1个月，对可能的收获产量基本掌握。联系超市和水果批发商，确认各自的需求量、交货时间及方式。3天即可完成该项工作。

由于长垣甘蔗产量数量有限，比南方甘蔗少了运输成本，长垣甘蔗上市时南方甘蔗还没有成熟，合作社掌握了定价的主动权。而且，还可以收取一定数量的订金。

第四节　策划农产品促销计划

一、促销

1. 促销的含义

有人说世界上有一半人在使用促销策略，并将其作为鼓励消费者购物的“拉引策略”的一部分，以迎合顾客新的需求；另一半人在使用“推动策略”，以鼓励经销商销售产品。那么，什么是促销呢?

有人认为，促进销售就是派人推销，把产品卖出去。这是一种简化的、狭义的理解。其实，促进销售有着更加广泛的含义。

促销是经营者运用各种手段，向消费者推销产品，以激励消费者购买，促使产品由经营者向消费者转移的一项活动。每一个促销项目应由3个要素构成。

（1）奖励。这是经销商在促销活动中为顾客提供的有价值的东西。什么样的奖励由经销商的意志决定，但基本效果应该有：顾客节省金钱；给顾客提供一个免费试用你的出售物品的机会；顾客能够获得赠品；顾客获得某种体验。

（2）发送方法。这是经销者实现奖励的方法，它可以通过售价标签、赠券、打折、产品样品、奖品、竞赛等办法实现促销的目的。

（3）传播途径。顾客获得某种产品信息的载体，包括广告、产品包装、直接邮寄、人员推销等。

2. 促销的目的

不论你采用什么样的促销手段，但目的是共同的。

（1）鼓励顾客尝试你的产品，尤其是与钱无关的手段更会使顾客感到没有风险。

（2）建立你的知名度。

（3）获得回报。你虽然无法保证他们会永远成为你的忠诚顾客，但偶尔表示一下顾客对你生意支持的谢意还是必要的，如一件小礼物是顾客得到认可的好方式。

据此，可以把促进销售概念的内容概括为：对消费者传递产品信息，唤起顾客对产品的需求，以树立产品和经营者的形象。

二、选择促销手段的方法

我们知道，促销的方法有多种，如人员推销、广告、营销推广、公共关系等，这些方法各有优点和缺点，对各种产品的销售所起的作用也不相同。如广告宣传覆盖面广，对于日常消费品的促销效果较好，但不能直接促成交易的成功；人员推销有利于直接促成交易，但费用较高。所以，必须根据产品特点和企业销售目标，选择和运用合适的促销策略。

1. 促销策略依据产品性质不同而异

一般来说，日用消费品如农产品更适宜使用广告宣传。因为消费品市场需求广泛，最有效的促销手段是广告。目前的电视广告中，70%～80%是消费品的广告。为了吸引中间商，人员推销也是必要的。一些竞争性较强的消费品，促销策略更要周密设计。

2. 促销策略依市场范围不同而异

（1）市场范围小，产品只在本地市场销售，则应以人员推销或产品陈列为主。

（2）广泛的大范围市场，如全国市场或国际市场，广告就显得非常重要了。

（3）中等规模的市场可以一种促销方式为主，兼用其他方式，如一方面进行人员推销，另一方面在适当范围内进行广告宣传。

3. 促销策略依市场类型不同而不同

不同的市场类型，不同的特点，促销方式也不相同。

（1）消费者市场，顾客多而分散，就主要靠广告、产品陈列、展销等方式去吸引顾客。消费者的类型不同，促销方式也不一样。城市居民偏爱广告，乡村居民则对产品陈列、展销容易接受。企业应针对不同类型的消费市场，选择对路的促销策略。

（2）生产者市场是另一类型的市场，专业性强，数量少，通常以人员推销为主。

（3）潜在顾客的数量也是选择促销手段时需要考虑的重要因素。潜在顾客多，广告就比较有效，反之，人员推销方式就比较合适。如残疾人轮椅多以产品展示或柜台广告为主，化妆品则以广告为主。

5. 做好促销预算

不同行业、不同产品预算差异很大。化妆品行业的促销费用最高，为营业额的30%～50%，在工业机械行业只有15%～20%，而农产品都在10%以下。

促销预算额的确定，一般是确定一个其占营业额的百分比作为预算额。当然，归根到底还要看促销的实际效果来进行调整，其中，关键因素取决于产品处于市场生命周期中的哪个阶段，以及产品对于消费者的重要程度。

三、促销策略类型多样

1. 推动策略

使用推动策略，主要是利用人员推销和其他营业推广手段，把产品“推”向市场，使用这一策略，大多是经营者有雄厚的推销人员队伍，或产品声誉较高，或是采购者的目标比较集中。

2. 拉引策略

拉引策略是指利用广告和其他宣传措施，来引起消费者对产品或服务的兴趣。如果这些促销措施奏效，消费者就会自动到商店购买该种产品，也就是说将消费者“拉”到产品这边来。

实行拉引策略必须将大量促销费用用于广告及宣传以吸引顾客。使用这一策略，主要是因为产品的销售对象比较广泛，使用人员推销在经济上不合算，或是新产品初上市场，需要扩大知名度。

3. 攻击策略

攻击策略是对竞争者采取主动出击的策略，想别人所未想，注意别人容易忽略的地方。

（1）避实就虚策略。这是避市场饱和之“实”和竞争强手之“实”，主攻产品供需脱节之“虚”，善于利用供需之间的时间差，把自己的产品打入市场的一种促销策略。避实就虚，既要摸清消费者的需求变化规律，又必须注意摸清竞争对手的经营规律，才能做到见“实”就避，乘“虚”而入。

（2）引导销售策略。这是目前国际市场上出现的一种销售策略，它取代了以往消极的“蜘蛛销售策略”，主动出击，积极寻找顾客，介绍产品，发展生意。引导销售策略成功的关键，在于针对不同用户、不同需求和心理，采用不同方式推销产品。在这个过程中，需要有长远眼光，不能只求近利。

4. 形象策略

形象策略也称信誉销售策略，就是千方百计提高自己或者产品在顾客中的形象。经营者不但要在广告宣传中树立起自己的形象，更重要的是研究用户心理，千方百计在用户的心目中树立起良好的产品形象。“经商信为本，诚招天下客”，可以说是至理名言。要靠信誉赢得顾客，需在8个方面竭尽全力。

（1）树立广告信誉。广告要做得适度，名副其实，使用户认为你是实事求是的，是可以信赖的。

（2）树立质量信誉。“质量就是生命”，质量关系到产品的市场份额，关系到市场的兴衰。

（3）树立价格信誉。维护价格信誉，必须做到4点：①力求公平定价。②明码标价。③优质优价。④基本稳定。

（4）树立合同信誉。遵章履约、恪守合同是经营的基本准则。树立合同信誉，严格按合同规定，承担相应责任，才能取信于人。

（5）树立包装信誉。主要注意3点：①包装要安全，能充分起到保护产品的作用。②包装要真实，要表里一致。③要名正言顺，即包装要注明生产或经营单位，包装上的说明不言过其实。

（6）树立计量信誉。经营中要尺足、秤满、量平，做到计量准确，不光经营作风应从严要求，还要防止许多非主观因素影响经营信誉。

（7）树立退换信誉。有的经营者规定，“钱货当面看清，出门概不负责”这不利于长期经营。

有的经营者却坚持“产品出门，负责到底”。两种截然不同的经营作风，自然带来不同的经营效果。允许退换产品是提高产品信誉的重要一招。

（8）树立售后信誉。售后服务是决定消费者是否再次购买，从而影响产品市场份额的关键。消费者购买产品后，产品不能正确使用，就会对该产品丧失安全感，其他人再行购买就会有后顾之忧，以至于影响产品的信誉和销量。

以售后服务取得信誉，主要有以下几项工作：①访问用户，并得到信息反馈。②提供农产品食用方法技巧等。③对产品使用技术比较复杂的，要帮助技术或代用户培训技术力量。

5. 系列销售策略

系列销售策略就是将若干种互有关联的产品配在一起进行销售，这样既扩大了销售，又赢得了用户的心。

6. 文化促销策略——文化搭台，经济唱戏

人类历史发展过程中，形成了许多优秀的传统文化，如饮食文化、婚姻文化、家庭文化、宗教文化等；在继承和改造传统文化的同时，又涌现出了新的现代文化，如电视文化、娱乐文化、自然旅游文化等。

文化促销就是“借推销文化，实推销产品”的策略，将文化与产品有机地结合起来，达到将企业形象及产品推向市场的目的。典型的形式是近几年逐渐兴起的各种文化节，如原阳大米节、新郑大枣节等。但主要有两个问题：一是要有档次；二是要有品位。

7. 感情促销策略——产品无情人有情

感情促销是对“市场没有感情”这一论点的挑战。

感情是人类生活中最为重要但也最为复杂、最难解释的东西，在产品经营中注重人情，是经营者实现经济效益的重要途径。

如情人节玫瑰花的销售量会大增；中秋节对中国食品生产商可就是个好日子；一些中老年保健品生产企业，利用母亲节、父亲节、重阳节等节日大做文章，提醒做子女的别忘了去看望操劳一生的年迈双亲，也不失为良策。

8. 名人促销策略——名人效应

借助名人的声望与地位来宣传企业及其产品或服务，是一条提高产品或服务销量的捷径。名人效应对企业及其产品的影响不容忽视，如现在热销柳桃、潘苹果等无不想借助名人效应获得了成功。名人效应不仅指真正的名人为企业做广告，有时利用“模仿秀”打一下名人牌也能为经营者带来可观的公关效果。

9. 好奇促销策略——你的好奇，我的机会

好奇是人之天性，好奇心会驱使消费者接受产品信息，去认识产品，接近产品和消费产品。企业可抓住机会，投其所好，达到销售产品的目的。

国外有一家啤酒店，在店外立了一个大酒桶，桶中间挖了一个小洞，桶上赫然写着“不许偷看”。这正好勾起了人们的好奇心，纷纷驻足从小洞往里看，原来里面写的是“我店生啤，与众不同，清醇芳香，一杯五元，敬请享用。”人们在大笑之余信步走入小店，饮上一杯啤酒。

10. 赞助促销策略——并非赔本买卖

公益慈善活动本来是被认为只赔不赚的赔本生意，然而，随着人们对这些社会活动的关注与热心与日俱增，赞助公益慈善活动，进行公关促销也成了企业的生财之道。

11. 展览促销策略——露出庐山真面目

展览会是公关促销中经常采用的形式，它以其“短平快”和集中影响的宣传促销效果吸引了众多的厂家、商家和广大消费者。现在著名的博览会吸引了越来越多的厂商，如巴拿马国际博览会。在北京的展会上，各地农产品纷纷亮出自己的绝招，以创新的产品、鲜明的展位和独特的展台设计来吸引观众。

12. 教育促销策略——你长知识我发财

消费者是顾客，不是研究产品的专家。尤其是新产品，消费者并不知道它们的使用价值和使用方法，这就需要企业从产品的基本知识入手，对消费者或潜在消费者进行与产品或服务有关的知识教育、技能教育和观念教育，使消费者接受企业的产品，引起其消费行为。美国凯洛哥公司是一家生产谷类食品的国际性公司，以生产早餐食品而闻名。而在其创业之初，西方许多国家的早餐只是咖啡加面包，这种早餐不利于人们的健康。于是，凯洛哥开展了一次大规模的教育宣传活动，让人们相信谷类早餐有益健康，并同时大肆宣传自己的早餐食品。这一活动十分见效，人们纷纷改变习惯，食用谷类早餐食品，凯洛哥公司产品的销量大增。

实践证明，教育促销售不失为企业的明智之举。

四、农产品促销策略的选择

1. 使用价格策略

参与市场竞争对于大多数农产品来说，价格竞争是最有力的竞争手段之一。特别是对于农产品的生产型消费者更是如此，他们的购买量大，很小的价格变动都会引起他们较大的成本波动。经营者在经营自己的产品时，要学会使用价格竞争。如为了刺激消费者大量购买，可以在基本价格的基础上做一定的调整，给消费者一定的好处，促进销售。对于不同的目标市场、产品形式、销售时间、销售地点实行有差别的价格，从而满足不同的市场需求，以扩大销售，提高经营者的经济效益。

2. 选择适宜的推销技巧

扩大销售水平讲究推销技巧，是指经营者在推销自己的产品时要根据消费者心理动态有针对性地采取推销策略。从消费者购买产品的过程来看，大致可以分成4个阶段，在每个阶段要使用不同的推销方法。

（1）寻找产品阶段。消费者出于某种需求，希望寻找某种产品来满足需求。这时，经营者要积极介绍自己的产品，特别应针对消费者需求来介绍产品的特点，引起消费者的购买欲望。

（2）比较阶段。消费者可能要将同类产品做一个比较，其中，主要是比质量、比价格。这时经营者要强调自己产品具有优势的一面，或者给予某种优惠，促成消费者下决心购买。

（3）购买阶段。要满足消费者在购买时的要求，并且要用热情的态度招呼消费者，希望再次购买。

（4）评价阶段。有的消费者购买产品后感觉比较满意，可能再次购买，成为“回头客”。这时经营者一方面要热情接待；另一方面可利用“回头客”的良好评价说服其他消费者购买。

总之，在推销产品过程中，要不断总结经验，提高自己的推销技能，就会产生良好的销售业绩。

3. 迎合消费者的购买心理

选择不同的营销策略面对品种繁多的市场，顾客是否购买某一产品，是由其心理动机决定的。分析顾客的购买心理，对生产经营者发现市场机会，采取相应措施促成交易，有重要意义。顾客的购买心理可分为：①理智型。这类顾客具有一定的产品知识，注重产品性能和质量，讲究物美价廉。②选价型：一是以价格低廉为筛选产品的前提条件，对“优惠价”产品感兴趣；二是对高档、高价产品感兴趣，认为一分钱一分货，要买就买好的。③求新型：这类顾客追求时尚与款式，往往不问价格、质量。④求名型：崇拜名牌产品，对价格高低并不过多考虑。⑤习惯型：顾客对某些厂家、商标的产品熟悉、信任，或因生活习惯等的不同，形成一种使用某种产品的习惯。⑥不定型：不常买东西，对市场情况和产品不熟悉，购买时犹豫不决，反复征求他人意见。

经营者在经营过程中要细心观察，针对不同的购物心理，采取不同的促销策略。

4. 分析消费者购物习惯

购买习惯主要指顾客何时购买、何处购买、如何购买。搞好农产品的营销工

作，必须认真分析顾客的购物习惯，搞好农产品的促销工作。

（1）顾客何时购买。如每年哪些节假日对哪种产品需求量大，当地企事业单位每月何时发工资？每周中星期几购买人数最多？每天中哪段时间顾客最多？只有对顾客的消费习惯了解清楚，才能最大限度地满足顾客需求，增加农产品的销售数量。

（2）顾客何处购买。包括顾客在何处下决心购买和顾客在何处实际进行购买两个方面的问题。两者可能在同一地方，也可能在不同地方。有些产品经常是在家里做出购买决定，然后再到市场选购。这些产品，应通过电视、广播、报纸、杂志等进行宣传，使消费者对产品的性能、特点、用法、价格、售后服务以及到何处购买等信息详细了解，让其家喻户晓，来影响消费者消费行为，吸引顾客来现场购买。也有一些产品，是顾客在购货现场临时决定购买的，对这类农产品，要搞好产品的包装、陈列及购货现场的宣传，以刺激消费者的购买欲望。

（3）顾客如何购买。购买方便，是顾客的普遍要求。购买方便的范围很广：产品品种、数量、规格多样化，如肉类食品应有鲜货、腌制、卤制等；产品供应在时间上随叫随到；在地点上尽可能就地就近购买；包装易于识别、携带；购买方式多样；付款方式上有分期付款、先购物后付款等。对顾客这些购买方便需求，经营者应尽力满足，以扩大自己产品在顾客中的影响力。

5. 搞好售后服务

搞好售后服务，扩大经营者的影响。经营者要扩大自己的影响，必须搞好产品售后服务。①做好准备，以便及时、准确地处理好各种询问和意见。②必须有实效地解决顾客提出来的实际问题，这比笑脸相迎更为重要。③提供给顾客多种可供选择的服务价格和服务合同。④在保证服务质量的前提下，可把某些服务项目转包给有关服务行业厂家。⑤不怕顾客提意见，应把此看成改进自己的产品和服务，搞好生产经营的重要信息来源。

6. 做好广告宣传

做好广告宣传，扩大产品知名度。广告通过各种方式将自己产品的性能、特点、使用方法等广泛地向消费者介绍，引起用户对自己产品的购买欲望。经营者要制定正确的广告计划，选择适当的广告策略，设计适宜的广告，并选择好广告媒体。

第四章　农产品营销队伍管理

〔案例导入〕

2014年某县农产品销售及协会组织建设情况

加强农产品销售组织建设，理顺农产品销售渠道，解决农产品销售难的问题，是促进产业结构调整，增加农民收入的重要途径。在某县委、县政府的安排部署推动下，各乡镇积极行动起来，着手建立协会组织，在扶持培育经纪人、促进农产品销售方面做了一些有益的探索。

一、农产品销售协会组织建设初步展开

对农产品销售协会组织建设，某县委、县政府给予高度重视。乡镇领导对协会组织的作用、意义有了一定程度的了解，对建立协会组织的重要性、紧迫性有了一定的认同。大部分乡镇确定一名领导分管该项工作，设立办公室，配备工作人员，形成了主要领导负总责、分管领导具体管的良好局面。如有的乡在充分宣传发动的基础上，召开了有乡领导、有关站所负责人和销售、生产大户参加的大会，成立了该乡林果销售协会，通过选举，组建了组织工作机构，制定了协会章程，各项工作是比较规范的。

二、农副产品销售种类不断增加，销售地域不断拓宽

某县大宗农产品主要有林果产品、畜产品和一些民族手工艺品。林果产品主要有鲜杏、杏干、葡萄、石榴、巴旦木、核桃等;畜产品主要有活牛羊、家禽、鸽子等;民族手工艺品主要有羊毛毡、民族乐器、蒙古包、针织刺绣品、扫把等。在县乡镇的扶持培育下，有些农产品销售到县外、甚至疆外，在一定程度上解决了农产品的销售难问题，增加了农民收入。

三、经纪人在农产品的销售中充当了主力军作用

目前，在某县的农产品的销售中，经纪人的作用功不可没，充当了绝对主力。2012年，某县销售鲜杏2.2万吨、杏干4000余吨和其他果品9700余吨，基本

都是农民自己或经纪人外销的。今年除极少量的鲜杏由政府组织销售外销，绝大部分农产品的销售也都是这样。主要方式是经纪人从农民手中收购，通过自己的渠道外运销售。这种方式在某县比比皆是。如××乡经纪人××与喀什个体老板××签订了8000吨土豆的种植收购合同。××乡经纪人××与当地农民签订收购合同，将该乡4000张的羊毛毡出售到霍城县，合同金额20万元。该乡经纪人××与当地农民签订收购合同，将该乡360吨牛肉出售到上海、广州。×××镇4村农民经纪人与县教育局签订了加工制作5000把扫把的合同，每把5.4元，合同总金额2.7万元。×××的石榴、葡萄、红枣在收购后，有的运到××市，那里有他们约20人销售队伍，在那里分级、包装、销售。如×××乡的蒙古包制作，由经纪人联系需求信息，反馈到该乡，有人组织农户按标准加工制作，再由经纪人运输到用户。在多年的合作中形成了大家认可的规则，涌现了5个蒙古包制作经纪人，每个经纪人都联系10多个农户。经纪人根据每年的销量，还通过培训不断扩大自己联系的加工农户，使农户和经纪人双方受益，也把蒙古包制作不断做大，从业人数达到近100人，成为当地农民增收的一种重要渠道。在合作当中，逐渐有了分工，如有的负责原料购进，有的负责生产，有的负责运输，有的负责销售。如×××乡4村2组的农民××看到该组农民都加工羊毛毡子，就利用关系购进羊毛，卖给该组农民，年购进销售羊毛150吨，纯收入约4.5万元。

第一节　农产品经纪人

一、农产品经纪人及分类

根据农产品经纪人国家职业标准，从事农产品收购、储运、销售以及销售代理、信息传递、服务等中介活动而获取佣金或利润的人员，就是农产品经纪人。

农产品经纪人是在买卖双方中充当中介促成交易的中间商人，是促进商品交换和流通，促使生产者和消费者“联姻”的“红娘”。

目前，我国农村市场经济框架已初步构成，但许多农民对市场经济还比较陌生。计划经济时代，生产什么，生产多少，都由生产队、政府订计划，下指标。现在完全不同了，生产由农民自主决定，销售由农民直接进入市场，许多农民尚未适应这种生产方式，生产和销售基本上是依靠“道听途说”，致使生产不确定，农产品销售盲目，迫切需要有人“牵线搭桥”。在这种情况下，农产品经纪人应运而生。实践证明，农产品经纪人已逐步成为农村新型社会化服务体系的重要组成部分，是农村改革和经济发展中的新生力量。

农产品经纪人的队伍近几年有很大的发展，从事经纪人的种类繁多，主要有以下几类：

1. 销售型经纪人

农产品销售是农民的最大难题，这就需要有专人来做农产品收购和促销的“红娘”，实现产、销衔接，解决农产品的买难、卖难的问题。农产品数量大，品种多，如果产品流通不畅，势必造成“生产容易销售难”，结果农民丰产不丰收，农民辛辛苦苦的劳动将成为泡影。营销经纪人为农民的产品找“婆家”、“铺路架桥”、“穿针引线”，使农民得到了实惠。

2. 科技型经纪人

农业的发展方向是优质、高产、高效，现代化的农业生产与高科技的有力结合，就需要有一批既懂技术、技能，又会经营的“专门人才”、“市场专家”，利用自己掌握的科技知识为农民服务，以“科技土专家”的身份帮助农民引进并推广各种农业新品种、新产品和新技术。农民对这类经纪人信得过，因为他们是土生土长，他们之间有天然的联系，对乡情了如指掌，他们懂得农民的需求，用他们的信誉和方式推广新的技术和品种，农民容易接受。这种靠农民指导农民，靠农民带动农民，靠农民帮助农民的科普推广效果非常好，科技型经纪人在为农民服务中获得了收入，农民增加了科技意识、普及了科学知识，推广了科技方法。

3. 信息型经纪人

在市场经济条件下，离不开大量迅速、准确的市场信息。农民进入市场以后，急切想知道各种市场行情，如农业产业结构的调整，农民产业的转移，农村剩余劳动力的就业等等，以及对各类农产品的需求信息、劳动力输出信息、科技信息等都比较关注。信息型经纪人把掌握的科技、市场行情、种植、养殖、加工及劳力需求等各种信息提供给农民，从中收取一定的信息服务费。信息型经纪人所提供的各种信息，被农民吸收以后，会使农民少走弯路，迅速致富。

4. 复合型经纪人

有些农民，本身既是生产者，又同时扮演中间人角色，为别人提供信息和市

场、牵线搭桥，除了从生产经营中获利外，也以经纪人的身份获取佣金。此类农民既是生产者，又是信息提供者，也是销售者。

二、农产品经纪人的作用

农产品经纪人是市场经济条件下农业和农村经济发展的必然产物，是现代农业的重要组成部分。改革开放以来，随着国家对“三农”问题的重视，以及对社会主义新农村建设的不断推进，农产品经纪人队伍从无到有，不断发展壮大，对推动农业发展，繁荣农村经济，活跃农村市场和增加农民收入发挥了积极的作用。

1. 加快农产品商品化的速度，促进农村的资源优势快速转化为商品优势

改革开放以后，农村经济得到极大发展，一大批有专业性质的农产品基地逐渐形成。把农产品推向市场，加快农产品转化为商品的速度，需要有良好的流通渠道。农产品经纪人在这方面可以起到很好的沟通、中介作用。农产品经纪人可以把本地的农产品资源介绍给市场，把市场需求和本地生产实践紧密连接起来，在本地形成强大的商品优势，使资源优势能快速转化为市场优势。

2. 调整农业产业结构，加快农业产业化经营

农产品经纪人的经纪活动可以促进农业产业结构合理化。一方面，作为生产和消费的纽带，一边连着农民的生产，一边连着市场的需求。如何使农民的生产经营与市场需求相适应，农民经纪人可以发挥其桥梁作用，让两者有机地结合起来，使农业的产业结构顺应市场发展趋势而逐渐趋于合理。另一方面，农产品经纪人是促成农民与他人交易的关键点。农产品经纪人掌握着农产品的供求状况，担负着传递农产品市场变化信息的任务，对农业生产起着一定的引导作用，而且可以把零散的农产品集中起来进行交易，从而加快了农业产业化经营。

3. 更新农民生产经营观念，加强农民的市场意识

农产品经纪人依赖市场生存，必须在具体经纪活动的过程中，了解经营，学会管理，掌握市场的变化形势。同时，还必须随时调整经营理念。无论是农产品的生产、包装，还是储运、销售等方面，农产品经纪人都可以了解到最新的市场要求、满足城乡需要的产品和渠道。因此，农产品经纪人往往有着较强的市场意

识和一定的组织能力。以经纪人的行为和观念作为先导，把有用的信息、好的观念带到农村，传给农民，培养和加强农民的市场意识，使农产品更快、更好地走向市场。

三、农产品经纪人的经纪方式

农产品经纪人的经纪方式有代购代销、委托购销和分购联销等几种方式。

1. 代购代销

农产品经纪人可以接受外地客户的委托，在本地或交通便利的地方设点收购委托人所需的农产品，再批发给客户；或者可以为外地客户提供相关的农产品信息、组织货源，协助客户与农民商谈价格，从中收取服务费。

2. 委托购销

对于本地农民生产的农产品，经纪人可以接受农民委托在目标市场或其他地方设立销售点，然后与当地经纪人联手合作。具体做法是：由当地经纪人负责提供市场行情和销售渠道，由本地农产品经纪人负责组织货源和运输。这样双方经纪人联手经纪，把农产品推向市场。

3. 分购联销

这种方式由多个农产品经纪人在农村设立不同的收购点，然后统一组织外销的一种经纪形式。在农产品分布比较分散或外销的农产品数量比较大的情况下，需要多个农产品经纪人共同合作，使农产品相对集中，便于外销。

第二节 农产品营销组织

一、农产品营销组织的主要种类

现阶段农产品营销组织在构成上主要有个体组织、联合体组织、集体组织和国营商业。

个体组织主要是个体商贩，购销专业户，种植、养殖或屠宰专业户和个体零售商以及自产自销的农牧民。

联合体组织主要指民办购销联合体和专业合作社或专业协会。民办购销联合体是以经营某一种农产品或为某一商品生产提供服务为特征从事购销活动的营销组织；而专业合作社或专业协会主要是在专业化生产初具规模的地方，特

别是产、供、销、加工、储运一体化的地区出现。

个体、联合体组织的成员绝大多数是从农业生产者中分离出来的专业的或兼职的营销者。这些组织诞生于市场之中，适应初级农产品市场发育的要求，在改革开放之后已有了很大的发展。

主管生产的农业部门、农垦部门、技术服务组织，在农产品放开经营之后积极参与经营，兴办了各种农产品营销公司或具有营销职能的实体。这些组织实力较强，大多具有一定的依托，其中产销一体化的牧工商公司发展快、影响大。

从事农产品营销的国营商业主要有食品公司系统、外贸系统的食品进出口公司和土特产品进出口公司、供销合作社等。

国营商业在放开经营后，在多主体竞争下处于不利地位，其经营的农产品不论在比重上还是在绝对量上均明显下降了。但是，国营商业依然是农产品营销组织中实力最强的，无论在设施、资金、人员素质上，都具有明显的优势。

二、农产品营销组织存在的问题

现阶段农产品营销组织多主体、多形式并存的竞争局面，有利于农产品的流通，促进了农业生产的发展和消费的满足；但是，着眼于社会主义市场经济体制的基本要求，从进一步促进农业生产持续稳定快速增长、符合农产品流通的规律以及满足人民对农产品需求的不断增长的要求来看，现行的农产品营销组织还存在着若干问题。

1. 农产品营销组织还未真正发挥农产品市场中介的作用

我国农产品商品供给的绝大部分是由大量分散经营的农业生产者提供的，农业生产者社会化组织程度低，对市场还很陌生，他们的生产要符合市场的需求，需要农产品营销组织这个中介的牵引和帮助。但是，现有的营销组织与农户的联系还不紧密，成为市场供给波动的重要原因。

2. 农产品营销组织对农产品市场的调节能力不够

现阶段营销组织中个体、联合体等组织装备简陋、资金薄弱，没有或很少有贮藏、加工、冷藏设施，人员素质也较低，一般只能从事初级农产品小范围的贩运、零售以及鲜活农产品的长途贩运，还不能进行农产品的加工，尤其是较深层次的加工，没有能力承担旺季贮、淡季补的任务。食品公司系统有着较为完备的农产品加工、冷藏、贮运设施，虽较有能力承担农产品吞吐和平衡供求，但是由于当前多数企业经营机制滞后于市场经济要求，经营方法落后，效率低下，难以发挥其应有的作用，多数加工、冷藏企业设备闲置或转营他业，导致对农产品市场调节能力大为减弱。

3. 农产品营销组织在经营方式上反映农产品特色还不明显

经营方式上所反映的农产品特色还不明显，还没有很好地根据农产品本身的特性展开营销。其一，对鲜活农产品的贩运，运输设备条件与相应的产品运销要求相差较大。其二，对农产品营销是一种食品营销的意识不强，经营行为不规范，突出表现在农产品营销的卫生上。例如，在生猪的屠宰环节存在混乱局面，任意设点屠宰，场地污染严重；逃避检疫，病死猪肉流入市场，严重危害人民身体健康。国家推行定点屠宰措施，在很多地方难以实行。其三，农产品营销组织在经营方法和价格策略上未能充分反映农产品品种、质量不同其价值不一样的特点。农产品分等级小包装营销方式采用较少，营销品位低、层次少，既没有较好地满足消费者的不同需求，更没有创造引导出消费需求，失去了农产品营销增值的机会。其四，现有的农产品加工企业对农产品的加工程度较低，综合利用能力弱。

4. 农产品营销组织的分工与相互配合不够

存在诸多不合理的地方，相互配合不够，整体功能没有得到很好发挥。食品部门、农业监管部门、个体和联合体组织各自为政。

5. 农产品总体流通效率低

批发环节功能不足，加之农产品批发市场发育滞后，严重影响了农产品总体流通效率。

三、壮大农产品营销组织的措施

1. 大力推广各类农业产销一体化形式，发展企业集团，实现规模效益

农业产销一体化的基本特点是打破生产与经营分割的局面，实现生产与市场的衔接，并较好地平衡农产品生产和经营的利益差距，有利于对生产起到保护和支持作用。因此，要大力发展各类产销一体化组织，如牧工商、贸工牧等一体化组织。我国农业生产中小生产和大市场的矛盾十分突出，广大农户进入市场的难度很大，当前应着重推广各种营销实体加农户的产销结合形式。随着产销一体化的发展，营销规模的扩大，应积极促进横向联系，以市场为导向，以大型加工企业或流通企业为龙头，以专业户规模生产为基础，建立农产品生产基地，联合相

关行业企业、团体，组建企业集团，发挥规模效益。

2. 创造条件，推动农民农产品营销合作社发展

各类公司、运销联合体加农户的形式虽然能较好地解决农户生产的农产品的销路，并使农户得到生产上的帮助，减少农户利益的损失，但这些营销组织并不是农户自身的组织，并不能从根本上代表农户利益。广大农户在公司+农户形式带动下，随着生产规模的扩大、专业生产水平的提高以及自身积累的增加，应积极组织起来，通过入股形式，组成农户自己的营销合作社。农户营销合作社目前在我国的发展还很微弱，但它符合市场经济体制下提高农户组织程度的发展方向，符合农户的利益，发展前景很好。政府应该大力提倡并扶持，从简单到健全，从小到大，首先在农业专业化生产初具规模的地方，创造条件由农户专业户自愿联合，本着所有者+经营者+受惠者三者统一原则，人股建社；政府可以牵头、协调，并利用税收、信贷、价格等优惠政策，保护、支持其发展。

3. 加快农产品市场体系建设

构建以批发市场为中心的农产品流通枢纽，创造平等竞争环境，形成合理畅通的营销渠道。当前，应由政府牵头建设农产品批发市场，发挥食品公司设施齐全、人员素质高、资金充足的优势，由农业管理部门或别的团体共同参与组建，尽快形成一个以初级批发市场为基础、区域性批发市场为骨干、国家级批发市场为中枢的新的社会主义农产品市场体系。批发市场作为商品交易场所，应坚持市场管理者与交易者分离原则。

4. 发挥各农产品营销组织的优势，合理分工，促进联合

我国农产品个体营销组织数量大、规模小，适应农产品流通中收购与零售环节的要求，应充分发挥他们在这两个环节的优势；联合体组织、产销一体化组织、国营商业实力强，设施较全，组织规范，适应农产品流通中批发、储运、加工等环节的要求，应促使其成为这些环节的主导力量。不同营销组织之间应加强联合，促进衔接；可采取股份制、联营和联合等多种形式，相互协作，提高效率。

5. 深化国营商业改革，发挥其在农产品营销中的主导作用

国营商业具有雄厚的实力，经营网点遍布全国，具有稳定的购销渠道，具有为农民生产提供系列化服务的能力。当前，国营食品部门、供销社等农产品营销组织，应充分利用自身优势，深化改革，转换机制，增强活力，开拓市场，在竞争中求发展，在农产品流通中起主导作用。国营商业要合理定位，在经营方向上

应着重倾向于3个方面：第一，经营批发业务；第二，向精深加工、综合利用、多种经营方向发展，提高产品附加值；第三，致力于开拓国内外销售市场，利用遍及全国的购销组织，加强纵向和横向的联系，构成畅通的全国乃至世界范围的市场网络，承担起国内区域间大宗农产品营销业务和外贸业务。

第三节　农民专业合作组织

一、发展农民专业合作组织的意义

农民专业合作组织是从事同类农产品生产经营的农业生产经营者在自愿联合的基础上，按照民主管理的原则建立，为农业生产提供产前、产中、产后服务的互助性经济组织。

农民专业合作组织是适应市场经济发展需要而产生的，是提高农民组织化程度的重要途径。在当前我国全面推进新农村建设之际，发展农民专业合作组织具有重要意义：

（1）发展农民专业合作组织是发展现代农业的需要。现代农业是农业发展的根本出路。发展现代农业要大力推广农业新品种、新技术，要加强农业标准化建设，不断提高农产品质量安全水平，大力培育农产品品牌，只有把农民组织起来，改变分散经营状态，才能有效解决这些问题。

（2）发展农民专业合作组织是应对日趋激烈的农产品市场竞争的需要。随着我国农产品供求关系由全面短缺转为总量基本平衡、局部地区过剩，农产品同时面对国际国内两个市场竞争，分散经营的农民无论是购买生产资料还是销售产品都处于弱势地位，把农民组织起来是行之有效的办法。

（3）农民专业合作组织是教育培训农民的重要载体。农民专业合作组织坚持互助合作，提倡“人人为我、我为人人”，能够有效地培养农民的团结合作意识。农民专业合作组织实行民主管理，能够培养农民的民主意识；农民专业合作组织通过开展农民技术培训，能够促进农民科技素质的提高。

（4）农民专业合作组织是落实国家惠农富民政策的重要渠道。我国长期实行的通过基层组织推行扶持“三农”政策的办法由于环节过多，产生不少弊端，不少政策不能及时全面落实到位，影响了农民的积极性。通过农民专业合作组织

推行扶持“三农”政策具有更好的效果。

（5）农民专业合作组织是推进新农村建设的重要载体。合作社提倡自愿合作、共同发展，是发展与公平正义相统一的重要载体，是实现效率与公平相结合的重要平台，既能创造出新的生产力，促进农村经济持续发展，又有利于缩小城乡差距，防止两极分化，促进农村社会和谐。因此，建设社会主义新农村，必须把大力发展农民专业合作组织作为重要任务。

二、农民专业合作组织的功能

农民专业合作组织在组织农民发展经济、增加收入等方面具有重要功能：

（1）服务功能。农民专业合作组织是农民自己的组织，与农民的关系最直接，最了解农民的服务需要，可以根据农民的需求，及时为农民提供技术培训、病虫害测报防治、农产品销售市场信息等产前、产中、产后服务。

（2）组织功能。农民专业合作组织可以根据市场需求组织农民形成规模化、专业化生产和产业化经营，以集体的力量参与市场竞争，提高市场竞争力。同时，规模化、专业化的生产也有利于国家农业产业政策的实施，有利于促进农业产业化经营。

（3）中介功能。农产品的价值只有进入市场才能实现。但是，单个的农产品加工销售企业不可能直接面对千家万户，而分散经营的农户同样没有能力直接进入大市场参与竞争。农民专业合作组织就可以把农民组织起来，带领农民闯市场，实行农户与企业、生产与市场对接起来，既降低了农民的生产经营风险，也减少了农民、企业的生产经营成本。

（4）载体功能。农民专业合作组织是由农民组成的，扶持专业合作组织，就是扶持了农民。因此，农民专业合作组织是落实国家扶持“三农”政策的重要载体。农民专业合作组织在培训教育农民、组织农民开展生产和社会公益性服务等方面也可以有效发挥作用，是推进社会主义新农村建设的重要载体。

三、农民加入农民专业合作组织的好处

（1）降低生产成本。通过专业合作组织，农民可以以团购的方式购买生产资料、加工设备等，降低单个农户购买的成本；可以联合引进、使用先进技术，降低单个农户提高技术水平的成本。

（2）降低交易费用。交易费用是为了实现交易而产生的额外费用，如寻找市场和购买者的费用、讨价还价费用等。交易次数越多，交易费用越高。通过农民专业合作组织统一销售农产品，就可以使交易费用分摊。成员数量越多，节约交易费用的效果就越明显。

（3）提高农民市场主体地位。在市场经济中，组织规模越大，谈判能力越强。单个农户或小规模的组织很容易成为中间商的盘剥对象。农民只有组织起来，并形成一定规模，才能有效提高市场竞争能力，提高农民在市场中的地位。

（4）提高农民抵御风险的能力。首先是降低技术风险。农民专业合作组织可以寻找发现成熟的品种和技术，并通过组织技术培训，把单个农户采用新品种、新技术的风险有效降低。第二是降低市场风险。农民专业合作组织能够有效地获取市场供求信息，指导农民及时调整生产结构，减少生产损失；能够形成集体的力量，改变农民在与外界打交道时的弱势地位。第三是提高抵御自然风险的能力。农民专业合作组织可以组织农民兴办一家一户难以建设的公益性生产设施，如可以有效组织病虫害防治等。

（5）实现规模效益。生产规模越大，经济效益往往也相应增加。如单个农户生产规模小，一般不可能注册申请商标品牌。而农民专业合作组织把生产同类产品的农户联合起来，统一技术标准，就可以以合作组织的名义注册商标品牌，提高品牌效应，实现农产品生产经营的更大效益。

（6）提高农民素质。通过参与专业合作组织的建设和运行过程，农民可以在科技应用、分工协作、组织管理、市场营销、对外交往以及民主决策等方面得到直接锻炼，从而提高市场意识、科技意识、民主意识、合作意识，提高自我组织、自我服务、自我管理的能力。

四、农民专业合作组织的类型

农民专业合作组织主要有农民专业协会、农民专业合作社、农民专业合作组织的联合组织等几种类型。

1. 农民专业协会

农民专业协会是由农民自愿组织起来，在农户家庭经营基础上，实行资金、技术、生产、供销、加工等互助合作和服务的开放性、民间性的社团组织，主要为成员提供服务，一般不从事经营活动，成员间的利益联系比较松散，经费来源主要是会员会费、政府资助、部门或个人的捐助。

2. 农民专业合作社

根据《中华人民共和国农民专业合作组织法》，农民专业合作社是在农村家庭承包经营基础上，同类农产品的生产经营者或者同类农业生产经营服务的提供者、利用者，自愿联合、民主管理的互助性经济组织。农民专业合作社以其成员为主要服务对象，提供农业生产资料的购买，农产品的销售、加工、运输、贮藏以及与农业生产经营有关的技术、信息等服务。不包括以公司等名称登记注册的股份合作制企业、社区经济合作社、供销合作社、信用社等。专业合作社是一种管理比较规范、与社员联系比较紧密的合作组织形式；农民专业合作社多数在工商管理部门登记为企业法人。

3. 农民专业合作组织的联合组织

一些地方农民专业合作组织在发展过程中，为了增强自身实力，更好地参与市场竞争，在成员自愿的基础上又开展合作组织之间的联合，形成了新的联合社或联合会。联合社或联合会主要是协调各成员组织的生产、销售和服务活动，并不取消各成员组织独立的法人地位，各成员组织仍然享有独立的法人财产权和经营管理权，实行独立的财务核算。

五、农民专业合作组织的常规服务

因农民专业合作组织成员的合作方式、生产经营内容以及合作组织的自身条件不同，不同的农民专业合作组织，对成员提供的服务内容不一致。服务内容根据组织实力和生产经营者的需要而定。从现有农民专业合作组织为成员提供的服务内容看，主要有以下几个方面。

（1）统一采购生产资料。

（2）引进推广新品种、新技术。

（3）开展技术咨询和培训。

（4）提供信息服务。

（5）组织标准化生产。

（6）统一收购农产品，组织农产品销售。

（7）培育农产品品牌，实行农产品初加工。

（8）提供信用担保，帮助成员解决生产经营资金问题。

（9）协调销售价格，维护市场秩序。

（10）维护成员合法权益。

第五章　农产品专业市场营销

〔案例导入〕

原阳大米的终端销售

洪门市场位于新乡市的城郊，也是洪门镇政府所在地。洪门市场包括：800m^{2}的超市一个、1200m^{2}的农贸市场一个、各类店铺58家，其中，粮油店4家。可辐射本村民、石油勘探大队、高校家属区、居民小区、附近的几个村庄。人口约四五万人。

1. 原阳大米的市场占有情况

洪门村市场卖米的地方，均卖有原阳大米，市场上大米包装种类达到39种，其中，原阳大米达到22种，占到大米包装的56.4%。尤其是张玲粮店卖的米全部是原阳大米的包装。

原阳大米能够进入每家卖米的商家，可见，原阳大米在该市场的知晓度非常高，分析其主要原因有二：一是原阳大米的知名度高，被称为天下第一米；二是该市场与原阳同属新乡市。

2. 原阳大米的价格

洪门市场大米的价格每千克从4.1元到17元不等，但是，原阳大米的价格每千克介于4.4元到7.4元。

原阳大米既然被称为天下第一米，原阳大米卖价最高的仅有最高米价的43.5%，还不到该市场中最高米价的一半。

为什么天下第一米的原阳大米价格并不高?分析其原因有以下几点：一是假冒原阳大米的太多，原阳大米产自在原阳当地，从农户购买的米价格最低在2.8元以上。市场上销售的价格多数低于农户销售价格，显然是假冒的。二是包装水平较低，在市场中没有见到密封包装的原阳大米，都是塑料袋包装的。三是与该市场的位置及服务的消费者有关，该地区消费水平以中低端为主。四是该市场主要是以满足消费者自用为主，很少用于礼尚往来。

3. 存在的问题

原阳大米在洪门市场中的问题是原阳大米市场占有率虽然高，但是，假冒得产品多。原阳大米在类似于洪门市场这类中低端市场上，购买到真的原阳大米的

可能性很小。许多购买大米的消费者并不十分了解原阳大米的特点，更缺乏鉴别原阳大米的能力。

对原阳大米的经营者缺乏监管，影响了原阳大米的效益。其收益远远达不到与其声望和知名度相对应的高收益。

4. 建议措施

原阳大米产地需要加强监督，强化品牌意识，一是维护原阳大米的信誉度和美誉度，使原阳当地稻农能够获得大自然赐予原阳稻农的财富。二是促进知名品牌发展，实现产业化发展，构建集体式销售。

第一节　谷物营销

一、谷物供给状况

从20世纪90年代至今，我国的谷物种植面积长期占粮食播种面积的80%以上，产量占整个粮食产量的85%以上。我国的主要谷物包括稻谷、小麦、玉米、高粱和谷子，其中稻谷、小麦、玉米所占比重较大，总产量占谷物总产量的95%以上。由于谷物生产市场化进一步加强，我国农产品，包括稻谷，除农民小部分自留外，绝大部分供应市场，成为商品粮，所以，农产品的生产状况能直接反映其市场供应情况。

（一）稻谷

稻谷是我国第一大粮食作物，除长江以南、长江流域大量种植外，东北、河北都有较大面积的种植，在我国粮食作物中播种面积最大，总产量最高，在粮食生产和消费中历来处于主导地位。2015年，我国稻谷生产继续保持增产态势，稻谷年度消费总量继续小幅下行，其中，食用消费、饲用消费和工业消费量均有所下降。供需总体宽松，市场购销清淡，整体行情偏弱。国家再次全面启动了稻谷的托市收购,最低收购价与2014年持平；我国年进口大米数量继续增长，首次突破了300万吨。稻谷现货价格整体表现较为疲软。

预计2016年我国稻谷总产量将保持在2亿吨左右，需求量继续降低，年度结余继续呈上升趋势。在目前国内稻谷高库存压力下，2016年稻谷价格或将小幅下行。预计整体稻米市场运行将呈前冷后热、先稳后涨的运行方式，“稻强米弱”的格局仍将延续。

国家统计局发布的数据显示，我国2015年稻谷产量20824.5万吨，同比增加

173.8万吨；播种面积30213.2千公顷，同比减少97千公顷，本年度产量的增加得益于单产水平的提高。

从各品种分布比例来看，2015年我国稻谷各品种种植结构基本与上年保持不变。根据统计局数据，2015年我国早籼稻产量为3369.1万吨，占稻谷总产量的比例为16%，2012~2014年分别为16%、17%、16%；2015年我国中晚稻产量为17455.4万吨，占总产量的比例为84%，2012~2014年分别为84%、83%、84%。

从各品种产量来看，2015年早籼稻产量3369.1万吨，较上年减产31.9万吨。早籼稻减产的主要原因，一方面是早籼稻近两年市场需求萎缩，种植面积下降；另一方面是2015年在早籼稻生长期间遭遇持续低温阴雨，导致减产较多。中晚稻产量17454.9万吨，较上年增产213.9万吨。

东北粳稻部分产区育苗期及移栽期遭遇倒春寒，灌浆成熟期又因多次降雨及大风天气出现倒伏，江苏、江西等中晚稻产区收获期间持续雨雪，对产量有一定影响，但由于总体单产水平的提高，保证了中晚稻的增产。

1. 2006-2015年我国谷物产量统计分析

2015年我国谷物产量57225万吨，稻谷20825万吨，小麦13019万吨，玉米22458万吨

以下为2006年至2015年我国谷物产量统计表：

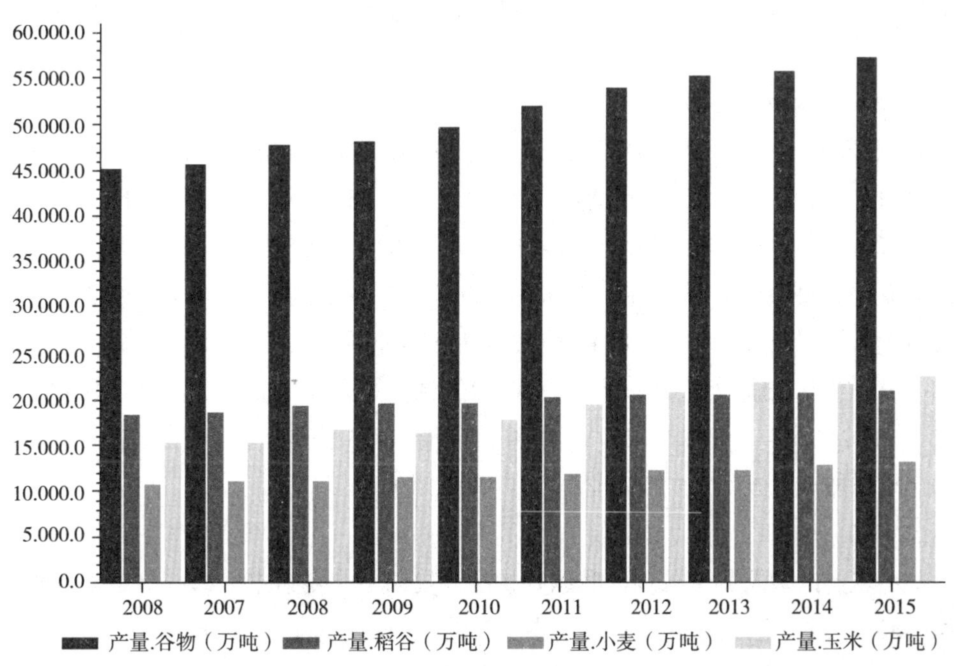

	产量（万吨）			
日期	谷物	稻谷	小麦	玉米
2015年	57225.00	20825.00	13019.00	22458.00
2014年	55740.72	20650.74	12620.84	21564.63
2013年	55269.21	20361.22	12192.64	21848.90
2012年	53934.68	20423.59	12102.32	20561.41
2011年	51939.37	20100.09	11740.09	19278.11
2010年	49637.06	19576.10	11518.08	17724.51
2009年	48156.30	19510.30	11511.51	16397.36
2008年	47847.40	19189.57	11246.41	16591.40
2007年	45632.37	18603.40	10929.80	15230.05
2006年	45099.24	18171.83	10846.59	15160.30

“谷物”涵盖的范围较广，包括大米、小麦、小米、大豆等及其它杂粮。谷类包括大米、小麦、小米、大豆等，主要是植物种子和果实。是许多亚洲人民的传统主食。

2. 国家统计局关于2015年粮食产量的公告

根据国家统计局对全国31个省（区、市）农业生产经营户的抽样调查和农业生产经营单位的全面统计，2015年全国粮食播种面积、单位面积产量、粮食总产量如下：

一、全国粮食播种面积113340.5千公顷（170010.7万亩），比2014年增加617.9千公顷（926.9万亩），增长0.5%。其中谷物[1]播种面积95648.9千公顷（143473.4万亩），比2014年增加1045.4千公顷（1568.1万亩），增长1.1%。

二、全国粮食单位面积产量5482.9公斤/公顷（365.5公斤/亩），比2014年增加97.8公斤/公顷（6.5公斤/亩），提高1.8%。其中谷物单位面积产量5982.9公斤/公顷（398.9公斤/亩），比2014年增加90.8公斤/公顷（6.1公斤/亩），增长1.5%。

三、全国粮食总产量62143.5万吨（12428.7 亿斤），比2014年增加1440.8万吨（288.2亿斤），增长2.4%。其中谷物产量57225.3万吨（11445.1 亿斤），比2014年增加1484.6万吨（296.9亿斤），增长2.7%。

（二）小麦

小麦产区遍及我国各地。我国种植的小麦以冬小麦为主，约占小麦总播种面积的85%，主产区集中在山东、河南、河北、山西、陕西、甘肃、北京、天津等地。春小麦主要集中在中国北部的寒冷地区，种植面积占总种植面积的15%，主产区有黑龙江、新疆、内蒙古、青海、宁夏等省、自治区。

1980年-2010年中国小麦的年平均播种面积为27389千公顷，年平均总产量为9580万吨。1997年全国小麦总产量达到12329万吨的历史最高水平，1997年-2004年中国小麦总产量连续六年持续减产。2000年中国小麦总产量降至1亿吨以下，到2003年小麦总产量降至8649万吨，较1997年减少了3680万吨，减幅高达29.8%。在中央政府出台一系列促进粮食生产的措施之后，2004年-2010年中国小麦总产量持续增长。2006年中国小麦总产量重新上升到1亿吨以上，2010年中国小麦总产量达到11518万吨。

据国家统计局发布数据，2015年我国小麦总产量达到13019万吨，较2014年增产401.6万吨，小麦播种面积24141千公顷，较2014年增加77.4千公顷。

（三）玉米

我国玉米种植面积和产量仅次于美国，居世界第二位。玉米种植在我国分布很广，南至海南岛，北至黑龙江以北，东起台湾，西到新疆及青藏高原，都有一定面积的种植，种植面积最大的是山东、吉林、河北、黑龙江、辽宁、河南、四川七省。玉米也是我国重要的粮食作物，20世纪80年代以后，玉米已经发展成为粮食、经济、饲料兼用产品。

20世纪80年代后，我国玉米大部分转供饲料，并开始进入国际市场。

2013年国内玉米主产区遭遇不同程度的灾害天气，整体表现为“南旱北涝”。具体来看，东北春播延迟，局部洪水浸泡；华北黄淮地区遭遇高温干旱天气，干旱发生期间正值玉米授粉期，极大地影响了玉米的产量和品质。由于东北内涝地块多发生在地势低洼的山地和河沟地带，因这些地块玉米产量本来有限，内涝对整个东北地区产量影响微小。华北黄淮地区遭遇旱情使得多地发生减产甚至绝收，其中对河南、湖南、贵州影响较大，而山东、山西地区也受到影响，河北影响较小。此次小幅调降玉米的单产，布瑞克预计13/14年度中国玉米面积3579万公顷，玉米单产400公斤/亩，预计13/14年度玉米产量为21474万吨。

从长远来看，2010-2015年我国玉米区域布局主要着力建设北方、黄淮海和西南3个优势区，主攻方向是以满足国内需求和增加农民收入为目标，坚持食用消费优先为原则，在发展玉米生产的基础上调好消费需求。预计到2015年，优势区玉米面积稳定在3.1亿亩以上，占全国玉米总面积的70%左右；产量达到1.4亿吨，占全国的比重达到80%，在满足国内玉米需求方面发挥骨干作用。玉米精深加工附加值大幅提高，专用玉米订单生产比例达到30%。

国家统计局数据显示，2015年全国玉米播种面积为38116.6千公顷，较上年增长2.8%；每公顷产量达5.8919吨，增长1.3%；总产量为22458万吨，增长4.1%，创历史最高水平。

二、谷物需求状况

（一）稻谷

1. 国内稻谷消费量呈下降趋势

2015年，我国稻米消费量呈下行趋势。据国家粮油信息中心预计，2015年我国稻米需求量为19128万吨，同比减少507万吨。由于人口增速放缓，居民饮食结构调整，肉禽蛋奶等副食消费逐渐取代了一部分主食消费数量，本年度稻谷食用消费结束了近几年缓慢增长的态势，小幅下行。由于饲料养殖业及宏观经济环境不振，玉米、小麦等谷物价格处于相对低位，导致大米的饲用和工业用量均有所减少。

据国家粮油信息中心数据，2015年，我国稻谷消费途径中食用消费仍占88%左右，其中，晚籼稻和粳稻90%以上加工成口粮。

近年来国内稻米口粮需求基本保持稳定，本年度食用消费16920万吨，较上年度下跌380万吨，跌幅为2%；饲料用粮随着散养规模的缩小及玉米价格低迷，需求量由上年的1130万吨下降至1020万吨。

工业用粮由于稻谷价格相对高位也有所下降。近年来，各品种稻谷连年丰产，托市收购量保持在一定的水平上，因此国内供应相对宽松。2014/2015年度产需结余在1894万吨左右，较上年度增加873万吨，增幅高达85%，且根据目前的供需形势推测，2015/2016年度结余数量将继续大幅上涨。

（二）小麦

1. 小麦年度消费总量减少

根据国家粮油信息中心2015年12月发布的“中国小麦供需平衡表”，2014/2015年度我国小麦国内总消费量为12020.4万吨，相比2013/2014年度减少729.6万吨，减幅5.7%。其中，2014/2015年度，制粉消费9200万吨，相比上年度减少430万吨，减幅4.5%；饲用消费及消耗1400万吨，相比上年度略增50万吨，增幅3.7%；工业消费950万吨，相比上年度减少350万吨，减幅26.9%；种用消费470万吨，与上年度持平。

根据供需平衡表中数据，2014/2015年度制粉消费有所减少，主要原因是国内总体消费不振，企业开机率普遍降低所致；饲料及损耗数量较上年度略有增加，主要原因是2014年下半年及2015年上半年玉米价格相对较高，小麦用作饲料消费数量有所增加；小麦工业消费大幅减少的主要原因是国内宏观形势不景气，导致粮食深加工行业普遍亏损，从而降低了用量。

（三）玉米

玉米主要用于饲料行业及深加工行业，其中饲料行业用量最大，年用量在1.1–1.2亿吨左右，深加工用量在5000–5500万吨之间，其他用途如食用、种用和损耗占整个玉米消费比例均较小。

饲料使用玉米主要用于猪料及禽料，水产料基本不使用玉米，另外反刍料及其他饲料也使用一定数量玉米，但由于其产量占总饲料较小，最终其玉米使用量偏少。生猪存栏及禽类存栏直接影响我国玉米需求。

玉米行业政策调查报告预测，2015/2016年度国内玉米消费总量为17923万吨，较上年度增加921.8万吨，增幅5.4%。其中，饲料消费为10600万吨，较上年度增加600万吨，增幅6%;工业消费为5350万吨，较上年度增加300万吨，增幅为5.9%。

三、谷物营销

（一）谷物营销环节

谷物营销环节包括收购、检验、分级、包装、运输、储藏、加工和销售，其中起主导作用的是收购和销售。但由于谷物存在产地差异性和生产季节性，对谷物运输和储藏是不可或缺的条件，没有运输和储藏，收购和销售就很难完成。谷物营销环节见图5–1。

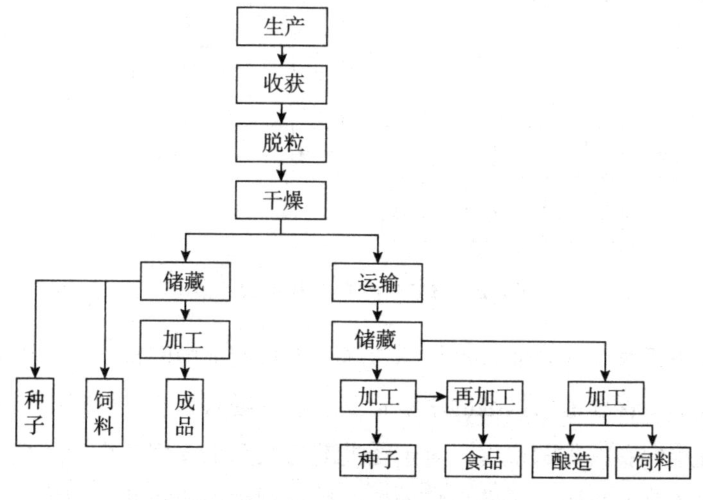

图5–1　谷物营销图

（二）谷物营销渠道

1. 收购渠道

（1）保护价收购。所谓粮食保护价，是指以保障工业用粮、饲料用粮以及粮食储备为目的，国有粮食企业按照国家当年的粮食保护价向农民无限制收购粮食的制度。从1998年起，国家推行以“三项政策、一个完善”为主要内容的粮食购销体制改革，其中一项非常重要的政策就是对粮食进行保护价收购，从新粮上市起，进一步放开粮食收购价格，由取得经营资格的企业随行就市收购，同时对重点粮食品种实行最低收购价，即在粮食市场价格低于最低收购价格时，国家将指定部分粮食经营企业按照最低收购价格敞开收购。这是对种粮农民实行的一种间接补贴方式，国家每年都要拿出数百亿元通过国有粮食企业这个中间环节进行补贴。对粮食进行保护价收购的单位主要是国有粮食企业和工业用粮及经营企业。

①国有粮食企业。当前，稻谷、小麦和玉米在我国具有生产优势的大部分区域仍然属于保护价收购范围。按照国家有关政策，对于列入保护价收购范围的粮食，由国有粮食购销企业常年敞开收购。因此，在谷物主产区国有粮食企业仍是谷物市场的主要经营渠道。保护价收购的谷物营销渠道见图5-2。

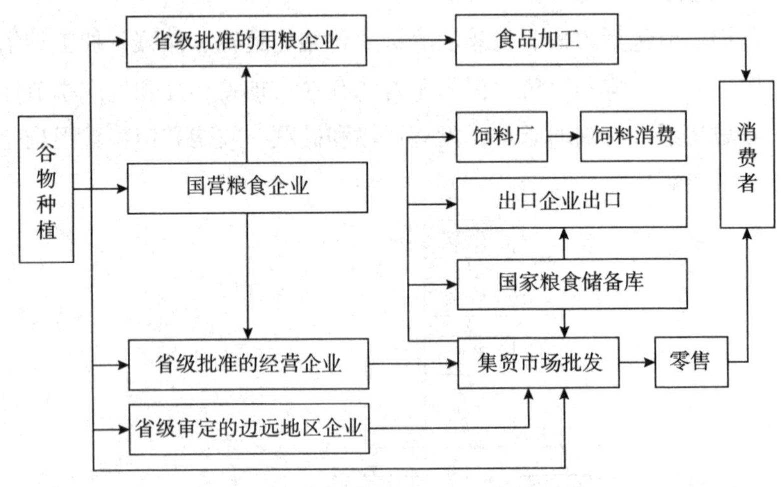

图5-2 保护价收购的谷物营销渠道

②工业用粮及经营企业。对于列入保护价收购范围的粮食，除国有粮食企业外，经省级工商管理部门批准的用粮企业、粮食经营企业可以按照国家有关粮食收购政策直接到农村收购粮食。对于经批准的大型工业用粮企业还允许跨地区到粮食产区直接参加收购，或委托当地国有粮食购销企业收购自用粮。另外，经省

级政府认定，对于交通不便的边远地区，允许经地、市或县级工商行政管理部门审核批准的粮食经营企业到农村收购粮食。

在稻谷、玉米和小麦主产区，作为主要粮食作物，均在收购范围之内。

（2）非保护价收购。对于已经退出保护价收购的粮食，经地、市或县级工商行政管理部门审核批准的各类粮食经营企业、用粮企业，都可以到农村直接收购粮食。

2. 销售渠道

（1）按照国家保护价收购。国家粮食企业以保护价收购的粮食，或由县粮库和国家粮食储备库，或直接通过县级批发市场出售。县粮库储存的粮食，由粮食公司或经由批发市场，由零售环节销售给消费者，或者通过进出口企业出口到其他国家。国家粮食储备库的粮食，经过本省或外省的省级批发市场，由粮食公司、零售商销售给消费者或出口。

（2）农村集贸市场和批发市场。除国有粮食企业和各类粮食经营企业、用粮企业外，农民也可以直接通过集贸市场和粮食批发市场销售粮食，并不受数量限制。经县级以上工商行政管理部门批准的各类粮食经营企业和粮食经销商都可以到农村集贸市场和粮食批发市场购买和销售粮食。批发市场是我国省际间商品粮食流通的主要渠道，也是各类农产品企业经营的主要渠道。

（3）零售。零售也是谷物销售的又一重要渠道。小麦主要是经过加工以面粉的形式出售给消费者，消费者消费稻谷实质是消费大米。零售面粉、大米的营销机构主要有粮店、加工企业、中间经营者等几种，而玉米除有少部分经简单加工后直接销售给消费者外，绝大部分是作为工业原料、饲料使用，其零售环节在整体销售过程中地位相对较弱。

第二节　棉花营销

一、棉花供给状况

（一）棉花的重要性

棉花是关系国计民生的战略物资，也是仅次于粮食的第二大农作物。棉花是涉及农业和纺织工业两大产业的商品，是全国1亿多棉农收入的主要来源，是纺织工业的主要原料，也是广大人民的生活必需品，棉纱、棉布和服装还是出口

创汇的重要商品。棉花还可以用来制造轮胎等的帘线、火药以及医药用棉等。因此，棉花的生产、流通、加工和消费，与人民群众的生活和广大棉农的利益息息相关，对国民经济的发展也有着重要影响。

（二）棉花产区分布及区划

1.我国棉花产区分布。我国适宜种植棉花的区域广泛，棉区范围大致在北纬18—46度，东经76—124度之间，即南起海南岛，北抵新疆的玛纳斯垦区，东起台湾省、长江三角洲沿海地带和辽河流域，西至新疆塔里木盆地西缘，全国除西藏、青海、内蒙古、黑龙江、吉林等少数省（自治区）外，都能种植棉花。

2.我国棉花区划。我国棉区范围广阔，根据棉花对生态条件的要求，结合棉花生产特点，以及棉区分布状况、社会经济条件和植棉历史，将全国划分为三大棉区：长江流域棉区、黄河流域棉区和新疆棉区。

长江流域棉区。包括上海、浙江、江苏、湖北、安徽、四川、江西、湖南8省市，近年来种植面积有所减少。

黄河流域棉区。包括河南、河北、山东、山西、陕西、辽宁6省区，近年来种植面积稳中有升。

新疆棉区。包括新疆和河西走廊一带，种植面积稳中有升。新疆棉花以纤维长、色泽洁白、拉力强著称，是我国最具有发展潜力的新辟棉区。新疆水土光热资源丰富，气候干旱少雨，种植棉花条件得天独厚，近几年棉花种植面积增加很快。从种植区域看，新疆已初步形成了3个产棉区，即南疆棉区、北疆棉区和东疆棉区。南疆棉区是新疆棉花的主产区，其棉花产量约占新疆棉区产量的80%，也是我国最适宜的植棉地区，是长绒棉的生产基地。其次是北疆，再次是东疆。新疆棉花连续8年在总产、单产、人均占有量、外调量等方面居全国首位。

除三大主产棉区外，京、津、甘肃、广西、云南等地也有分散种植，但其产量合计占全国棉花总产不到1%。

3.中国2015年棉花产量情况

根据对全国31个省(区、市)的统计调查，2015年全国棉花播种面积3799.0千公顷(5698.4万亩)，比2014年减少423.4千公顷(635.1万亩)，减少10.0%。全国棉花单位面积产量1475.3公斤/公顷(98.4公斤/亩)，比2014年增加12.1公斤/公顷(0.8公斤/亩)，提高0.8%。全国棉花总产量560.5万吨，比2014年减少57.4万吨，减产9.3%。

（三）市场监测

国家棉花市场监测系统2014年11月下旬全国范围棉花种植意向调查显示，2015年度全国植棉意向面积5408.9万亩，同比减少915.1万亩，降幅14.5%。其中黄河流域植棉意向面积为1143.3万亩，同比下降28.5%，山东省、河北省、天津市意向植棉面积同比降幅在30%上下。长江中下游棉区植棉意向面积1024.1万亩，同比下降19.1%，湖北、湖南降幅较大。西北内陆地区植棉意向面积同比下降6.0%，其中新疆下降5.5%。

供给方面，由于棉花种植面积减少，2014/15年我国棉花产量继续降低。2014年全国棉花产量为650.4万吨，同比下降7.11%。需求方面，纺织行业景气度不高，纺织企业对棉花需求下降;由于投放的棉花品质整体不高，不能完全满足纺织用棉的需求;此外，国内棉价远远高于国外也是需求不高的关键性因素。

二、棉花需求状况

棉花主要以直接供应棉纺工业为主，棉农自用的絮棉用量相对稳定，且占份额不是很高。

我国是一个人口大国，服装作为生活必需品在城乡居民日常消费中占有重要地位，而且，随着我国居民生活水平的提高和消费倾向的变化，棉纺服装正在逐步替代化纤服装，国内棉纺产品市场正在逐渐扩大。据相关预测，２０１４年度（２０１４年9月至２０１５年８月），我国纺织用棉需求将企稳回升。预计新年度国内棉花产需缺口约为２００万吨，比上年度增加１００万吨左右。

需求方面，新年度棉花价格由市场形成后，预计内外棉价差将缩小，这将有利于遏制化纤替代和减少棉纱进口，棉花需求也将有所恢复。预计新年度棉花需求量在８５０万吨左右，比上年度增加约５０万吨。

按照国内棉花预计产量521.6万吨(国家棉花市场监测系统2015年11月份预测)测算，截至12月18日，全国累计交售籽棉折皮棉464.8万吨，同比减少82.1万吨，较过去四年里的正常年份减少171.6万吨；累计加工皮棉400.7万吨，同比减少37.7万吨，较过去四年里的正常年份减少147.7万吨，其中新疆加工皮棉330.3万吨；累计销售皮棉162.5万吨，同比增加16.8万吨，较过去四年里的正常年份减少203.6万吨，其中新疆销售皮棉116.6万吨。

从我国的棉花生产和棉纺工业的需求布局来看，供给与需求模式主要有以下几种类型。

（一）输出原料型

新疆是我国目前最大的棉花生产区域，其棉花生产能力超过了当地棉纺织工业发展需求，因此新疆的绝大部分棉花资源要销往全国各地和满足国家对棉花出口的需求。

（二）输出部分原料型

由于具有资源优势，在部分棉花主要生产区域如山东、河北、河南、安徽、湖北等省，棉花的生产能基本满足当地的棉纺需求并有部分销往其他省份，但对于高等级棉花则还需从新疆购买或者从国外进口。

（三）输入原料型

北京、天津、上海、江苏、辽宁、浙江、陕西等省、直辖市的棉纺织能力大于当地的棉花生产能力，需要从其他省或从国外进口才能满足当地对棉花的需求，其中京、津、沪三市的棉花生产量很小，原料基本上依靠从外省份购买，其他地区虽然当地有一定数量的棉花生产，但数量不足，需要购买其他省份或者从国外进口相当数量棉花。

（四）完全输入型

内蒙古、吉林、黑龙江、福建等省、自治区基本上不生产棉花，因此需要从外地购买棉花供当地纺织业加工生产。此外，由于我国各区域棉纺织工业技术条件的差异，各地纺织企业对棉花等级的需求也不同，如技术好的沿海地区，其纺织产品主要是向高档次、出口型发展，因此沿海地区纺织企业倾向较高质量的棉花；而内地和产棉区的纺织企业主要用于生产中、低档产品，面向国内市场，所以内地纺织企业多是需求一般质量的棉花。

三、棉花营销

（一）棉花营销过程

1. 棉花生产计划

棉花的生产计划是棉花营销的第一个环节。2002年以后，棉麻企业已脱离供销社的领导，棉花生产也完全按照市场供需和市场价格进行自我调整。因此，无论棉农还是大型棉花种植农场，在播种棉花之前都应根据市场需求和价格变化趋势合理安排生产。目前许多地方推行订单棉生产方式，这在稳定棉花生产、保证农民收入、满足纺织行业需求等方面起到了一定得积极作用。

2. 棉花收购

由于各棉花产区的气候条件差异，棉花收购时间并不统一，有些地方从8月中上旬开始收购，也有些地方要到9月中下旬才开始收购。一般来讲，棉花年度是从每年的9月1日开始算起。一般来讲，棉花收购的程序，先是扦样，扦取的棉样送到检验室，按规定程序进行检验，然后把结果告诉棉农，如果棉农有不同意见，还可重新验级，如果棉农同意，就过秤入库，按照不同等级支付棉农不同的价格，完成收购过程。

3. 棉花检验

棉花的分级检验是棉花收购、加工、储存、销售环节中确定质量、衡量使用价值和市场价格的关键环节。我国棉花按类型分为两种：白棉和黄棉。根据棉花的成熟程度、色泽特征、轧工质量，将棉花品级分为一至七级，三级为品级标准级，七级以下为级外棉。长度以1毫米为一个档次，28毫米为长度标准级。各个等级的表示为品级加长度，如327级，表示三级27毫米。黄棉最高等级为四级。五级棉的最大长度是27毫米，六级和七级棉的长度规定为25毫米。但一般规定五级以下为等外品，市场销路不好。正常年景，我国棉花绝大部分在三级以上。

4. 棉花加工

棉农从棉株上摘下含有棉籽的棉花叫籽棉，籽棉经过加工后去掉棉籽的棉花叫皮棉，习惯上所说的棉花产量，一般都是指皮棉产量。所谓棉花加工就是通过轧花机把棉纤维同棉籽分离开来的工作过程。皮辊轧花机加工出来的皮棉叫皮辊棉，锯齿轧花机加工出来的皮棉叫锯齿棉。皮辊棉轧工质量不好，生产效率低，锯齿轧花机加工出来的皮棉轧工质量好，但对棉花纤维有一定的损伤。目前陆地棉的加工基本上都用锯齿轧花机，长绒棉的加工使用皮辊轧花机。轧花机加工成的皮棉经打包机打成符合国家标准的棉包。国家标准皮棉包装有三种包型；85千克／包（±5千克）、200千克／包（±10千克）和227千克／包（±10千克）。轧花后的棉籽，可以剥取棉短绒，用于造纸和生产化纤等，每50千克籽棉可以轧皮棉16.5～18千克，棉短绒2千克。剥绒后的棉籽，可以榨油，一般每50千克棉籽出油7.5千克。

棉花加工是一个连续操作过程。因此，要收购到一定数量之后才能开始。通常在收购开始后一个月左右进行，即10月中下旬开始加工，到翌年4月份基本结束。

5. 棉花储备

棉花的储存要求交通便利、防火、通风、防潮、防止霉变。由于棉花是易燃品，所以在储存和运输等各个环节都要特别注意防火。棉花符合储存条件时保质期较长，一年之内品质不会发生大的变化，超过一年，即使品质有一些变化，一般也不会影响使用。储存时间过长的棉花，会影响到色泽和品级。2001年以后，国务院决定成立棉花储备管理中心，专门负责国家储备棉的管理。2003年3月28日，由国务院批准组建的中国储备棉管理总公司（简称中储棉公司）在北京正式成立。中储棉公司目前下辖16个直属库，现已建成天津、青岛、徐州、盐城、阜阳、绍兴、漯河、武汉、岳阳、九江、泾阳、兰州12个，广州、德州、库尔勒在筹建中，并有160多个代储库，分布于全国各主要棉花产销区，总公司对各直属库实行垂直管理。全部建成后，总仓容能力将达到100万吨以上。中储棉公司的主要职能是：受国务院委托，具体负责国家储备棉的经营管理，负责国家储备棉的购进、储存、调运、销售和进出口业务；负责国家储备棉储存安全，适时对国家储备棉进行轮换，保证棉花质量；负责中央棉花直属库的建设、维护和管理，提高仓储能力和效率，确保国有资产保值增值。

6. 棉花销售

1996年以前，国家对棉花价格、收购、销售渠道实行严格的计划管理。1996年以后至1999年以前，国家开始对棉花调拨价格实行小幅的浮动，举办国家棉花交易会，实行供需见面。1999年以后，国家逐步放开了棉花价格和销售渠道，采取对棉花收购企业进行资格认证制度，并开办了全国棉花交易市场，经过近几年的发展，我国的棉花市场经营体系正逐渐趋于完善。

（二）棉花营销渠道

我国的棉花营销渠道见图5-3。

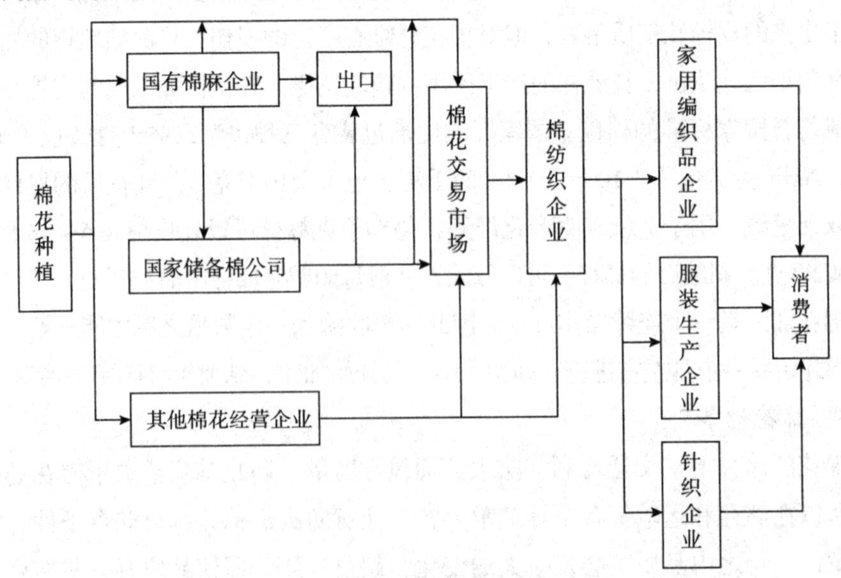

图5-3　我国棉花营销渠道图

1. 收购渠道

（1）棉麻公司。棉麻公司原隶属于供销总社。2002年以后国家采取了“社企分开”政策，棉麻公司成为自主经营、自负盈亏的棉花经营企业。由于几十年来棉麻企业已形成棉花经营上的规模化，因此棉麻企业在棉花经营中仍然具有一定优势，特别是在主产棉地区的棉麻公司，目前仍是棉花收购的主要渠道。

（2）民营棉花收购和加工企业。许多主产棉地区纷纷建立了一些由民间资本投资的棉花收购加工企业。在新棉上市时，这些企业就派出业务员到各棉农家收购棉花，或者棉农到这些企业去交售。民营企业再将自己加工好的棉花直接销售给用棉单位。目前民营棉花加工企业已经成为我国棉花市场化经营的组成部分，也是推动棉花市场有序竞争的不可缺少的力量。随着我国棉花营销体制改革的深化，民营棉花加工企业将在我国棉花市场中扮演重要的角色。

（3）纺织企业。纺织企业是棉花消费的最终用户。目前越来越多的大型纺织企业纷纷参与棉花收购，甚至直接参与棉花的生产运作，以确保棉花的质量和需求量，如山东魏桥纺织集团、亚东纺织集团等，都与当地或其他棉花生产区签订常年生产购销合同，并参与生产管理过程，不但保证了棉花的品质要求，还降低了棉花购买的成本。

2006年10月10日，国家发改委、国家工商总局、国家质量监督检验检疫总局联合下发了《棉花加工资格认定和市场管理暂行办法》，打破了原有的棉花收购垄断状态，对棉花收购不再实行资格认定制度，但棉花收购者仍要承担明码标价、按国家标准和技术规范收购棉花等义务，要求从事棉花收购业务的企业或个人，到工商行政管理部门办理营业执照。同时，针对目前棉花加工企业过多的情况，提高了棉花加工市场准入门槛，并对棉花加工资格认定条件做了统一规定。

2. 销售渠道

（1）现货交易。用棉单位可以直接与各地棉麻公司、棉花经营企业签订供销合同，购买符合要求的棉花产品。由于各地原棉麻公司都有自己的棉花加工厂和棉花储备库，用棉单位直接从棉麻公司购买棉花，既能保证质量，也能保证及时供货。

（2）全国棉花交易市场。全国棉花交易市场是中国棉花营销体制改革的产物，是由全国棉花交易会演变而来的，于1999年10月开始运行。全国棉花交易市场中心市场设在北京，在22个棉花主产区和主销区设立了常年交易工作站，为棉

花交易双方提供交易结算、实物交收、质量检验、储运、信息咨询和培训等服务。全国棉花交易市场实行会员制，凡在中华人民共和国境内登记注册、具有独立法人资格的棉花经营企业、纺织企业、棉花进出口企业以及其他具有棉花经营权的企业，均可申请成为全国棉花交易市场会员。2014年5月5日，全国棉花交易市场现货挂牌交易成交15480吨，较上一交易日增加80吨。今日订货量增加80吨，累计订货4540吨。今日商品棉交易各合同开盘高低不一，日内宽幅震动，均价涨跌互现。全国709.6以上的纺织企业通过交易市场购买棉花。

棉花交易市场目前共有3种交易方式：电子撮合交易、协商交易和竞买竞卖交易。（1）电子撮合交易是指卖方在交易市场发布售棉邀约、买方在交易市场发布购买邀约，交易市场按照价格优先、时间优先原则确定双方成交价格并生成电子交易合同，并在交易市场指定交割仓库进行实物交割的交易方式。（2）竞买竞卖交易是指买方将需求信息资料、卖方将拟出卖棉花的详细资料通过交易市场公告后挂牌报价，卖方自主减价，买方自主加价，以最高买价或最低卖价成交，并通过交易市场签订购销合同并进行实物交割的交易方式，类似于拍卖和招标两种相结合的方式。协商交易是指双方协商成交价格，然后通过交易市场签订购销合同并进行实物交割的交易方式。全国棉花交易市场的建立不但为棉花供需双方提供了买卖交易的平台，也为国家运用国储棉对棉花市场进行宏观调控提供了有效的场所。

（3）棉花期货市场。棉花期货已经在世界期货市场上有172年的发展历史，成为世界上众多纺织企业、国际棉商、棉花合作社规避风险、锁定价格、安排生产和贸易的重要的经济场所。长期以来，我国由于没有棉花期货市场，仅以棉花现货市场价格反映出来的信息来引导棉花市场，常常引起棉花价格的剧烈波动，也无法保证棉花价格的平稳性和资源配置的合理性。

棉花期货市场的形式主要是期货交易所，期货交易所是专门进行期货合约买卖的场所，一般实行会员制，即由会员共同出资联合组建，每个会员享有同等的权利与义务，交易所会员有权在交易所交易大厅内直接参加交易，同时必须遵守交易所的规则，缴纳会费，履行应尽的义务。期货交易所不以营利为目的，主要靠收取交易手续费维持交易设施以及员工等方面的开支，费用节余只用于与交易直接有关的开支，不进行其他投资或利润分配。期货交易所的宗旨就是为期货交易提供设施和服务，不拥有任何商品，不买卖期货合约，也不参与期货价格的形成。

（三）棉花营销应注意的问题

棉花营销中最值得重视的问题就是质量问题。棉花质量一直是影响我国棉花国际竞争力和棉纺织产品质量的重要问题。棉花质量一方面与棉花品种有关，另一方面也与营销过程中混入的异性纤维有关，异性纤维即俗称的“三丝”（头发丝、纤维丝、牲畜毛发丝）。由于异性纤维的掺杂，严重影响了我国棉纱及棉布的产品质量，由此引起的外商索赔案件时有发生。

异性纤维混入的途径主要有：人工采摘时混入头发丝；棉农用塑编袋、尼龙绳等捆扎棉包，混入化纤丝；轧花厂收购的籽棉露天存放，混入异性纤维。棉花收购、加工企业在棉花经营中必须加强对异性纤维、色纤维的挑选，在籽棉加工过程中排除混入的异性纤维。目前许多用棉单位都对棉花中异性纤维含量提出了较高的要求，如果混入的异性纤维含量高，不但会降低棉花的销售价格，而且还会面临退货的风险。

目前，所有的棉纺织企业都投入了大量人力来挑“三丝”，设专人把棉包逐一打开，逐块撕扯松散，逐根挑拣，一个中型企业一般设300～400人专挑拣。同时，许多棉花购销企业和纺织企业利用价格杠杆，控制“三丝”含量，即根据棉花中混入“三丝”的含量，相应提高或降低价格。

第三节　畜牧产品营销

一、畜产品类型

畜产品主要包括肉、蛋、乳、皮、毛、羽、绒、鬃等，其中占份额最大的是肉类产品、禽蛋和乳品。

（一）肉类产品

肉类按加工处理情况可分为生肉、熟肉和肉制品几大类。生肉又可分为热鲜肉、冷鲜肉、冷冻肉、冷却肉；熟肉与肉制品又有中式、西式两种，中式的有腌腊、熏烤、炖蒸等，西式的有火腿、香肠、小熏肠、罐头肉、午餐肉等。按家畜、家禽品种类划分，肉类又可分为畜肉、禽肉、杂畜和特种禽肉等，畜肉如猪肉、牛羊肉等，禽肉如鸡肉、鸭肉等，杂畜和特种禽肉如兔肉、驴肉等。

动物胴体实际上是产品组合，每种产品具有不同的市场、需求和价值，如我国出口禽肉中的冻鸡肉：鸡胸肉主销欧盟市场，鸡腿肉主销日本市场，鸡翅主要国内市场消费。我国城镇居民猪肉消费中排骨和瘦肉消费比重占猪肉消费量的1/2以上，肥瘦相间的肉占1/3左右，猪杂碎也有一定的消费市场，而农村居民猪肉消费中肥瘦相间的肉则占1/2以上。

（二）禽蛋产品

在禽蛋产品中，鸡蛋及其加工品所占份额最大，随着人们生活水平的提高，其他禽蛋，包括鸭蛋、鹅蛋、鹌鹑蛋等的市场份额也在逐年上升。我国市场上的禽蛋主要包括鲜蛋及再制蛋制品。

1. 鲜蛋

鲜蛋包括鸡蛋、鸭蛋、鹅蛋、鹌鹑蛋和鸽蛋等，其中以鸡蛋数量最多，次为鸭蛋、鹌鹑蛋、鹅蛋。各类鲜蛋又分为两种：一是种蛋（即受精蛋），专供孵化雏禽使用；二是商品蛋（即未受精蛋），专供出售食用或是供蛋品加工作为原料。

2. 再制蛋制品

（1）松花蛋

松花蛋是由鲜蛋做原料，经过加工处理而得到的产品，又被称为变蛋、彩蛋。松花蛋具有营养丰富、风味独特、耐藏等特点，既是我国广大人民喜食的大众食品，又是我国著名的传统出口商品之一。

（2）咸蛋

咸蛋又名盐蛋、腌蛋，是我国著名的传统再制蛋制品。咸蛋以新鲜鸭蛋或鸡蛋为原料，以食盐为主要辅料经腌制而成，具有味道鲜美、蛋白细嫩、蛋黄松沙、油露等特点，加之其加工方法简单和食用方便，因此，深受国内外广大消费者所喜爱。

（3）糟蛋

糟蛋是以新鲜鸭蛋为原料蛋，利用优质糯米酒糟及食盐为辅料，糟制而成的蛋体柔软、营养丰富、风味独特的高档土特产品。我国所生产的糟蛋，不仅被视为佐酒的佳品，更被视为一些病患者和产妇的高级滋补品。由于其营养丰富，并且具有开胃及帮助消化的功效，因此，它不但在国内深受广大消费者的喜爱，而且在国际市场上也享有很高的声望。

（4）熟蛋。

包括虎皮蛋、五香茶蛋、卤蛋、五香熏蛋、“铁蛋”和醉蛋等。

（三）乳品

乳品包括乳与乳制品。乳品因其较高的营养价值和均衡的营养成分，越来越受到人们的青睐。

1. 乳

乳是哺乳动物为哺育幼儿从乳腺分泌出的一种白色或稍有黄色的不透明的液体，是哺乳动物幼儿生长发育最适宜的食物，含有极其丰富的营养成分。能够为人类所食用的乳主要来自牛乳、水牛乳、绵羊乳和山羊乳。

目前发达国家98%的动物乳产自乳牛，而在有些发展中国家，有不到1/3的动物乳产自水牛、山羊、绵羊和骆驼等其他动物，根据市场占有情况，我们所研究的乳如没有特殊说明，将主要指牛乳。

2. 乳制品

乳制品是以哺乳动物乳为原料，经过物理方法或化学方法加工处理生产的，既含有丰富的营养成分，又有可口的味道，并有一定保质期的食品。根据加工方法、工艺的不同，可将乳制品分为消毒奶、发酵乳制品和乳粉3类。

（1）消毒奶

又称杀菌鲜乳，是以新鲜牛乳为原料，经净化、杀菌、均质等处理，以液体鲜乳状态用瓶装或袋装以及其他形式包装的，直接或加热后可以饮用的商品乳。消毒乳按组成分类有：普通消毒乳、强化消毒乳和再制消毒乳。按杀菌方法分类有：低温长时杀菌乳（LTLT）、高温短时杀菌乳和超高温杀菌乳（UHT）。

（2）发酵乳制品

指用脱脂乳或全脂乳，经过特殊微生物发酵而制成的一种乳制品。发酵乳按原料组成分类有：全脂酸奶、半脱脂酸奶、脱脂酸奶。按发酵微生物特性分类有：适热发酵乳、适温发酵乳、含醇发酵乳。按产品健康特征分类有：普通酸奶、特殊酸奶。按产品组织状态分类有：凝固型酸奶、搅拌型酸奶。

（3）乳粉

乳粉是以鲜乳为原料，采用冷冻法或加热法除去全部水分加工而成，呈均匀粉末状而又干燥的乳制品。乳粉按所用原料、原料处理及加工方法不同分类有：

全脂乳粉、脱脂乳粉、加糖乳粉、调制乳粉、速溶乳粉、乳精粉、乳油粉、冰淇淋粉、麦精乳粉、特殊乳粉。

二、我国畜产品生产特点

（一）集中性与分散性并存

畜牧生产包括繁育、仔畜饲养、育肥饲养等一系列环节，这些生产环节可以在一个农场中完成，如传统的农牧场，也可以在专业农场和企业中完成，如肉牛产业中的母牛与犊牛经营、育肥牛与幼牛养育和肉牛育肥饲养可以由不同的厂商分工完成。这种专业化会使肉类产品营销变得复杂，延长营销渠道和出现全新的市场，如育肥牛拍卖市场。

（二）资源优势倾向明显

畜牧业是农业的组成部分之一，与种植业并列为农业生产的两大支柱。具有地价低廉，地广人稀，草类繁多，生长茂盛，温和的亚热带气候，距海港近，出口便利等优势。

（三）生产单位多样

畜牧生产单位，既有大量的小生产者，也有少数规模大、现代化的牧场和畜牧饲养项目。我国农户家庭经营的畜牧项目，受农业资源与资金约束规模较小，其交易活动多在农村当地家畜交易市场完成。目前营销渠道中一体化合作与关系营销策略："公司+农户"与"订单农业"，依靠龙头加工企业、外贸、商业、供销公司或中心市场发展起来的畜牧产业化经营，便较好地解决了分散农户小生产与大市场之间的矛盾。一些现代化畜牧生产项目倾向于生产专门化，如肉牛生产基地、肉羊生产基地、肉猪生产基地、羊毛生产基地、牛乳生产基地等，某些畜牧生产企业还经营饲料，有些农业企业从事畜牧项目则是为了利用富余劳力、闲置厂房、农产品剩余物等。专业化的畜牧企业，由于具有规模经济和较高的经营管理水平，其畜产品生产成本较低，质量也较为稳定，抵御市场风险能力较强，往往容易拥有较为稳定的营销网络和较为稳定的市场。

（四）产出与产品价格具有周期性和波动性

畜牧生产周期长，生产者依据畜产品现价进行未来生产的安排，如一些农户、农场、牧场周期性地过量生产家畜，以获取他们认为的合理价格，而结果却是家畜价格常常低于生产成本，生产者对畜牧生产的调整常常达不到预期市场效果。根据较高市场现价的预期利润来扩大生产会保持一定数量的繁育群，目的是为了将来的畜产品供应，短期内却减少了家畜销售，畜产品现价上扬；相反地，低价和低利润给家畜生产者发出减少生产的信号，家畜会被卖掉，增加了产品供应，短期内会使现价进一步走低。

（五）家畜的其他特征

如家畜畜产品是同质的，难于设定品牌，有些家畜由于庞大致使运输费用太高，大部分畜产品容易腐烂，这些均会影响到畜产品的价格与营销模式。肉类产品、奶产品可以被冷藏或是鲜活的，这样家畜销售时间就可以推迟一些，通过改变家畜出栏时间和家畜的重量，生产者可以选择即期销售。当然这些选择也会有所限制，当延迟的销售也投放市场时，家畜即期销售从重量与畜龄方面看会有一定的价格折扣。

三、肉类产品营销

（一）肉类产品生产情况

从农业资源条件和专业化生产状况看，我国目前存在农区、牧区、半农半牧区和城市郊区4类畜牧生产区域，考虑到农业国际分工与竞争，充分发挥比较优势，使肉类与畜产品具有国际竞争力，国家将重点建设中原、东北两个肉牛优势产区，建设中原、内蒙古中东部及河北北部、西北和西南4个肉羊优势产区，重点发展东北、华北及京津沪3个牛奶优势产区。在畜牧优势产区，由于农业资源、生产技术、资本投入和产业化经营等有利因素，家畜与肉类产品生产成本较低，质量与价格在市场上具有较强的竞争力，自然会有较高的市场份额。

2015年国民经济和社会发展统计2月29日发布公报，2015年全年肉类总产量8625万吨，比上年下降1.0%。其中，猪肉产量5487万吨，下降3.3%;牛肉产量700万吨，增长1.6%;羊肉产量441万吨，增长2.9%;禽肉产量1826万吨，增长4.3%。禽蛋产量2999万吨，增长3.6%。牛奶产量3755万吨，增长0.8%。年末生猪存栏45113万头，下降3.2%;生猪出栏70825万头，下降3.7%。

我国肉类产品产量总体呈现递增趋势，据产业信息网发布的《2015-2020年中国肉类加工设备行业深度分析及未来投资前景预测报告》显示，2014年我国肉类产量总量为8,387.24万吨，较2013年的7,958.1万吨增加了429.14万吨，同比增长了5.39%。见表 5 – 1 。

表5-1　2014年最新各省肉类产量变化情况

省份（单位：万吨）	2010年	2011年	2012年	2013年	2014年	占全国比重
山东	660.30	684.10	704.40	711.10	764.16	9.11%
河南	584.80	615.00	638.40	641.70	677.35	8.08%
四川	591.50	632.80	656.60	651.20	670.23	7.99%
湖南	446.40	476.30	494.80	489.50	515.27	6.14%
广东	412.00	427.00	441.10	434.70	443.21	5.28%
河北	421.10	426.60	416.70	418.20	442.91	5.28%
辽宁	373.30	389.20	406.70	408.20	418.70	4.99%
湖北	340.00	367.00	379.30	381.90	412.27	4.92%
广西	350.80	371.30	387.80	391.10	411.03	4.90%
安徽	343.90	362.50	376.90	375.50	397.74	4.74%
江苏	323.60	344.40	365.80	375.90	396.52	4.73%
云南	288.30	304.60	321.40	324.40	348.68	4.16%
江西	260.30	276.00	289.90	295.60	311.10	3.71%
吉林	216.80	226.20	238.90	243.90	259.96	3.10%
内蒙古	218.00	234.00	238.70	237.40	245.75	2.93%
黑龙江	169.50	187.60	197.90	201.20	216.20	2.58%
重庆	177.40	187.70	192.50	196.30	201.21	2.40%
福建	169.40	175.10	180.20	183.00	200.85	2.39%
贵州	161.50	169.60	179.10	180.00	190.27	2.27%
浙江	170.10	170.40	175.10	176.00	180.79	2.16%
新疆	115.30	115.40	121.70	120.00	134.23	1.60%
陕西	99.40	98.70	102.60	99.60	107.09	1.28%
甘肃	79.10	82.90	84.40	83.80	87.81	1.05%
海南	61.10	66.00	68.50	71.60	79.53	0.95%
山西	63.30	69.80	72.40	71.30	77.40	0.92%
天津	37.10	39.50	42.60	42.90	45.80	0.55%
北京	45.10	47.20	46.30	44.40	43.19	0.51%

青海	25.50	26.90	28.30	28.80	30.47	0.36%
宁夏	23.60	25.60	25.70	25.20	26.53	0.32%
上海	26.50	26.20	26.20	27.60	25.80	0.31%
西藏	23.80	24.00	25.00	26.10	25.19	0.30%
全国	7,278.80	7,649.60	7,925.90	7,958.10	8,387.24	100.00%

资料来源：国家统计局

（二）影响肉类产品消费的主要因素

1. 居民的可支配收入

我国城镇居民已整体上初步达到小康水平，肉类消费在居民食物消费中的比重在上升，其中大中城市是牛奶和肉类的集中消费区。但随着住房、教育、医疗、家庭轿车等消费项目费用增加，同时考虑到居民选择个人储蓄与投资，城镇居民肉类消费在食物中的比重将会较为稳定地增加。农村居民的消费总体上处于温饱水平，食物支出中肉类支出总体上会有较快的增长，但与城镇居民仍会有一定差距。我国居民消费总体上东部沿海地区动物性食品消费比重及数量要大于中西部地区，部分较低收入居民还以青菜为主。随着营销网络的发展，中小城镇将会成为肉类产品消费增长较快的消费市场。

2. 居民的消费习惯与偏好

总体而言，西方居民偏爱肉食，我国居民则偏爱素食与肉食兼有。从肉类消费的产品种类来看，城镇居民消费牛羊肉比重大些，农村居民肉类消费中猪肉消费比重较大，占全社会消费量的1／2左右。信仰伊斯兰教居民以牛羊肉为主，不食猪肉。此外，从消费时间上看，节假日（如春节）是肉类产品的消费高峰期。

3. 畜牧生产状况与肉类产品供应

2014年，全国畜牧业总产值已超过2.9万亿元，人均肉类占有量达64公斤，直接从事畜禽养殖的收入占家庭农业经营现金收入的六分之一，畜牧业国家级龙头企业达583家，占比47%。

保畜禽供给方面，按照“稳猪、保禽、促牛羊”的思路，全国畜牧业着力提升综合生产能力。“十二五”时期，中央累计投入149亿元支持近3.8万个规模养殖场户基础设施改造升级。2010年以来，国家启动实施畜禽养殖标准化示范创建活动。如今，畜禽标准化规模养殖已成为保障畜产品供给的主力军。2014年，全国生猪、蛋鸡、奶牛规模养殖比重分别达到42%、69%、45%。

畜禽种业科技创新取得明显突破。近年来，国家先后发布实施了生猪、奶牛、肉牛、肉羊等遗传改良计划，良种繁育体系初步形成，良种选育和供种能力显著提升。“十二五”以来，全国共培育畜禽新品种配套系39个，其中自主培育的蛋鸡配套系已占到全国市场份额的40%以上。同时，产业化经营步伐加快。畜牧业“产加销”一体化发展势头加快推进，形成了一大批“企业+农户”、“企业+合作社”等利益共享的生产经营模式。

肉类产品的质量与产品加工是影响肉类产品消费的重要因素，我国要像发展棉花轻纺产业一样发展畜产肉类食品产业，缩小与国际发达国家差距，逐步提高肉类产品在国际、国内市场上的竞争力。

（三）肉类产品营销渠道

1. 家畜市场

购买家畜通常有3种用途：繁殖种群、育肥需要、屠宰。家畜市场指为上述任何一个目的把家畜聚集在一起的市场。

（1）集中交易市场

集中交易市场常指“当地市场”，由独立或合作所有者运营，或由肉类生产公司运营来购买家畜。当乡村经销商有交易设施和大规模运营条件时，通常很难把这种市场与乡村经销商区分开。

（2）集散公共市场

这是一种大的中心市场。它收购到家畜后加以管理，对所有愿意利用该市场的人均提供买卖方面的权益保障。市场设施通常由畜栏公司拥有，这种组织方式常被比做“家畜旅馆”，它不介入家畜买卖，仅提供交易设施并收取场地使用费。

（3）拍卖市场

拍卖市场在拍卖的基础上向公众销售，某些拍卖市场是育肥家畜和种畜的主要销路和货源地，某些则是屠宰家畜的销路，或是由肉类生产商、经销商以及其他类型买主资助。

（4）地方合作协会

地方合作协会原来的职能作为运输机构从畜牧生产者手中收集小批量家畜以整车批量运送到集散市场。目前许多协会从事更为广泛的服务，经常把他们的家畜直接卖给肉类生产商或其他买主，某些生产团体从事讨价还价活动。

（5）乡村经销商

乡村经销商是为获利而买卖家畜的独立运营商，又称为贩运商。他们通常从农民手中购买家畜然后转卖给肉类生产商或其他的市场机构。某些经销商拥有小的营运场地，其他的则仅靠卡车运营，从畜牧生产者手中收购家畜。

（6）佣金商

农民通常把他们的家畜委托给佣金商，这些代理商收取佣金费用作为他们工作的报酬，佣金机构可以是私人所有也可以是合作所有，这些组织对其交易惯例进行自律并从事其他一些活动。

（7）订单买主

订单买主收取一定费用，从集散市场、拍卖市场或产地为其他买主购买饲料和需要饲养的家畜。

（8）肉类生产与加工厂商的集货

某些家畜屠宰分割与肉类加工厂位于大的集散市场附近，通过集散市场设施管护他们的绝大部分家畜。位于产地或中央市场的厂家，在工厂内或在产区内会拥有他们自己购买家畜的场地。有些厂家从经销商、集中交易市场、拍卖市场或从畜牧生产者手中直接购买他们所需的家畜。某些情况下零售商或冷冻食品加工厂也自己购买和屠宰家畜。

绝大多数家畜买主和卖主会利用多种市场和代理商。生产者关心的是当地买主和销售方式选择的数量对家畜价格的影响，当然家畜市场的竞争程度并不完全取决于家畜买主的数量，有时两家买主会同十家买主一样激烈竞购。可以利用电子商务手段，如长途电话、传真、E-mail、国际互联网，再加上现代运输手段，可以快速地扩展卖主的营销选择，进而维持当地市场的竞争状态。

2. 家畜市场营销模式

（1）分散营销。分散营销又称为直接营销，指家畜销售在畜牧生产者与肉类加工商之间直接进行，没有使用集散市场设施的服务。分散营销使家畜定价的地点由中央化的集散市场转移到众多的乡村地点。分散营销代表形式是：肉类加工厂商从畜牧产区拍卖市场、乡村经销商那里购买家畜。

（2）集中营销。某些畜牧生产者利用集散市场销售家畜，即集中营销。现代通讯网络和电子商务，可以把所有当地市场与集散市场联系起来，成为一个虚

拟的统一市场。

分散营销和集中营销两种营销模式并存，各有优点和不足。基于需要、偏好和经济回报，每个畜牧生产者与肉类加工企业都会选择最有利的营销渠道，他们的选择反映了两种营销模式下的价格、营销成本和净回报，并不是高价位或低营销成本单一因素决定如何选择，重要的是所有买主和卖主均可自由地在各营销模式中选择。有许多畜牧生产者偏爱直接营销，原因是直接营销需要很少的营销服务，因此对畜牧生产者来说只有很少的个人营销费用支出；直接销售产品损失和营销的价值缩水较小，且更加便利；利用分散营销，在家畜定价和出售前，畜牧生产者对家畜保持实际控制，所以许多畜牧生产者也偏爱分散营销。某些畜牧生产者仍然利用集散市场，某些情况下也许没有别的选择，但是规模小的生产者常看重集散市场提供的服务，在集散市场上有更多的买主和卖主亲自光顾集散市场，会使竞争更加激烈。

分散家畜市场的定价效率也受到关注，对畜牧生产者来说，在市场上收集和发布价格方面准确有用的市场信息是困难的，人们建立了畜牧产业的电子商务和虚拟的统一市场，试图在分散化市场上保持集中交易的定价效率。

不同的畜产品和肉制品可以通过不同的营销方式销售，我国城镇居民喜欢从农贸市场购买新鲜肉家庭烹制，而目前的小包装鲜肉与中西式肉制品已通过专卖店、连锁店、超市等进入城市居民家庭。从家畜的肉类市场供应和城乡居民购买力来分析，我国目前有些肉类产品如猪肉、鸡肉等已出现买方市场，肉类消费正步入讲质量安全、讲品味营养、比较产品的价格与加工、以消费者为中心的买方市场营销时代。

（四）肉类产品安全

造成食品不安全的直接原因，是食品从生产到餐桌的各个环节都有可能受到有害物质的污染，加之缺乏监测和规范管理，不能及时地处理而使其流入市场。在肉食品生产过程中受有害物质污染致使质量下降的因素很多，大致有5个方面。一是动物疫病。包括在养殖过程中因畜禽疫病带来的细菌和病毒以及在治疗后留下的兽药残留。二是饲料和饲料添加剂中带来的各种有害物质。如重金属、硫黄类、四环素等兽药残留超标。三是人为非法添加有害物质。生产者在饲料中人为地非法添加瘦肉精、三聚氰胺等有害物质。四是环境污染。即从废水、废气和废渣（粉尘）中传入有毒有害物质。五是人畜互传的疾病。包括传染病和寄生虫病。

肉食品质量安全体系由生产、监管体系构成，主要包括健康养殖技术标准体系、肉品安全生产法律体系、可追溯的技术监测体系、市场准入管理体系以及安全教育体系等。

空气质量和水质量应符合养殖业环境质量要求，即符合《农产品安全质量无公害畜禽产地环境评价要求》、《畜禽场环境质量标准》、《无公害食品畜禽饮水用水标准》等规定。如在养猪生产中所用的饲料及原料必须执行国家《饲料卫生标准》、《无公害食品生猪饲养饲料使用准则》。所使用的添加剂产品必须是农业部公布的《允许使用的添加剂品种目录》。药物添加剂的使用还要符合《饲料药物添加剂使用规范》，药物的使用必须符合《中华人民共和国兽药典》、《兽药质量标准》、《进口兽药质量标准》、《饲料药物饲料添加剂使用规范》和《无公害食品生猪饲养兽药使用标准》等。生猪养殖中的品种改良、兽医防疫、产地检疫和重大疫病的防控有一系列的技术规程和法律法规，都必须严格执行。屠宰场的选址和建设都必须符合《动物防疫法》。建场地点不仅要远离城镇和水源，还要远离养殖场，位于居民区主要季风下风处和水源的下游。屠宰场的水质应符合《生活饮用水卫生标准》，其工艺和排污必须执行《生猪屠宰操作规程》。品质应按《生猪屠宰产品品质检验规程》进行检验。肉品检疫检验合格后，须加盖检验合格讫印章、饲养基地编号印章等，并符合《猪肉安全卫生要求》的规定。

近年我国发生的在猪饲料中非法添加瘦肉精、牛奶中添加三聚氰胺等事件，充分说明造成食品不安全的主导原因不仅仅是环境的变化，而是某些经营者道德败坏，为了牟取暴利而违法害民。所以，必须用法律的手段约束和制裁那些丧失良心的违法犯罪者。世界上任何一个对国民负责的政府，都非常重视肉食品安全工作，并制定一系列法律法规。我国也不例外，2009年6月1日正式颁布实施的《中华人民共和国食品安全法》，取代了1995年颁布的《食品卫生法》，新法与旧法最大的不同是明确了生产经营者为第一责任人，同时也明确了各级政府和监管部门的责任。

四、乳品营销

（一）乳品的生产

1. 乳的生产

乳制品生产的原料来自哺乳动物的鲜乳，乳源是乳制品生产的基础。目前乳用型黑白花牛是世界上最常见的奶牛品种，原产于荷兰，亦称荷斯坦牛，国外一般平均产乳量为6500～7500千克。中国黑白花牛平均产乳量一般5000～6000千克，成年母牛均产奶量为3156千克。总体看，我国奶类产量呈明显的上升趋势，中国产业信息网数据显示：2015年10月中国液体乳产量为2,242,946.85吨，同比增长7.52%。2015年1-10月止累计中国液体乳产量20,746,314.71吨，同比增长4.32%。2015年10月全国液体乳数据表如表5-2所示：

表5-2　2015年1-10月全国液体乳产量分省市统计表

地区	10月（吨）	1-10月止累计（吨）	10月同比增长（%）	1-10月累计同比增长（%）
全国	2,242,946.85	20,746,314.71	7.52	4.32
北京	48,025.21	491,013.21	6.56	1.68
天津	26,892.71	278,044.39	7.23	-8.24
河北	302,974.31	2,814,342.75	5.12	5.04
山西	32,748.64	381,230.24	-8.16	2.5
内蒙古	289,927.39	2,188,747.43	0.27	9.03
辽宁	86,760.24	776,527.18	35.12	8.32
吉林	11,848.99	120,817.21	21.2	10.16
黑龙江	119,291.83	1,139,605.15	-10.39	0.83
上海	39,464.10	407,899.60	-12.75	-4.37
江苏	119,329.10	1,188,830.65	11.48	10.66
浙江	39,414.79	360,997.86	6.45	5.96
安徽	78,156.15	735,465.11	1.44	-16.59
福建	9,434.85	81,641.08	0.02	-42.24
江西	29,443.00	249,919.58	14.5	2.68

山东	214,998.64	1,948,766.91	52.69	16.1
河南	232,119.80	1,882,713.90	14.31	1.44
湖北	75,338.16	808,256.12	2.44	14.66
湖南	21,065.00	201,065.00	0.2	-22.29
广东	41,634.21	385,300.84	7.81	15.55
广西	34,646.70	304,225.42	14.98	1.02
海南	361	3,468.00	-21.01	-13.49
重庆	17,475.66	161,097.90	26.22	31.7
四川	53,835.08	836,632.17	-26.41	5.26
贵州	7,507.00	65,547.00	30.56	-1.38
云南	49,875.32	476,527.55	6.98	14.91
西藏	691	6,428.00	21.23	165.51
陕西	115,630.42	1,097,885.89	-0.44	-5.02
甘肃	27,751.72	257,953.11	-5.29	-1.7
青海	16,215.00	156,031.00	-5.81	-0.48
宁夏	65,484.00	608,199.95	16.86	3.13
新疆	34,606.83	331,134.51	23.22	20.29

数据来源：国家统计局，中国产业信息网整理

2. 乳制品的生产

全国乳制品生产厂家有1 500多家，大部分是小型企业，有97%的日处理鲜奶能力在100吨以下，与国外有不小的差距。

中国乳品行业，从1998年开始进入了高速增长阶段，直到2008年以前均保持两位数的增长。2005—2007年是乳品行业的黄金发展期，行业产量增长速度平均达到16%左右。2008年爆发的三聚氰胺事件对乳品行业带来了致命的打击，在当年的9月份至11月份，不少乳品企业的生产几乎陷入休克。由于国家对乳品行业的整顿措施得当以及龙头企业对安全生产意识的强化，2009年和2010年成为中国乳品行业的复苏期（资料来源：商务部配额许可证事务局网站，http：//www. licence. org. cn）。

2015年，在国家一系列政策密集出台的环境下，在国内市场强劲需求的推动下，我国乳制品产业整体保持平稳较快增长。随着产业投入加大、技术突破与规模积累，在可以预见的未来，开始迎来发展的加速期。近年我国乳制品产量情况见图5–4。

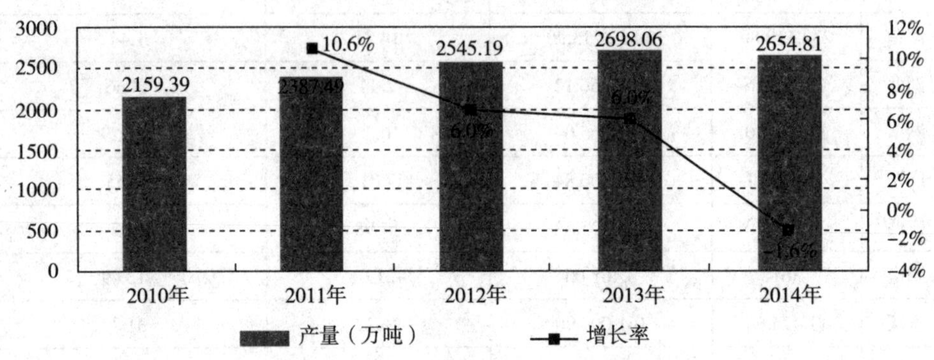

图5-4　我国乳制品产量分析图

（二）乳品消费

1. 乳品需求

乳品作为一种营养丰富而全面的理想食品，我国乃至国际对乳品的需求量在逐年增加。近10年间，世界乳制品的需求量年上升率为2%。其中，我国对乳制品需求将更高，不仅由于政府提倡牛奶及乳制品消费，而且随着高收入群体的增加，消费者的乳品消费大幅增长。另外，印度、巴西、美国、中东、北美等国对乳制品的需求也在逐渐增加。特别是美国和印度，因人口增加和经济的发展，其需求量不断升高。需求量高的地区，将带动国内牛奶及乳制品业的发展（资料来源：中国养殖网，http：//www. chinabreed. corn）。作为中国常温奶市场发展受益者的瑞士食品包装巨头利乐公司预测显示，2010—2020年的11年中，全球牛奶与其他液态乳制品的消费量有望增长30%左右，而中国将成为未来10年世界增长最快的市场之一。截至2013年中国液态乳制品需求量已从250亿升增长到约350亿升。其中乳酸饮料与婴幼儿牛奶消费分别上涨60%与50%以上，强劲带动乳制品需求的增长。而印度作为全球最大牛奶消费国，其人口总量将不断增长，潜在市场巨大。到2020年，中印两国的液态乳制品消费量将占全球总消费量的1/3，而亚太地区的消费量将会继续领先于其他市场总和（资料来源：中国食品机械设备网，http：//www. foodjx. com）。

2. 中国乳品消费特征

中国乳品消费结构存在明显的地区间消费差异、城乡间消费差异、人群间消费差异和乳品品种间消费差异。

（1）城乡差异。在中国，城乡乳品消费的差异突出。由于城乡居民的收入水平、营养保健意识和购买方便程度等多因素影响，导致了他们对乳品消费的明显差异，在同样的消费习惯下，城镇居民比农村居民消费了更多的乳品。

（2）消费习惯差异。消费习惯的差异也是形成中国乳品消费结构差异的重要因素。在拥有奶类消费习惯的牧区，乳品消费是牧民们的主要食品来源之一。根据国家统计局公布数据显示，2014年我国牛奶（生鲜乳）产量3725万吨，比2013年的3531万吨增加194万吨，增长5.5%。

2015年8月中国奶业D20峰会上，农业部部长韩长斌称，2014年中国人均奶类占有量达到33.8公斤，比30多年前增长了33公斤。

（3）品种结构差异。乳品的品种结构也是影响我国乳品消费的因素。由于中国居民不习惯对干酪、黄油、炼乳等的消费，在众多的乳品品种中，真正为人们喜欢的品种并不多。目前中国乳品消费主要是液体奶和奶粉两个品种。多年来，奶粉消费在乳品消费结构中所占的比重高达60%～70%，特别是在广大农村，全脂奶粉、全脂加糖奶粉和少量配方奶粉是人们乳品消费的首选。最近几年，在一些大中城市，人们开始喜欢消费保鲜奶、超高温灭菌奶、酸奶等液体奶，这些液体奶口味适中，营养丰富，正在得到广大市民的青睐。

（4）消费人群差异。在中国乳品消费结构中，人群结构特征非常突出。多年来，乳品消费主要集中在婴幼儿和老年人（3岁以下婴儿占60%，老人占20%）。人们普遍认为只有老、幼、病、弱、孕才需要补充营养，增强体质，一般中青年中只有高级知识分子才对乳品消费感兴趣。随着收入水平的提高和消费观念的改变，消费者的年龄结构和职业结构发生了重大变化。

（三）乳品营销渠道

乳品有着自身的生物学特性，在选择营销渠道时，既要考虑一般营销理论又要结合其生物特性和国情，无论是对哪种乳品，都必须采用多种渠道的营销模式，保证营销的有序和畅通。

1. 企业直销模式

企业—消费者。企业在市区建立直销队伍，设立直销点，提高供货速度，甚至可以为消费者提供上门服务，保证产品能在第一时间，以最快的速度送到顾客手中，保持液态奶的新鲜和最佳口味。这种简单模式，略去了批发商这一环节，可降低成本和产品价格，赢得了消费者的信赖。

2. 批发商营销模式

企业—批发商（或代理商）—零售商—消费者。该模式借助批发商

（或代理商）和零售商分销产品，销售服务更专业，效率更高。

（四）乳品企业营销网络

乳品企业营销网络是在企业总部领导下的综合营销模式，基本构成如图5-4所示。

在乳品企业营销网络中，总公司对企业总部负责，下设销售中心、信息网络中心和成本核算中心，负责对总公司销售情况进行综合汇总核算，提供总体信息。同时，又控制、协调各地分公司，分公司对总公司负责。成本核算中心对地区成本中心进行垂直控制，销售中心对各地批发市场或分销中心进行垂直控制，信息网络中心对各地区网络中心进行垂直控制，三者共同向销售总公司提供信息资料。销售总公司担负企业乳品的全部销售工作，负责全面统一的策划，保证发货、回款、宣传、信息传递和反馈，是企业销售的神经中枢。分公司对地区网络中心和各地批发市场、地区成本中心进行协调与控制，掌握各地销售、信息及成本情况，向总公司汇报。

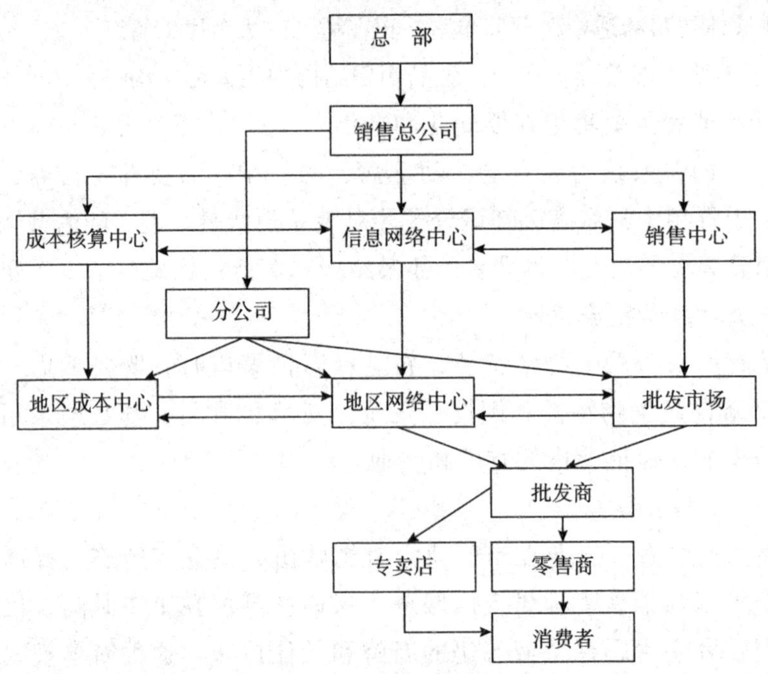

图5-5　乳品企业营销网络体系

五、禽产品营销

（一）禽肉、禽蛋的消费需求

我国禽类产品消费需求持续快速增长，我国人均禽蛋和禽肉消费量在1998—2007年的10年里分别增长了51%和60%，达到人均占有22千克和11.5千克。禽蛋的人均消费量已经远远超过世界平均水平，与世界发达国家的平均消费水平相当。禽类产品已成为继猪肉之后最重要的动物蛋白源。

1. 禽肉的消费特征

①禽肉消费的地域差异显著。北方爱吃鸡肉，南方喜食鸭、鹅等水禽肉；就鸡肉而言，南方偏爱黄羽肉鸡，北方地区则基本上以消费白羽肉鸡为主。②沿海经济发达地区及城镇禽肉消费增长快于农村和经济欠发达地区，并且随着生活节奏的加快和快餐业的兴起，作为快餐食品主要原料的肉鸡的消费量逐渐增加。同时，肉鸡的小包装分割产品也不断增加，非常适合家庭消费。③猪肉、羊肉和牛肉价格高低对禽肉消费影响很大。

2. 禽蛋的消费特征

①城镇居民的禽蛋消费与农村居民的禽蛋消费存在较大差别，城镇居民禽蛋商品性消费所占比重很大，而农村居民的禽蛋商品性消费所占比重则很小，并且农村居民禽蛋消费量低。②在一定的消费水平下，居民收入与禽蛋消费量呈正相关关系，收入增加禽蛋消费量增加，反之，则减少。此外，收入越高的居民对鸭蛋、鹅蛋和鹌鹑蛋等其他禽蛋类及其制品消费需求和购买能力也高于低收入居民。③禽蛋消费对价格因素敏感，属消费弹性较大的食物。

（二）禽肉、禽蛋的营销策略

1. 禽肉的营错策略

（1）产品开发策略

适应消费需求，开发按部位分割的禽肉制品，如一只肉鸡可以分割出200个以上的品种，如鸡肉串、鸡肉肠、鸡肉脯、鸡爪等；开发低温禽肉制品、具有保健功能的禽肉制品等。

（2）品牌策略

首先把握市场需求脉搏，选择适合当地条件并能形成资源特色的优良品种或产品。其次要有市场促销意识，在广告促销上投入，让禽肉产品走上电视屏幕、报纸、电台，扩大知名度，提高市场竞争力和市场占有率，从而提高品牌价值。

（3）包装策略

优化禽肉产品的包装可以有效提高其附加值。

（4）嫩乳化策略

随着经济的发展和人民生活水平的提高，人们的消费习惯正在发生变化。猪肉要吃乳猪，鸡要吃仔鸡，在禽肉产销当中，也必须适应这一新的变化趋向，实施嫩乳化策略。

（5）差异化策略

广大消费者追求生活的多样性和个性化，实施差异化策略就是满足消费者对多样化、个性化禽肉产品的需求。一方面，向消费者提供不同于竞争对手的产品；另一方面，则是采取与竞争对手不同的销售形式。

（6）市场定价策略

首先，深入了解消费者能接受的价格。其次，考虑经营者对价格能接受的程度，并留出经营者的利润空间，使之有利可图。再次，根据市场竞争对手情况灵活定价。最后，在《中华人民共和国物价法》及政府物价部门的指导下以质定价，实行优质优价、特色特价，同时，还要注意灵活运用各种价格策略，如折扣价格、组合价格、促销价格、降低价格、心理价格等策略，使禽肉产品具有较高的市场吸引力和价格竞争力。

（7）促销组合策略

将各种促销方式按照目标要求和经营者条件，适当选择以一种促销方式为主，其他促销方式为辅，利用人员促销、广告、营业推销和公共关系等方式，交叉或几种方式综合运用，达到促销目标。

2. 禽蛋的营销策略

（1）产品开发策略。如创造禽蛋品牌、发展特种蛋和保健蛋生产等。

（2）土特化策略。搞好地方传统土特产品的挖掘和提升工作，积极发展品质优良、风味独特的野生畜禽，以特色禽蛋产品抢占市场，以野生禽蛋产品开拓市场，不断适应变化了的新的市场需求。

（3）产品差异化策。对普通禽蛋产品重新定位，发现、开拓禽蛋产品新的功能效用，满足消费者的需求；运用禽蛋产品的差异化，在构成实体产品的质量、特征、式样、品牌和包装的独特性上进行改革；在销售时间和销售渠道的差异上进行改革，利用生产季节性，巧打时间差；利用现代商业组织形态，采取多方式，多渠道销售产品，充分利用现代信息社会的网络设进行促销等。

（4）产品组合策略。适当增加产品类型，适当增加产品项目，合理考虑满足不同层次消费者的特殊需求，以扩大市场范围。

（5）促销及沟通组合策略。经营者与消费者沟通的方式主要有劝诱沟通（如设立免费咨询电话、上门走访、开座谈会、成立消费者联谊会、赠品赠券、提供购买便利条件等）、媒体沟通（如利用广告、包装、展示会、陈列馆、产品说明书等促销工具）、网络沟通（利用互联网络的一对一和交互式功能实现经营者与消费者的组合沟通）等。

（6）价格策略。综合考虑价格总体水平和国际市场价格等，积极利用季节差价、区域差价和消费者求新求异求廉等不同消费心理，应用定价技巧，选择季节性调价、区域定价、折扣定价、理解价值定价、促销定价等不同定价方式进行定价，使禽蛋产品具有较好的市场吸引力和价格竞争力。

第四节　园艺产品营销

一、水果营销

（一）水果产品

水果可以按多种原则分类。按水果商品习惯分类，可以分为水果（桃、苹果、梨、葡萄、柑橘、草莓、柿子、香蕉、荔枝等）、干果（板栗、红枣、核桃、榛子、松子、葡萄干，荔枝干等）、杂果（山楂、石榴、李子、杏、橄榄等）、瓜果（西瓜、甜瓜、白兰瓜、哈密瓜等）；按水果果实构造分类，可分为仁果（苹果、梨、枇杷、山楂、沙果、海棠等）、核果（桃、李子、杏、梅、樱桃、芒果、橄榄等）、浆果（葡萄、杨梅、草莓、猕猴桃、柿子、香蕉、无花果等）、坚果（核桃、板栗、白果、椰子、榛子、腰果等）、柑橘（橘、橙、柚、柠檬、佛手等）、复果（菠萝、桑葚、树莓）、瓜果（西瓜、白兰瓜、甜瓜、哈密瓜等）；按水果加工方法分，可以分为鲜果、罐头、果汁、蜜饯、冷冻果品等。与常规商品相比，水果商品具有自己的特点。

第一，果品及其加工品均属高值产品。果品单位面积上的收益远比其他作物

高，有“一亩园十亩田”的谚语，国际上均将水果、干果及其加工品列入高值产品之列。第二，市场容量大。果品是常年消费的生活食品，人年均需要80千克的水果才能维持身体健康。发达国家年人均消费水果在100千克以上，经济落后国家年人均消费水果也有几十千克。随着人民生活水平的提高和消费习惯的改变，果品市场的需求量会越来越大。第三，生产具有地域性和季节性。果品生产受生态环境和地理条件影响极大，优质果品都有其适宜的产区。此外，果品生产季节性很强，常常旺季供过于求，淡季供不应求，造成果品价格波动大。第四，鲜活易腐，不耐储运，对储藏和运输条件的要求也比其他商品要高，运输和储藏成本高。

（二）水果产品供应状况

中国是世界水果生产大国。来自2000年全国果业学术研讨会的资料表明，我国目前的水果种植面积为840万hm^2,占世界果树总面积的21%左右；水果年总产量达5 900多万吨 ,占世界果品总产量的13.4%，这两项指标都已跃世界第一。

根据国家统计局2012年统计资料显示，2012年全国水果总产量24 057万吨（含瓜果），比2011年增加1 289万吨，增长5.7%。

一、园林水果产量15 105万吨

2012年全国园林水果产量15 105万吨，比2011年增加1 022万吨，增长7.3%，园林水果产量占全国水果总产量的62.8%。分品种看，产量排在前五位的为苹果3 849万吨，柑桔3 168万吨，梨1 707万吨，香蕉1 156万吨和葡萄1 054万吨。分省看，园林水果产量排在前五位的省（区）为山东1 524万吨、陕西1 438万吨、河北1 286万吨、广东1 279万吨和广西1 031万吨，五省（区）园林水果产量占全国园林水果产量的43.4%。

园林水果中，热带亚热带水果产量1 805万吨，比2011年增加126万吨，增长7.5%。其中香蕉产量1 156万吨，荔枝产量191万吨，龙眼产量153万吨，菠萝产量129万吨。热带亚热带水果产地主要在广东679万吨、广西359万吨、海南313万吨、云南245万吨、福建190万吨，五省（区）产量占全国热带亚热带水果总产量的99%。

二、瓜果类水果产量8 952万吨

2012年全国瓜果类水果种植面积3 612万亩，比2011年增加28万亩，增长0.8%。瓜果类水果产量8 952万吨，比2011年增加268万吨，增长3.1%，占全国水果总产量的37.2%。其中西瓜产量7 071万吨，甜瓜1 332万吨，二者合计占瓜果类水果总产量的93.9%。瓜果类水果产地主要集中在河南和山东两省，产量分别为1 665万吨和1 401万吨，两省产量合计占全国瓜果类水果产量的34.2%。

三、7省（区）水果产量超1 000万吨

2012年全国有7个省（区）水果总产量超过1 000万吨，7个省（区）合计产量达12 906万吨，占全国总产量的53.6%。其中山东2 925万吨，河南2 535万吨，河北1 815万吨，陕西1 694万吨，广东1 390万吨，广西1 325万吨和新疆1 222万吨。产量居全国首位的山东，水果面积（含果用瓜面积）1 310万亩，比2011年增加12万亩，主要水果品种为西瓜1 105万吨、苹果871万吨、桃238万吨、甜瓜210万吨、梨119万吨、葡萄105万吨。

根据国家统计局数据：2014年我国水果总产量增长至26 142.24万吨，较上年同期增长4.2%；当中香蕉总产量为1 179.19万吨，产量同比下降2.3%，占同期国内水果总产量的4.51%；苹果总产量为4 092.32万吨，产量同比增长3.1%，占同期国内水果总产量的15.65%；柑橘总产量为3 492.66万吨，产量同比增长5.2%，占同期国内水果总产量的13.36%；梨产量为1 796.44万吨，产量同比增长3.8%，占同期国内水果总产量的6.87%。2005-2014年国内水果总产量走势见图5-6。2005~2014年我国的水果行业主要品种产量见表5-3。

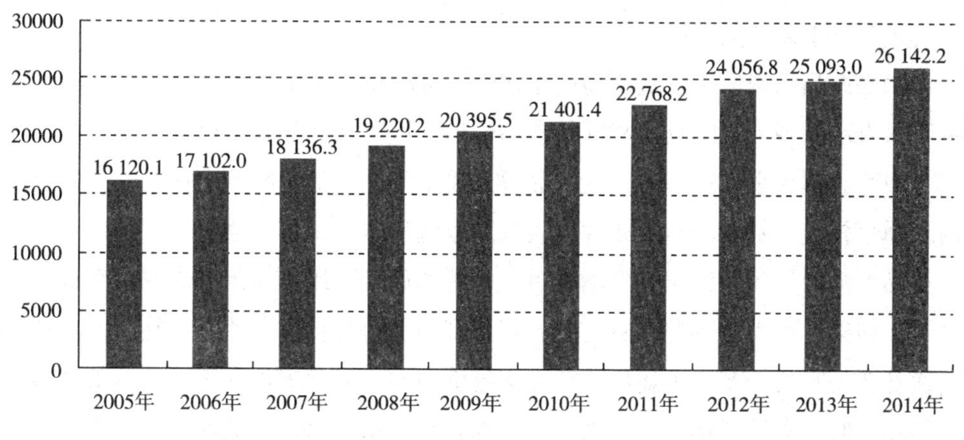

图5-6　2005-2014年国内水果总产量走势图

资料来源：国家统计局

表5-3　　2005-2014年　我国水果行业主要品种产量统计表：万吨

	香蕉产量	苹果产量	柑桔产量	梨产量
2005年	651.81	2401.11	1591.91	1132.35
2006年	690.12	2605.93	1789.83	1198.61
2007年	779.67	2785.99	2058.27	1289.5
2008年	783.47	2984.66	2331.26	1353.81
2009年	883.39	3168.08	2521.1	1426.3
2010年	956.05	3326.33	2645.24	1505.71
2011年	1040	3598.48	2944.04	1579.48
2012年	1155.8	3849.07	3167.8	1707.3
2013年	1207.52	3968.26	3320.94	1730.08
2014年	1179.19	4092.32	3492.66	1796.44

（三）水果产品消费

水果产品消费需求呈现明显的层次性、多样性、季节性和可诱导性，同时，由于水果产品种类之间具有相同的食用价值，可以相互代替，以丰补缺，以贱补贵，消费者购买水果产品的数量、品种、质量等往往随价格的变化而变化，因而需求弹性较大。水果消费形式往往表现为家庭型、休闲型、菜肴型、纯果汁型以及礼品型消费。其中，家庭型消费讲究消费的保健作用，休闲型消费讲究消费的情趣，纯果汁型消费讲究口感纯真，菜肴型消费讲究档次和色彩，礼品型消费讲究送礼者的身价。基于上述形式，在水果消费中，消费者往往表现出追求“早”（尽早尝鲜，以饱口福）、“新”（青睐各种应市的水果新品种）、“牌”（追求“名牌”风味）、反季和包装方便漂亮的心理。

（四）水果营销渠道

一般水果产品营销渠道主要分为几种基本形式（图5-7）。

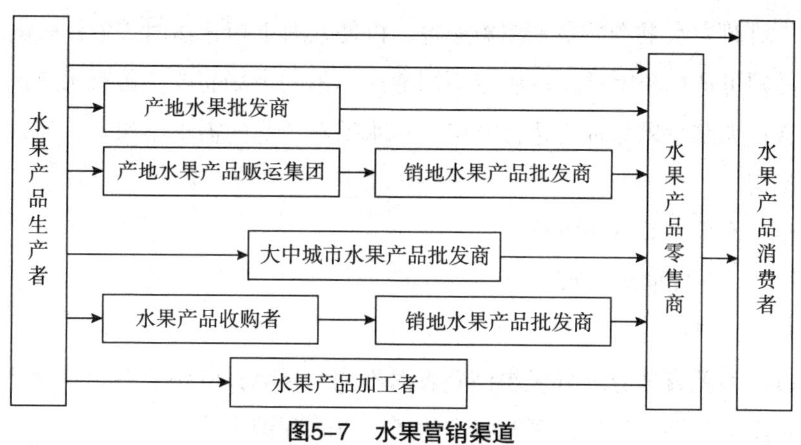

图5-7　水果营销渠道

水果产品营销受果品特性、储藏技术、运输条件、消费者的需求习惯、目标市场的经济状况等多种因素的影响。选择合理的营销渠道，有利于加快水果产品流通，节省流通费用，提高水果产品商品价值。一般地，选择水果产品营销渠道，应从以下几个方面考虑。

1. 时同、地点和时机

一般水果产品采收时货源充足，价格较低，是水果产品最好的时间采购；传统的节假日水果产品销售量最高，是最佳销售时间。在地点选择上，则要选择适宜的采购地和目标市场，目标市场选择不当会抑制流通，有时还会造成严重亏本。因此，及时了解市场供需状况，抓住有利时机，采取“短、平、快”的水果产品流通渠道策略，格外重要。

2. 市场需求特性

不同地区的果品消费者在消费习惯、经济状况、购买心理等方面都有差异，这些因素都会影响水果产品销售，了解市场需求特性，做到心中有数，有的放矢地确定水果产品流通渠道是果品流通中不可忽略的因素。

3. 价格因素

水果产品流通渠道长，费用多，风险大，价格高；水果产品流通渠道短，则费用少，风险小，价格可以降低。选择水果产品流通渠道一定要精打细算，考虑价格因素。

4. 产品特性

易腐不耐储藏的水果产品种类，货架期短，风险大；水果加工品也有一定的

保质期，对此类水果产品易采用短渠道，以便及时上市，适时销售；较耐储藏的水果产品则可选择长渠道，以满足不同地区、不同市场需要；稀有水果产品宜选择窄渠道；大宗水果品种宜选择宽渠道；水果新产品的需求不稳定，通常也可考虑直接推销。

（五）水果产品营销策略

1. 水果产品市场策略

（1）市场细分

①按品种差异细分。分辨出消费者对不同水果品种的消费差异，有针对性地确定水果生产和销售品种，采取相应的经营方式和销售策略。

②按销售时间的差异细分。对水果产品消费者在不同季节对水果产品的需求量、质量、品质要求及愿意支付的价格差异进行准确分辨，确定水果产品销售的时间策略和最佳销售时间。

③按销售地点的差异细分。分析不同地域的水果产品消费者的需求量、品种、质量、品质特征以及愿意支付的价格，选择水果产品的最佳销售地区，采取相应的营销策略。

④按消费者的收入差异细分。明确不同收入水平的消费者对水果产品的消费差异，确立相应的产销策略。

⑤按水果产品的质量等级差异细分。对水果产品进行合理的等级分类，适应不同消费层次的消费者的需求量和愿意支付的价格，按质定价和准确定价，为消费者提供更多的品级和价格选择。

（2）目标市场策略

①单一目标市场策略。在水果产品生产规模较小、水果产品市场供不应求的情况下，水果产品销售通常应采用单一目标市场策略。

②专业目标市场策略。在水果产品生产者在品种、品质、销售渠道和销售方式上具有某种独占、分享、或有约在先的优势时，可采取专业目标市场策略。

③多元化目标市场策略。和单一目标市场相比，多元化目标市场策略有更多的销售渠道和销售对象，可以为水果产品生产者和销售者提供更多的机会，避免价格竞争，还可以选择效益最好的目标市场来销售果品。

④全目标市场策略。为了更有针对性地为不同子市场提供相应的果品类型，使不同层次的水果产品消费者都得到满足，从而覆盖和占领全部水果产品消费市

场，确立在水果产品市场中的主导地位，可以采取全目标市场策略。

2. 价格策略

（1）目标价格策略

①以收益为导向的目标价格策略。在水果产品市场供不应求、在产品质量或市场竞争中具有某种优势时，应采取以获取尽可能大的收益为导向的目标价格策略。

②以质量为导向的目标价格策略。若水果产品具有独特的质量和品质优势，则应以按质论价的方式来制定水果产品的目标销售价格。

③以销量为导向的目标价格策略。在水果经营具有规模或数量优势，或者为迅速销售产品时，可以通过适当降低价格的方式达到增加销售的目的。

④以分销为导向的目标价格策略：生产者为了吸引不同的水果产品营销商、批发商、加工厂等来购买果品，以一定的批零差价或质量差价来确定目标分销价格，以充分调动他们购买水果产品的积极性。

（2）随行就市价格策略。和目标价格策略不同，随行就市价格策略是因地、因时采用市场价格来销售水果产品。在市场供求平衡时，随行就市价格策略可以保证获取市场平均收益，避免因价格定得过高或过低影响水果产品销量和收益。此外，随行就市价格策略还有利于新市场的开拓带来的不利影响，避免引发和当地水果产品生产者或销售商的价格竞争，保持市场价格的相对稳定。

3. 多渠道分销策略

（1）产前分销。从上季水果产品销售到下季水果挂果、定果之前这段时间内，通过和果商签订供货和生产合同的方式，把下一季或几季的水果产品预售给水果中间商、营销商、批发商或出口商。

（2）产中分销。从当季水果挂果、定果开始到摘果、收获之间的这段时间，通过和果商签订供货和生产合同，把本季水果产品预售给水果中间商、营销商、批发商或出口商。若产中预售合同协议达成较晚，水果已经挂果定果，生产的主动性就没有产前预售那么大。水果产品生产者只能从合同达成之日起，尽最大努力按合同目标去做。

（3）产后分销。如果水果产品市场供求平衡，采用产后分销策略有利于水果生产者或销售商根据既定目标市场进行目标效益最大化生产和经营，增加经济收入和销售收入。但是，产后是水果销售的旺季，产品大量上市，短期供大于求，将促使水果产品价格下跌，水果营销商、批发商等会趁机压级压价，生产者为了急于出货也会竞相压价出售，从而使水果生产者利益受到损失。所以，产后分销是一种被动的选择，经常造成水果产品积压。

（4）人员推销。人员推销就是推销人员到市场潜力大或者有某种联系的目的地，上门向客户、果商、加工厂、工厂、企业、事业单位直接推销水果产品。人员推销取决于水果产品的质量和推销人员的推销技巧。人员推销要善于利用让利、价格折扣、价格随购买量增加而降低等手段来加大让利和促销力度，加快水果产品的销售。

（5）远距离销售。如果有足够大的产量规模以分担高昂的包装、运输、储藏和异地销售成本，同时地域之间的水果产品差价较大，使果商能获得比当地销售利润较高的收益．就可以采取远距离销售策略。

4．水果产品销售的价格技巧

（1）差别定价技巧。差别定价技巧就是根据水果品种、品质、果实大小、着色程度、形状特征等的差别而分别按质论价的定价方法。

①不同品种差别定价。把几个不同品种的水果产品在市场上放在一起销售，为了增加某品种水果产品的销量，提高其他水果品种的销售价格，使消费者感到买该品种水果更合算。

②不同品质差别定价。将水果按果实大小、着色程度、形状特征等的差异又可分成不同的品级，为不同品级确定不同的价格，只要分类成本小于通过分类所增加的销售收入，就应采用质量差别定价技巧来销售水果产品。

（2）促销定价技巧

①折扣定价。为了促进消费者购买水果产品，在标定不同品种、不同品级水果产品的价格时为顾客留出一定的折扣余地，以低于标定价格的折扣价格让利销售，使每位顾客都感觉到价格的优惠，利用消费者的趋利心理促使其增加购买。

②让利促销定价。以量增价降的方式促使消费者增加水果产品购买量，即购买数量越多，平均单位价格越低，使消费者感到多买比少买划算。

③降价让利定价。把初市价格定得稍高一些，为中市和后市降价留出余地，使那些观望的消费者在销售者在计划降价后趁降价之机购买产品。

④涨价促销技巧。在水果产品市场由旺转淡、由供过于求转向供不应求时，涨价技巧有时也会引发消费者买涨不买跌的逆反消费心理，使消费者感到以后水

果产品价格将会越来越贵，此时购买价格最为便宜，快速购买。

⑤零数定价技巧。如果市场供给充足，自己的水果产品又没有明显的品质优势，在定价时把水果产品价格定为最接近于某整数的零数，如0.99元／500克，49元一箱等，使消费者产生水果产品售价大为便宜的心理感觉，从而诱发购买欲望，增加购买量。

二、蔬菜营销

（一）蔬菜产品

蔬菜可分为白菜类、甘蓝类、芥菜类、根菜类、绿叶菜类、葱蒜类、茄果类、瓜类、豆类、薯芋类、水生蔬菜、多年生蔬菜和食用菌类。其中，白菜类主要包括大白菜、油菜、乌塌菜和菜薹；甘蓝类主要包括结球甘蓝（别称圆白菜、莲花白）、花椰菜（俗称菜花）、木立花（俗称绿菜花、青花菜）、球茎甘蓝、芥蓝（也称盖蓝）；芥菜类有以种子、叶茎、根为产品的许多变种和品种，包括叶用芥菜（有大叶芥、花叶芥、宽柄芥、雪里蕻）、茎用芥菜（别名青菜头、榨菜）、根用芥菜；根菜类是以肥大的肉质直根为食用器官的蔬菜，包括萝卜、胡萝卜等；绿叶菜类食用部分以鲜嫩茎叶为主，主要有菠菜、芹菜、莴苣、香菜、茴香，茼蒿，木耳菜等；葱蒜类主要包括韭菜、大葱、洋葱、大蒜等；茄果类主要有番茄、茄子和辣椒；瓜类主要包括黄瓜、冬瓜、西葫芦、笋瓜、丝瓜、苦瓜和瓠瓜等；豆类主要有菜豆（四季豆）、豇豆、毛豆、刀豆、扁豆和青豌豆等；薯芋类蔬菜以块茎、块根、根茎以及地下球茎为产品，主要有马铃薯、山药、姜、芋头等；水生蔬菜主要有莲藕、茭白、菱角、莼菜、水芹等十余种；多年生蔬菜种类很多，有草本植物，也有木本植物，主要有芦笋，金针菜（黄花菜）、竹笋、香椿和百合等；食用菌类包括蘑菇、银耳、猴头菇、香菇、平菇和黑木耳等。

与其他商品相比，蔬菜具有生产季节性强、品种多样、鲜嫩易腐的特点，并且，由于蔬菜是人人需要、天天需要的重要副食品，人们每天需要数量充足、营养成分搭配合理的各种蔬菜，所以，蔬菜消费相对均衡同时，由于目前蔬菜生产受自然条件的影响较大，雨涝、冰雹、干旱、病虫等自然灾害经常发生，因此生产有较大的易变性与风险性，产量不稳定而且，从市场角度看，蔬菜作为一种商品，既是人人天天需要的一次性消费品，又是鲜嫩易腐、储藏保鲜困难的鲜活商

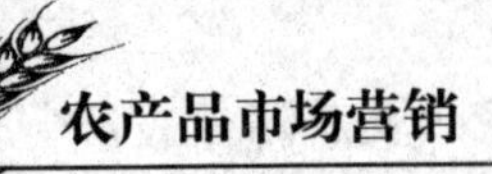

品，其生产对市场的依赖性较强，生产多了卖不掉，生产少了供不应求。产品的上述特性导致蔬菜营销具有时间性强、供给频度高的特点，同时，由于大部分蔬菜含水量高，且易腐，在蔬菜商品流通中要保证商品鲜度。

（二）蔬菜的供应状况

从20世纪80年代实施“菜篮子”工程以来，我国的蔬菜产业得到了长足发展，目前已是种植业中仅次于粮食的第二大农作物。据联合国粮农组织（FAO）统计，近年中国蔬菜播种面积和产量分别占世界的43%、49%，均居世界第一位。近些年，我国蔬菜面积迅速扩大，中国蔬菜播种面积2007年达到1 100万公顷，总产量5. 65亿吨，人均占有量420多千克。

蔬菜生产不仅满足了国内消费，而且扩大了出口。加入世界贸易组织后，中国蔬菜出口增长势头强劲。

2012年中国蔬菜出口量值表

中国产业信息网数据显示：2012年全国蔬菜累计出口数量741万吨，同比增长-4%；出口金额7559566千美元，同比增长-19.1%。

单位：千美元

商品名称	计量单位	12月		1至12月累计		比去年同期±%		累计比去年同期±%	
		数量	金额	数量	金额	数量	金额	数量	金额
蔬菜	万吨	68	739530	741	7559566	-1	-13.7	-4	-19.1
其中：									
鲜或冷藏蔬菜	万吨	45	323125	485	3177615	3.3	20.3	-4	-20
干的食用菌类	吨	5072	78565	52767	808581	-64.2	-65.2	-43.9	-46.6

2015年我国均化蔬菜（20051000）进出口数据统计及发展情况分析

2013年我国均化蔬菜出口数量为129925千克，2014年我国均化蔬菜出口数量为156020千克。

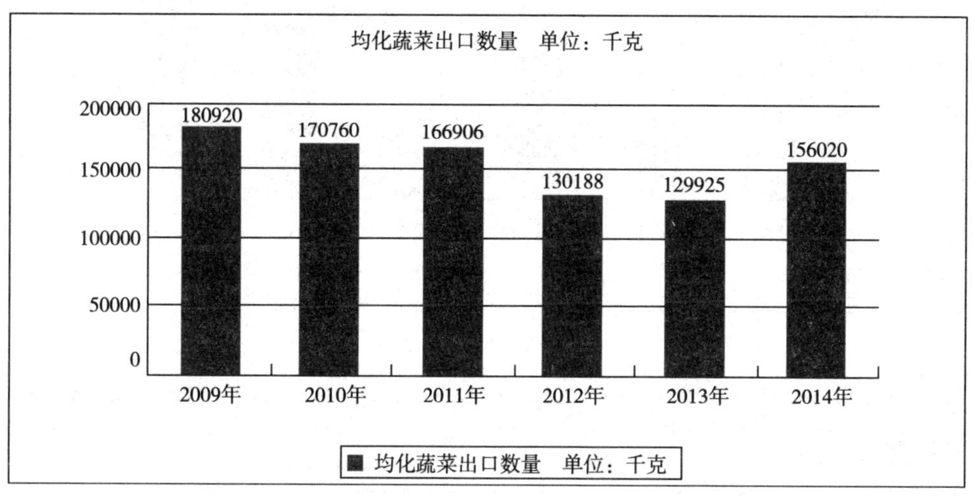

2013年我国均化蔬菜出口金额为119千美元，2014年我国均化蔬菜出口金额为141千美元。

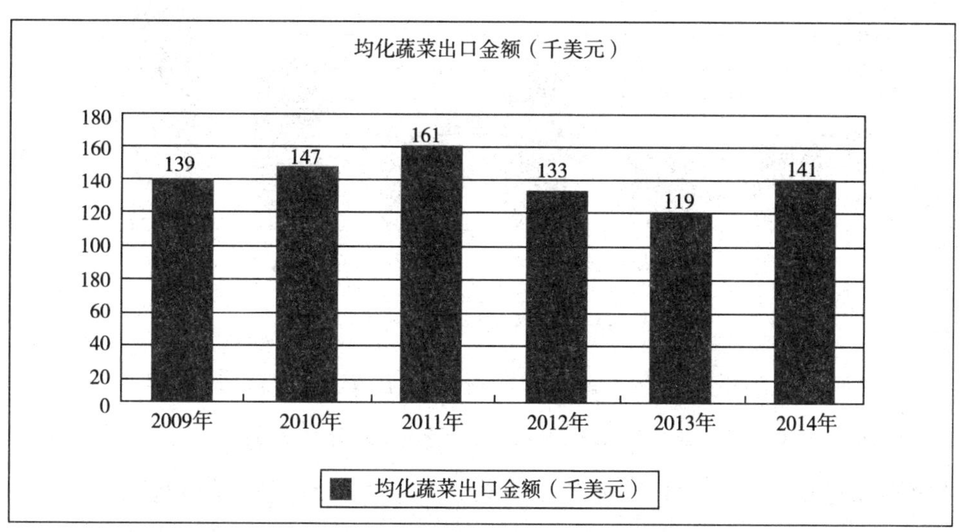

2013年我国均化蔬菜出口金额为119千美元，2014年我国均化蔬菜出口金额为141千美元。

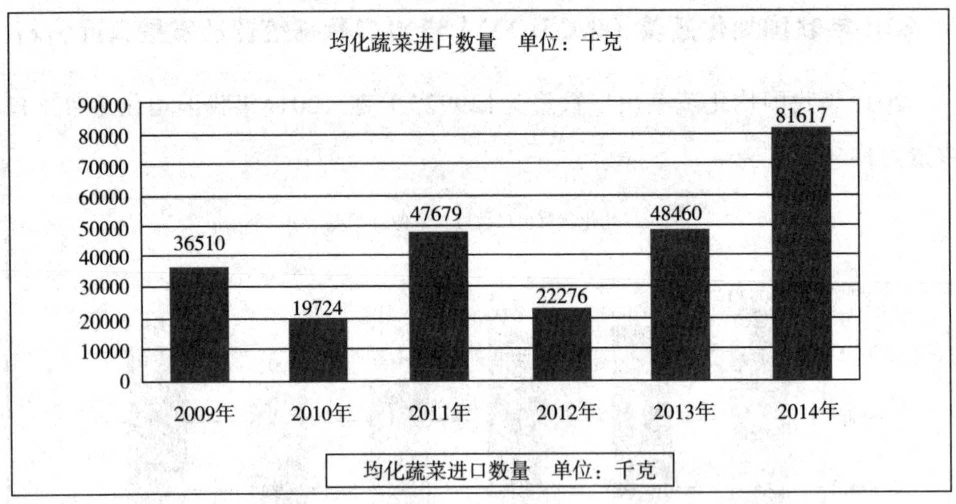

2013年我国均化蔬菜进口金额为266千美元，2014年我国均化蔬菜进口金额为393千美元。

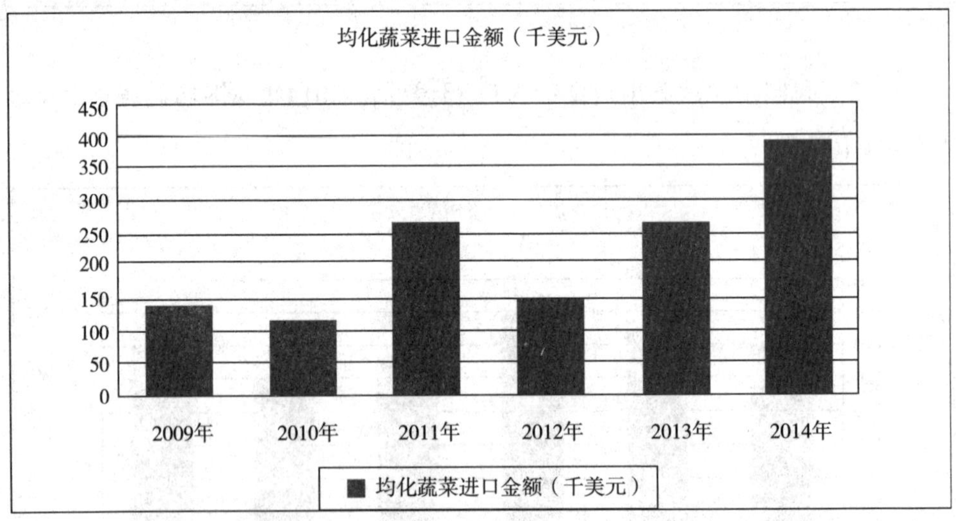

中国已经成为世界上最大的“菜篮子”，蔬菜出口量已居世界首位。

从地域上看，我国已基本形成了华南冬春蔬菜、长江上中游冬春蔬菜、黄土高原夏秋蔬菜、云贵高原夏秋蔬菜、黄淮海与环渤海设施蔬菜、东南沿海出口蔬菜、西北内陆出口蔬菜以及东北沿边出口蔬菜八大蔬菜重点生产区域（资料来源：搜狐网，http：//news. sohu. com）。

（三）蔬菜消费需求

蔬菜是人们生活必需的副食品，是人们每日必需的维生素、矿物质、有机酸、膳食纤维等的最主要来源，并且蔬菜在生活中的保健和治疗作用也越来越受到人们的重视。随着人民生活水平的提高，人们对蔬菜消费需求量会越来越大，并且对于蔬菜的需求也逐步由以往追求数量多、价格便宜变为追求产品的高质量、多品种、洁净、卫生、保健、方便和有营养。

蔬菜的消费受到消费者的消费习俗、偏好以及消费者的时尚心理、便利心理、猎奇心理的影响较大。随着人们生活水平的提高和消费观念的变化以及蔬菜供应的丰富，人们吃菜从原来的佐餐下饭正在向挑好选优、讲究无公害、追求营养的方向转化。食用安全洁净的蔬菜是人们的首选目标，鲜嫩、无污染蔬菜在市场上十分抢手，而高营养保健型蔬菜则更是受到广大消费者的青睐。同时，不少居民为了调剂口味，感受自然，对天然野生蔬菜的需求也在不断增加。人们不仅喜爱应时菜，对香辛类蔬菜如姜芽、香椿、紫苏、荷兰芹、留兰香，球茎茴香等的消费量也日益增多。许多消费者还格外欣赏奇形异彩型蔬菜，并争相购买品尝。超市中包装净菜的销售也悄然兴起，拥有广阔的发展前景。正是蔬菜消费的多元化致使质优味美型蔬菜、营养保健型蔬菜、天然野味型蔬菜、奇形异彩型蔬菜和绿色安全型蔬菜等新型蔬菜不断在市场上涌现出来。

（四）蔬菜的营销渠道

蔬菜营销主要有图5-8所示的几条渠道。

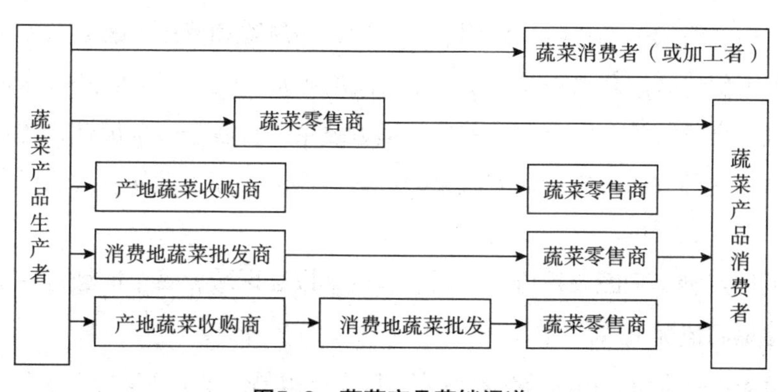

图5-8 蔬菜产品营销渠道

（五）蔬菜的营销策略

1. 蔬菜营销市场定位策略

蔬菜市场定位一般有3种方式。

（1）针锋相对式定位。把蔬菜商品定位在与竞争者相似的位置上，同竞争者争夺同一市场。当生产、经营的蔬菜商品比竞争者的好，拥有比较雄厚的实力和更充足的资源时，可采用此法。

（2）填空补缺式定位。当潜在的蔬菜商品市场没有被发现，自己的蔬菜商品很容易去占领，或者许多竞争者发现了这一营销机会，但无力占领时，就在该市场上输入自己的这种蔬菜，填补市场空白，占领这个市场。

（3）另辟蹊径式定位。蔬菜商品无力与同行业强大竞争者相抗衡从而获得绝对优势地位时，可根据取得的相对优势，通过宣传与众不同的特色，以获取某些方面的领先地位来取胜。

2. 蔬菜营销的价格策略

（1）折扣、折让。为了刺激蔬菜消费者的购买欲望，鼓励大量购买和旺季购买、提早付款，可以实行折扣和折让价格。

①现金折扣、赊销商品。蔬菜生产者或销售者为鼓励蔬菜购买者提前付款，常常按原价给予一定折扣。

②数量折扣。对蔬菜购买者大量购买给予优惠，购买量愈大，折扣率愈高。

③季节折扣。对蔬菜商品淡季购买者给予一定折扣。

④折让。折让是对蔬菜中间批发商提供的一种报酬。

（2）地区定价策略

①产地定价。蔬菜生产者或销售者负责将商品装运到产地的运输工具上交货，并承担此前的一切风险和费用，交货后一切风险和费用由蔬菜商品购买者承担，这种定价使远途蔬菜购买者承担了较高的运费，适宜蔬菜商品紧俏时使用。

②统一交货定价。没有地区差价，远近蔬菜购买者是一个价格，运费按平均运费计算，这种方法可争取远方蔬菜购买者，但却失掉了近处蔬菜购买者，可在打开销售渠道时采用。

③区域定价。把蔬菜销售分为两个或两个以上区域，每个区域定一个价格，在销售稳定的情况下常用。

④免收运费定价。由蔬菜生产者或销售商负担部分或全部运费，在急于打开某

地蔬菜市场，或同某一大蔬菜购买者成交时使用这种策略。此种方式有助于增加销售额，使平均成本降低而补偿部分运费开支，这种策略可在货源充足时采用。

（3）心理定价策略

①非整数定价。蔬菜商品零售时采取零头结尾，特别是奇数结尾的形式，以吸引顾客，给消费者的心理信息是定价认真，一丝不苟，增加心理信任感。

②整数定价。对蔬菜商品定价时采用整数，以维护其在蔬菜购买者心理上已形成的声誉。

③声望定价。在市场上有声望的优质蔬菜商品或为了创出优质蔬菜商品的声望，可以制定较高的价格，既可以弥补提供蔬菜商品所花费的必要耗费，也有利于满足高消费层次顾客的心理需要。

④单位标价。即在蔬菜商品包装或标签上除标明单价外，还写明一个标准单位的品种、质量、产地等，以便于消费者比较监督，也可获得消费者的信任。

（4）差别定价策略。根据蔬菜商品交易对象、交易时间、地点等不同定出不同价格。如，对老客户价格可比新客户定得低些，以鼓励其重复购买。在不同季节实行差别价格，淡季可适当高于旺季价格，旺季则应低于淡季价格，鼓励中间商、批发商均衡进货。

3. 净菜配送的蔬菜营销策略

净菜是去除非可食部分、进行系列加工处理而得到的直接可以烹、炒食用的蔬菜的总称。净菜配送是根据消费者要求及营养需要进行荤素合理搭配并送货上门的一种服务。净菜配送营销服务包括以下三方面内容。

第一，净菜加工上市销售。净菜经选择、清洗，无菌包装直接出售。

第二，净菜配送服务。针对一日三餐，做到荤素搭配合理、品种齐全、原料新鲜、统一包装、香料佐料备齐。

第三，根据消费者的需要，净菜配送由肉、蛋、菜的配送，发展到多元配送，如主食、饮料、水果、其他生活用品等的配送。

4. 蔬菜营销的包装策略

为提高蔬菜的市场竞争力、增加经营者的利润，可以对蔬菜进行包装之后销售。科学、经济、牢固、美观、卫生、安全是蔬菜包装的要求。包装容器的形状大小、规格，甚至装潢、色彩，都需根据蔬菜种类、品种、市场需求、储运条

件、流通环节、销售对象和地区等条件确定。如零售包装应小型化、透明化、组合化、多样化，追求轻、巧、美；对于供应超市的新、奇、特蔬菜，可以进行真空小包装并注明食用方法，使消费者一目了然；在重要节日期间，把四五种蔬菜配在一起，用精美的纸箱包起来；在需要长期储藏和长途运输时，包装单位一般以15～20千克为宜，一般不超过25千克，箱盒上留有孔洞和手洞，方便搬运，有利通风。鲜嫩多汁的蔬菜可采用扁形箱盒。

三、花卉营销

（一）花卉

通俗地讲，“花”是植物的繁殖器官，是指姿态优美、色彩鲜艳、气味香馥的观赏植物，“卉”是草的总称。习惯上往往把有观赏价值的灌木和可以盆栽的小乔木统称为“花卉”。现代花卉是指花卉园林植物、花卉种苗、加工产品、相关配套产品、仿生艺术品、赏石、观赏鱼和可供工业、医药、食品、化妆品等作为原料的花卉植物以及住宅、庭院、阳台、居室、屋顶等绿化植物群。其中花卉园林植物是指可供人们观赏的花卉、园林植物，如鲜切花、盆花、盆景、草坪等；花卉种苗包括花卉的种球、种子、花苗、根、茎等用于繁殖花卉的材料；加工产品是以花卉园林植物为原料的艺术加工产品，如插花、根雕、竹刻、干花、藤柳、草编织品等；相关配套产品是用于花卉生产、经营的产品，如花土、花肥、花药、花器、保鲜剂、营养剂、上光剂及各种花卉机械、工具、温室及设施；仿生艺术品是仿生花及各种仿花艺术品；观赏鱼是包括鱼、热带鱼等。如果没有特别说明，我们在这里所讲的花卉是指花卉植物。

（二）花卉供应情况

我国花卉产业的快速发展则起于上世纪90年代，至2000年花卉种植面积达到14.75万公顷，较1990年增幅超过200%。2003–2005年，我国花卉种植面积以年均40.63%速度增长，至2005年达到81.12万公顷；2006年，我国花卉产业开始由数量型向质量型过渡，花卉种植面积有所减少，此后随着需求的增长而逐年增加。2012年，全国花卉种植面积为112.03万公顷，同比增长9.40%，产业规模居世界第一。

图表2：2003-2012年我国花卉种植面积情况（单位：万公顷）

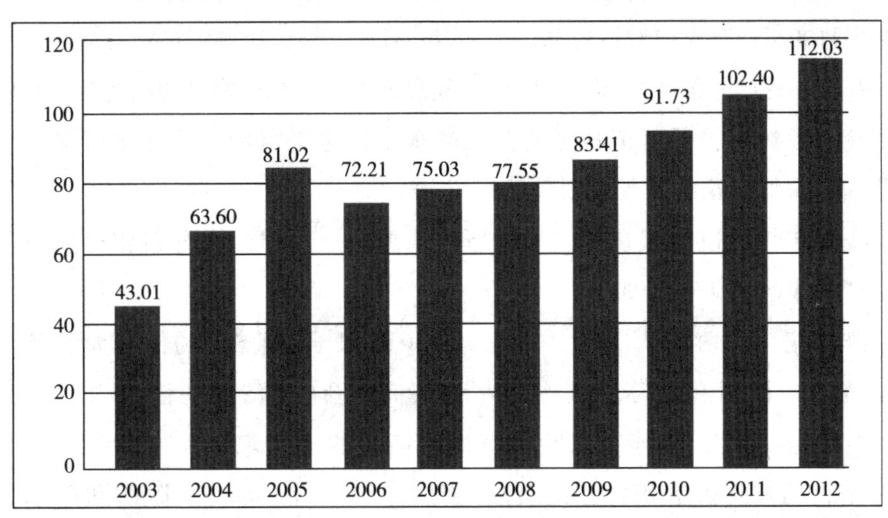

在花卉种植面积增长的同时，花卉保护地栽培面积也稳步增长。2012年，全国花卉保护地栽培面积达10.64万公顷，比2011年增加1.31万公顷，涨幅为14.04%。在各类保护地中，温室面积2.81万公顷，增幅为20.15%；大棚（包括中小棚）面积4.68万公顷，增幅为18.98%；遮阴棚面积3.15万公顷，增幅为3.24%。

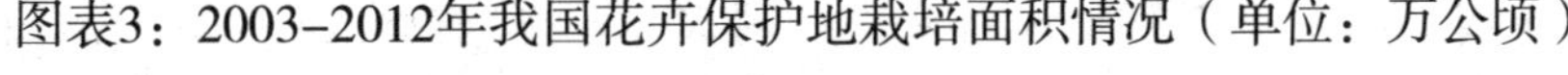
图表3：2003-2012年我国花卉保护地栽培面积情况（单位：万公顷）

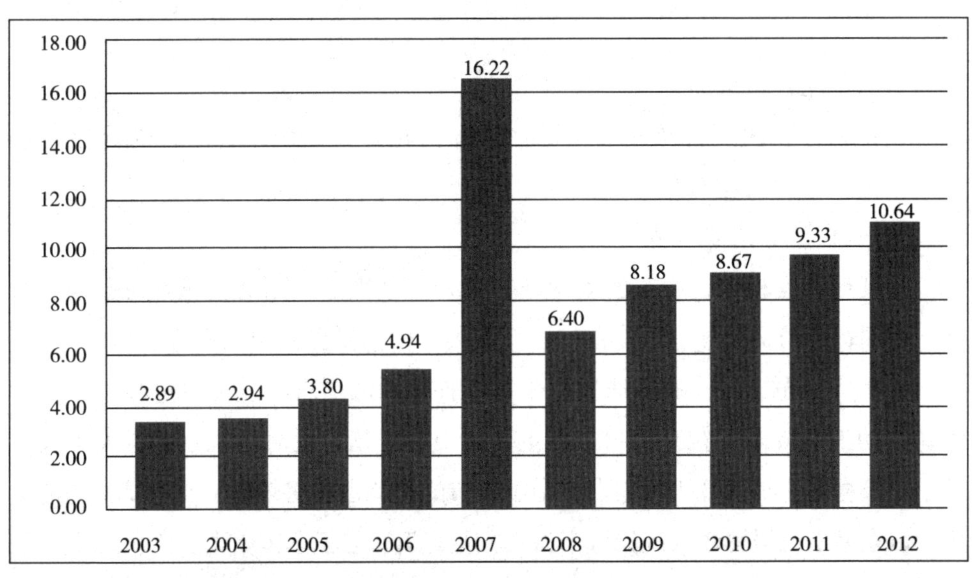

2012年，全国花卉市场总数为4200个，相比2011年增加了100个；花卉企业

4.30万家，相比2011年增加了600家，花卉企业中的大中型企业达到了9000家，增加了1100家；花农129万户，从业人员463万人，均比2011年有所增长。

我国花卉产品按产量排序，依次为观赏苗木、盆栽植物、切花切叶、食用工业用花、草坪、种子种苗种球花。总的来说，论国以传统的绿化苗木和工业用花为主，鲜切花的发展相对落后。

我国花卉种植面积在种植业中所占比重较小，但生产分布相对集中，花卉生产形成区域化布局如下。

鲜切花（含切花、切叶、切枝）种植面积排在前5位的依次为云南、广东、辽宁、四川和江苏，其中切花种植面积排在前5位的依次为云南、辽宁、广东、四川、江苏，切叶种植面积最大的为广东、江苏、浙江、四川和海南，切枝种植面积排在前5位的为广东、四川、重庆、陕西和辽宁，广东、四川、江苏、福建、河南是盆栽花卉生产大省，这5个省的盆栽花卉种植面积占全部总面积的55%左右；观赏苗木种植区域非常广泛，全国各地均有栽培,其中种植面积上万公顷的就有11个省、直辖市，分别是江苏、河南、浙江、山东、安徽、四川、广东、江西、湖南、重庆和河北，它们的观赏苗木种植面积占全国总种植面积的86.5%；我国食用与药用花卉生产大省是四川、河南、山东和广西（资料来源：国家林业局网站，http：//www. forestry. gov. cn）。

（三）花卉消费需求

近年来，我国花卉消费逐年增加，国内花卉市场急剧扩大，花卉逐步进入千家万户，鲜切花替代了点心成为走亲访友的高雅礼品。

1. 我国花卉消费特点

与其他国家相比，中国的人均花卉消费水平很低。据荷兰花卉协会统计数字，中国花卉消费金额每年仅有0.7欧元左右，仅为世界人均水平的1/10。

从消费分布上看，城市居民由于对精神生活的追求程度要普遍高于农村，对花卉的消费较多。花卉消费市场主要集中在广州、上海、北京、深圳等大中城市，农村花卉消费几乎为空白，中小城市的消费也相对较少。在大城市的消费中，以东南沿海居民收入高的城市为主，花卉消费居于全国前列。

从消费时段来看，我国花卉消费主要集中在元旦、春节、“五一”节、情人节、母亲节、教师节等节日，节日花卉消费火爆是我国花卉消费市场一个显著特征，而又以春节花卉消费为甚。而且，节日里越是高档的花卉往往越好销。

从消费用途看，礼品消费性突出，“买花的人不看花，看花的人不买花”是对我国花卉礼品性消费的形象描述。

2. 影响花卉消费的因素

（1）消费者的收入水平。在价格不变的情况下，收入水平提高将使消费者对一定价格下的某种商品的需求量增大。消费者对花卉的需求也遵循这样的规律。花卉产品作为一种商品其需求量也将随着人们收入水平的逐步提高而增加。

（2）消费者的偏好。花卉属于精神消费品，而不同的人对于不同的种类、不同的色彩、不同的姿态韵味的花卉有着不同的偏好。同样的月季切花，有人喜欢红色、有人喜欢黄色；对于盆花，有人喜欢喜庆猩红的一品红，而有人对形态奇特的仙人掌类情有独钟。不同的民族、地区由于受传统文化的影响，对于花卉的喜好也不相同。在广东，柑橘、桃花非常畅销，北京人则喜爱节日气息浓郁的红色系列及大规格花卉产品，上海更青睐于造型小巧、色彩淡雅的花卉。

（3）花卉价格。花卉价格是影响花卉消费的重要因素。据调查，花卉价格下降10%，大多数消费者并不能显著增加购花数量及次数，而价格下降20%，能较大幅度地刺激个人花卉消费量的增加。

（4）文化习俗。花卉产品属精神消费品，文化习俗对其消费有着一定的影响。郁金香，在荷兰栽培了400多年，由于一开始荷兰人即十分重视对郁金香文化的宣传，赋予它勇敢、正义、胜利等含义及精神，“谁轻视郁金香，谁就是冒犯了上帝”、“没有郁金香，算不上真正的富有”等，使郁金香文化极大地促进了郁金香的消费和需求。

（5）人口结构。人口结构也会对花卉的消费造成影响。随着近年城市化进程的加快，城市人口在不断增加，这在一定程度上会有利于花卉的消费总量的提高，随着城市人口数量的增长，花卉消费也会随之增长。

（四）花卉营销

1. 花卉业营销渠道

我国当前的花卉营销渠道见图5–9。

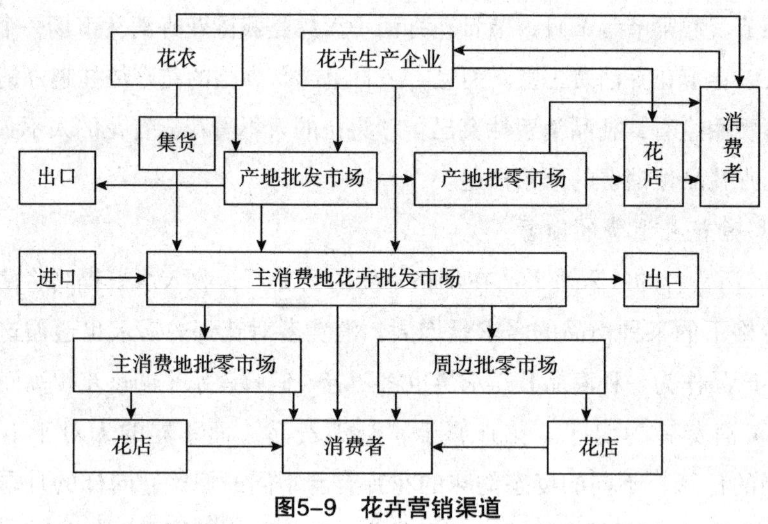

图5-9　花卉营销渠道

2. 花卉营销策略与注意事项

在我国，花文化的普及尚欠缺，故花卉产品的营销较一般生活用品更为不易。花文化宣传、消费观念宣传及促销手段的运用极为重要。花卉营销策略与水果、蔬菜营销策略相似，在此不再赘述。但是，在花卉营销中，有以下几点需要注意。

（1）具备市场观念。必须树立全面的市场观念，准确做出花卉产品的市场定位。要明确产品是否被市场所接受，是否被消费者所喜爱，必须进行市场研究，了解消费者的需求和爱好，以及随着社会经济、政治、文化和教育水平所发生的变化、潮流和趋势，认真分析花卉业发展现状、花卉行业的竞争强度、竞争对手的竞争地位及经营战略与策略。

（2）引导消费潮流。应注意研究花卉消费潜在需求、引导花卉消费。在充分满足消费者现实需求的同时，应善于通过市场研究分析、发现、挖掘、开发潜在需求，创造条件促成潜在需求向现实需求转化。这样不但能够扩大花卉消费市场，而且能够引领消费潮流，在竞争中获得主动地位和竞争优势。

（3）重视特色经营。花卉要十分重视特色经营，独特的店面设计和店内家庭式布置，品种齐全的国内外花材、叶材，与众不同的花艺风格，重视节日经营以及各种形式的服务。重视元旦、春节、情人节、圣诞节、母亲节、教师节等节日，同时开发七夕情人节、秘书节、护士节、父亲节、毕业节、记者节、男人节等有潜力的节日。

（4）分析顾客心理。花卉营销过程中，销售者要分析消费特点和用途，要观察顾客的消费心态、受教育程度、素质教养、生活方式及消费观念，介绍鲜花时，首先询问用途，再选式样，最后标出一个适当的价格。

（5）注重售后服务。一旦消费者购买花卉商品出现质量问题，一定要妥善处理，让顾客满意为止。服务贯穿于经营过程的始终，它直接关系到有无“回头客”，关系到市场占有率。售后服务主要体现在教会消费者养护、保鲜知识，经常性地访问客户，掌握其消费新需求、新动向，向有租摆业务的客户及时更换新鲜花。

第五节　油料作物产品营销

一、油料作物供给状况

据统计，油菜播种面积和产量均占油料作物总播种面积和总产量的1/3以上，播种面积不仅居我国油料作物之首，并且居世界各国之首。油菜的分布，春油菜主要产于燕山山脉以南，约占油菜播种面积的16%；冬油菜产于秦岭、淮河以南，约占油菜总播种面积的86%。特别是长江流域，包括长江三角洲、皖中沿江平原、两湖平原、江汉平原、汉中盆地、四川盆地、贵州中西部等最集中，播种面积占全国油菜总面积的72%，产量占全国85%，成为我国油菜最大产区。

花生是我国产量最多的油料作物，历年播种面积在200万公顷左右，产量占全国油料作物总产量的40%左右，居第一位。在世界各国中仅次于印度，居第二位。花生对热量要求较高，对土壤选择性不强，但以排水良好的沙质土壤为宜。我国花生分布很广，除西藏、宁夏、内蒙古、东北北部等较寒冷地区外，全国各地都有种植。分布最集中的地区是环绕渤海的辽东半岛、辽西走廊、河北滦河下游及山东半岛一带。其中山东半岛的花生产量占全国花生总产量的1/3左右，是我国最大的花生生产基地和出口基地。其次是闽、粤、桂等丘陵和沿海地区，三省花生产量占全国1/4以上，为我国第二大花生生产及出口基地。

芝麻是我国第三大油料作物。其总产量曾长期保持世界冠军地位，被人们誉为“芝麻王国”。新中国成立以来，虽然芝麻生产有一定发展，但是由于它单产水平低，产量一直在30~45万吨（600~900万担）。我国芝麻主要产于河南、湖北、安徽、江西以及河北5省。其中河南省是我国芝麻种植面积和产量最多的省

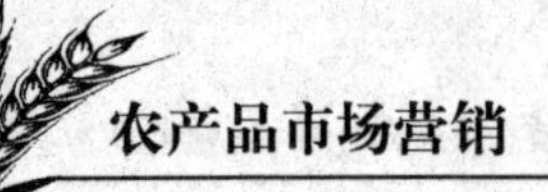

份。据统计，该省芝麻种植面积和产量常年占全国40%以上，主要集中产区有豫中南、豫西南和豫东黄河故道一带。湖北芝麻生产仅次于河南，是全国芝麻第二大生产省，主要产地集中在襄阳一带。安徽芝麻生产居全国第三位，怀远、凤阳是主要生产和集散中心。

其他油料作物还有向日葵、胡麻等，前者主要产于东北、西北、华北各地，后者分布于长城以北。

二、油料需求状况

油料产品是一种人们日常生活中必需的产品，其需求价格弹性、收入弹性相对较小，即油料产品价格下降，人们对它的需求也不会有很大的变化，同样即使人们收入有了很大的提高，人们对食用油、大豆制品、花生制品这些食品的需求也不会有很大的变化，这都是因为人们对油料产品的消费量有限决定的。所以影响它需求的原因主要是消费者偏好、相关商品价格、人口（即市场的大小）等因素。

我国油料产品的消费主要分三大类，即食品类、油脂类和饼粕类。花生、芝麻、向日葵和大豆都是食品类加工的重要原料，直接作为食品或加工类食品的比重较大。各类豆制品和各种以花生、芝麻、向日葵为原料加工的休闲食品，消费面广、量大；油脂加工是油料消费的大头，由于近几年资本的投入和市场的需要，油脂加工企业增加，基本各个地区都有一个或多个油料加工厂，导致油料加工规模扩大，加工能力严重过剩，原料需求旺盛。随着我国人民生活水平的提高、餐饮业的兴旺和食品加工业的发展，人们对植物油的需求也不断增加。油籽饼粕是重要的蛋白质饲料原料，随着养殖业的发展和“疯牛病”的影响，肉骨粉等动物类蛋白质饲料需求下降，油籽饼粕特别是大豆粕需求量急剧增加。

中国油料产品市场供给与需求特点是：①我国主要油料产品中除了花生有出口外，大豆和油菜都需要大量进口才能满足国内需要，据海关数据显示，2015年12月中国出口大豆1万吨，同比2014年12月出口增加6.8%；2015年中国全年累计出口大豆13万吨，同比2014年中国全年累计出口增减-35.5%。②从三种主要油料产品的利用方式来看，大豆主要是用于榨油和食用，大豆的饲料利用方式、加工榨油方式、食物利用方式分别占其国内供应量的5.6%、55.1%、33.6%，花生的加工榨油利用方式和食物利用方式的比例是1.1：1，即两种利用方式的使用量基本相等，油菜的最大利用方式是榨油，占到该种作物国内供应量的77.7%；③我国油料产品精深加工领域还与世界有很大差距，表现为该种利用方式的油料产品使用量很低。

三、油料营销

（一）油料产品营销渠道

1. 批发市场营销渠道

农产品生产者→中介组织→一级批发商→次级批发商→零售商→消费者。

该种营销渠道是以大型油料产地或销地批发市场为产品流转中介，通过这些油料作物批发市场来实现生产者与零售商的沟通，最终使油料产品到达消费者手中。该种营销渠道的结构见图5-10所示。

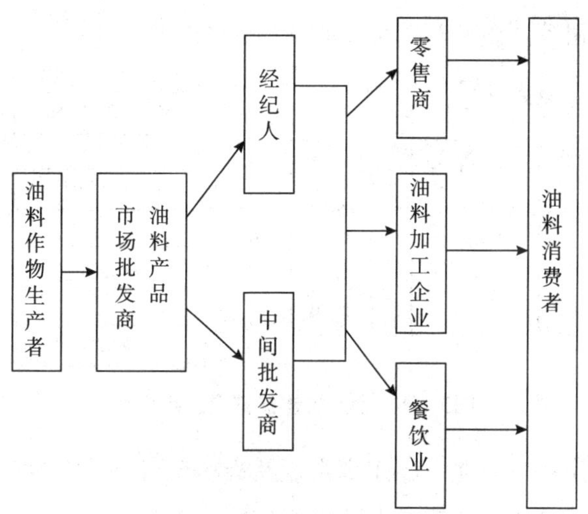

图5-10　批发市场营销渠道结构图

资料来源：项文彪，江西农产品可操作性市场营销渠道模式探析，江西农业大学学报，2002（2），笔者有修改。

这种营销渠道的特点是：①批发市场的规模大，是油料产品重要的集散地；②批发市场实行企业化管理，市场的投资主体多元化，市场的经营方针是为油料产品供应方提供优质服务，尽可能地吸纳更多的油料产品进入市场；③中心批发市场（一级批发市场）的市场主体是实力雄厚的油料产品供应商或购销企业；④次级批发商、连锁超市、小零售店是该营销渠道的重要出货渠道，必须有相应数

量的次级批发商、连锁超市、小零售店来与大型批发市场配套。

该种营销渠道的优点是构建营销渠道成本低廉，易于组织产品进入市场。但是，其也有自身的缺点：①传统批发零售模式金字塔式渠道的多层次框架降低了渠道的效率，延误了产品到达消费者手中的时间；②生产方（产品供应方）对终端消费者的信息缺乏掌握，增加了产品的营销成本，同时，如果产品不能吸引消费者，还可能将一部分销售风险转移到分销商身上；③一级批发商或者产品供应者难以对产品终端销售质量及服务实行监控，不能保证不会因为次级批发商、连锁超市、小零售店的不良行为威胁到企业自身形象。

2. 企业主体营销渠道

农产品生产者→中介组织→农产品销售企业→零售商→消费者。

该种营销渠道是由有一定销售实力的产加销一体化的企业投资建设的渠道，如办事处、分公司等。该种营销渠道的结构如图5–11所示。

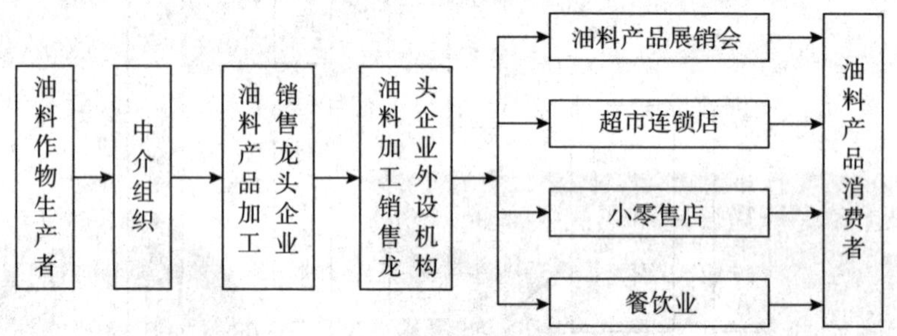

图5–11　企业主体营销渠道结构图

这种营销渠道的特点是：①工商企业及资本充当了重要的农产品流通中介角色；②营销渠道的建设对应着企业的发展目标；③要求油料产品销售企业善于与超市连锁店、小零售店、外地销售力量联合，实行整合营销；④油料产品销售企业的选址没有严格的限制，但由于需要较多的流动资金，最好选择农产品销售数量多、便于融资的大中型城市。

该种营销渠道的优点在于：①企业成为开拓农产品国内外市场的主要力量，有利于农产品的标准化、级别化、品牌化；②产销一体化企业成为营销渠道中的关键环节，相对于批发市场中的产品供应商而言更具商业信誉，有利于降低产品的交易成本；③有利于产品销售信息及消费者对产品的反馈意见及时传达到生产者或组织。缺点是：①渠道建设需要大量的流通资金，这不是一般企业所能具有的，所以该种营销模式具有资金瓶颈的限制；②产销一体化企业要承担较大的市场风险，就我国目前情况而言，具有这种承受力的企业还不是很多。

3. 运销专业户或经纪人营销渠道

农产品生产者→运销专业户或经纪人→零售商或加工厂→消费者。

该种营销渠道由营销中介队伍构成，如图5-12所示。

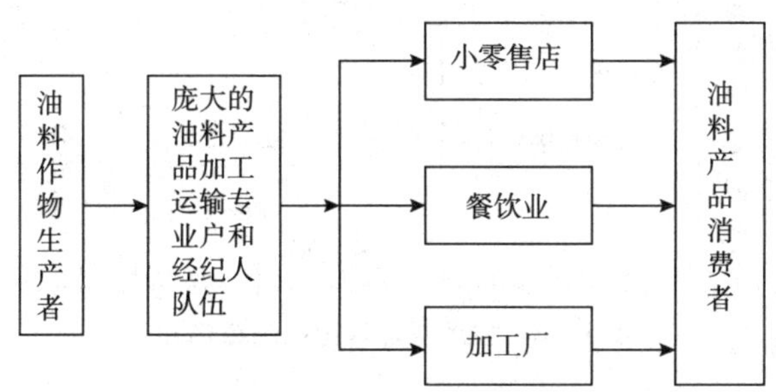

图5-12　运销专业户或经纪人营销渠道结构图

该种营销渠道的特点是：①营销环节相对简单，生产者和消费者之间的中间环节仅有运销专业户和经纪人；②营销环节并不稳定，运销专业户和经纪人都以赢利为目标，当市场行情不好时，他们的经营风险加大，可能导致他们退出营销渠道，③产品营销效率低下，大量的运销专业户和经纪人队伍相互竞争，有可能导致低价竞销，从而使渠道体系遭受重创，最终多败俱伤。

该营销渠道的优点是有利于降低生产者的经营风险，促进农产品流通。它的缺点也很明显，如不能设法增强这些运销专业户和经纪人队伍的组织化程度，价格混乱、各种不正当交易行为将充斥市场，会给油料产品流通带来毁灭性的打击。

生产基地型营销渠道→产品生产基地→零售商或加工厂→消费者。

生产基地型营销渠道结构如图5-13，

其特点是：①营销渠道短，产品的流动速度快，油料产品的生产者和终端消费者是面对面的进行交易，不存在产品的转手流通；②交易中加工企业和餐饮业等大规模采购方处于主动地位，这是因为油料产品的供方数量要比需求方数量大得多。该种营销渠道的优点在于，能够在一定程度上将交易成本“内部化”，油料产品需求企业通过订单这种形式向油料生产者传达市场需求信息，把油料生产者与自己紧密地结合起来，他们之间的关系不仅仅是买卖关系，更有合作伙伴的关系，这大大减少了产品供应风险，同时订单也在很大程度上减少了生产者的市场风险，所以订单交易和产销直挂是油料产品营销中一种“共赢”的交易方式，一方面需求企业获得了多品种、标准化的产品，另一方面生产者获得较丰厚的利益回报。

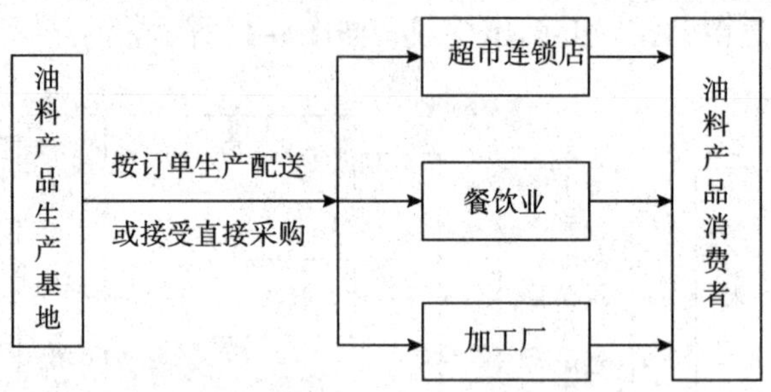

图5-13　生产基地营销渠道结构图

5. 网络服务商营销渠道

油料作物生产者→电子网络中间商→加工采购商消费者。

与传统营销渠道一样，以互联网作为支撑的网络营销渠道见图5-14。

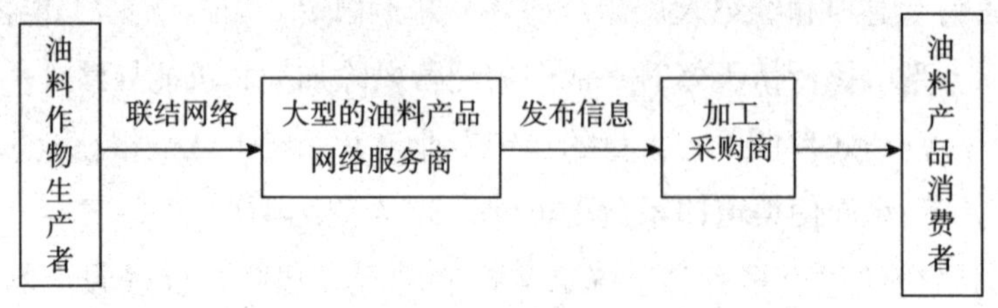

图5-14　网络服务商营销渠道结构图

网上销售渠道就是借助互联网将产品从生产者转移到消费者的中间环节。网络营销渠道与传统营销渠道既有区别又有联系。传统的渠道主要是指代理分销制，传统渠道的理念中，生产者、代理商与分销商之间的关系常常不外乎两种，买卖关系和合作伙伴关系。第一种关系比较简单，只是单纯的交易行为，双方责、权、利约束性不强；第二种合作伙伴关系更进一步，但许多情况下，都是不稳固的联盟关系，而且双方的关系是松散型的，缺乏一致的目标和利益。网络营销渠道虽然也是一种代理分销．但此时的生产者与网络中间商之间并不存在商品买卖关系，生产者与网络中间商是一种新型的合作关系，生产者向网络中间商提供自己的生产信息，网络中间商为生产者提供油料产品的信息发布和消息反馈等服务，依靠交易提成来获得利润，所以在网络营销渠道中生产者与网络中间商的关系是稳定、紧密的。传统的分销渠道由参加商品流通过程的各种类型的机构组成，而网络营销渠道的中介模式是电子交易市场。电子交易市场由在线中间商组成，完全承担起为买卖双方收集信息的作用；同时也利用其在各地的分支机构，承担起批发商和零售商的作用。网络营销渠道的出现使得油料产品由生产者转移到最终消费者的流通过程中，仅要转移一次商品的所有权即可，即生产者–中间商–消费者。人们一般认为，网上销售就是直销，这种观点有失偏颇，网络虽然缩短了人们的沟通距离，但并没有缩短人们与商品的物理距离，开展电子商务后，虽然服务方式、方法发生了改变，但中间渠道的产品配送作用还是必要的，只是此时的中间商与传统的中间商相比，其服务内容有了很大的变化。

目前国内一般认为一个完善的网上销售渠道应有三大功能：订货功能、结算功能和配送功能。订货系统要能为消费者提供产品信息，同时要便于厂家获得消费者的需求信息，以求达到供求平衡。一个完善的订货系统可以最大限度地降低库存，减少销售费用。结算系统是指消费者购买商品后，可以运用多种方式进行付款。目前国内付款结算方式有：信用卡、邮局汇款、货到付款等。物流配送系统是指计划、执行与控制原材料和最终产品从产地到使用地点的实际流程，并在盈利的基础上满足顾客的需求。

网络营销的优点在于，它信息透明，消费者和产品供应者直接进行交易，极大地降低了交易成本，提高了营销的效率。但是它需要相应的配送、仓储条件为支撑，否则网络营销就只能是空中楼阁，发挥不了产品流通的实际作用。

（二）油料企业营销策略

油料营销包括油料产品从加工企业到消费者转移过程中所进行的所有营销活动。一般企业会采用很多心理学方面的策略来运作产品营销活动。目前，全国小包装食用油市场上的大小品牌有400～500个。主要分为三大区域，一是以北方的渤海湾地区为主，主要加工大豆；第二大区域是以长江流域为主的地区，主要加工菜籽；还有一大区域是以华南为代表的地区，主要加工进口大豆。

1. 整合营销策略

整合营销是指企业或品牌通过发展与协调战略传播活动，借助各种媒介与其他接触方式与员工、顾客、利益相关者以及普通公众建立建设性关系，从而建立和加强互利关系的过程。整合营销包括营销战略与活动的整合、信息与服务

的整合、渠道的整合、产品与服务的整合。整合营销传播的目的在于，使公司所有的营销活动在市场上针对不同的消费者进行“一对一”传播，形成一个总体的、综合的印象和情感认同。整合营销的优势在于，它产生协同作用，即组织中的各个元素配合协调，彼此增强对方的协同作用。

2. 观念营销策略

随着经济的快速发展和人们生活水平的提高，人们对对食用油的需求越来越挑剔，消费者对食用油的选择由仅仅关心“有没有油”而不关心“有什么油”的观念，转而开始关心食用油的原料类型、加工工艺、卫生条件、纯净程度等，这造就了越分越细的市场。对于每一个欲在市场中寻求发展机遇的企业来说，适宜生存，成长的市场空间显得越来越狭窄，寻找细分市场难度日益加大。企业为了生存、发展并在激烈的市场竞争中取得主动权，一种全新的市场营销——观念营销便应运而生。观念营销是指企业在提供产品和服务的同时或之前，设计出一种基于产品和服务的价值观念或社会观念，通过推广这种观念，使消费者的观念得到更新，并产生对产品和服务的认同进而进行消费的过程。

3. 文化营销策略

文化营销是基于文化与营销的契合点，有意识地通过发现、甄别、培养或创造某种核心价值观念来达成企业经营目标（经济的、社会的、环境的）的一种营销方式。文化营销以消费者为中心，但是它强调物质需要背后的文化内涵，把文化观念融合到营销活动的全过程，是文化与营销的一种互动与交融。一家生产企业，要想在竞争激烈的商海之中乘风破浪，必须抓好产品质量，但是，仅仅有质量并不是企业营销的全部，产品在过硬质量的基础上还要有品牌，只有如此企业才能在激烈的市场竞争中做大做强，这就是“酒好也怕巷子深”的道理。如果说生产出质量过硬、适销对路的产品是生存之本的话，那么创造出一个家喻户晓、妇孺皆知的名牌产品就成了企业迈向成功的必经之路。那么如何创造品牌呢？营销理论认为，积淀于消费者心目中的文化信念和价值观念对品牌的形成起到了关键性的作用。

4. 差异化营销策略

差异化营销策略是指反映产品定位不同的营销策略，具体有产品差别化策略、服务差别化策略、人员差别化策略、形象差别化策略。在差异化营销方面，莱阳鲁花公司不失为典型。

在鲁花推出花生油的时候，生产金龙鱼的嘉里粮油已在食用油这一行业占据了绝对领先的地位。鲁花花生油最后利用概念差异，实施差异化营销开拓了市场份额。

1998年，随着铺天盖地的广告，“鲁花花生油引发中国食用油革命”这一概念迅速传播，独特的广告宣传策略几乎使鲁花一夜蹿红，不长时间，鲁花一举跃上全国十大食用油明星阵营。在靠资本说话的食用油行业，鲁花的实力并不突出，鲁花的成功源于通过广告打出两张成功的“概念牌”：一是宣称“食用油革命”，二是首创“特香”概念。国家标准的花生油只有3种级别，分为一级油、二级油和浓香。国内外吃花生油都有多年的历史，我国对于花生油的生产和检验有着完善的执行标准。由于花生油容易霉变，因此黄曲霉是花生油的最大问题。鲁花的“革命”自称“弥补了中国食用油缺憾”，但“革命”后的质疑也接踵而来，如不能提供真正的革命性突破的“答案”，那么我们以前吃的花生油是否都不叫花生油？企业宣传“特香”无可非议，但“浓香”才是花生油的最高级别。全国有数十家企业生产花生油，最早和最大的企业都不是鲁花，鲁花以自己的一级花生油创造了“特香”的概念，使得企业的宣传产生效果，“特香”概念使它比“浓香”更受欢迎，显然是打了“特香油好过浓香油”概念的擦边球所致。

当然“鲁花”也确实在塑造自身差异化优势，如鲁花花生油在制作工艺上达到了国际先进水平，在市场上与其内在品质相同的产品为数极少。鲁花一直采用物理机械压榨生产工艺，其原理是靠巨大的压力让油脂从花生中分离出来，不使用化学工艺方法确保产品的原汁原味、安全、卫生、无污染，这种生产工艺与色拉油的浸出精炼工艺相比较，成本要高出几倍。同时它在市场竞争中不参与价格战，总是保持较高的价位，从而实现了它占领高档食用油市场的真正用意，获得了巨大的销售利润。

当今世界，随着市场竞争的日益加剧、市场营销理论在不断发展，方法也在不断创新。油料产品营销方式已不仅仅局限于价格促销、广告和营业推广等形式，必须引入一些新的方法和手段，如品牌营销、形象营销、服务营销、文化营销、概念营销、网络营销等。不同企业营销方式采用何种手段，必须随着市场的变化而变

化，随着人民生活的变化而变化，并体现超前性、针对性、趋向性和融合性。

第六节　水产品市场营销

一、水产品生产特点

市场上的水产品大致可分为鲜活产品、加工产品和冷冻产品三大类。

水产品的来源有两种方式，即养殖和捕捞。我国为保护渔业资源可持续利用，对渔业经营与生产实行许可证制度，在近海渔场和长江等淡水水域还实行禁渔期制度。采用国际标准和国家标准的现代化水产加工厂、水产养殖场逐渐发展壮大，国家支持发展东南沿海、黄渤海出口水产品，长江中下游出口虾蟹优势养殖区和优势养殖带，进一步提高我国水产品的国际市场竞争力。

二、水产品消费需求特点

中国是一个水产品生产大国，水产品总产量位居世界第一，但年人均消费水平低于世界平均水平。随着我国人民生活水平的不断提高和水产品贸易的发展，可以预见到，在今后相当长的时间内，我国的水产品市场仍将需求旺盛。

（1）我国水产品的生产和消费存在东、中、西部严重不平衡的现象。我国水产品生产的95%以上集中在东部和中部地区。水产品消费量也呈现同样的趋势，东部地区远远高于西部地区。

（2）我国城乡之间水产品的消费存在着严重不平衡。从城乡之间的消费水平分析，由于目前我国城乡居民平均生活水平仍存在着差距，所以消费结构也有一定差别。城市居民，特别是东部地区的城市居民，水产品的消费水平是相当高的，每年人均消费水产品达20多千克；而广大农村消费水产品就少得多，有的地区年人均不足1千克。

三、水产品营销特点

1. 鲜活水产品营销

鲜活水产品中有淡水产品和海水产品两种。

（1）淡水产品营销。淡水产品营销，是指淡水养殖产品营销。其营销过程是：批发商把自备的鲜活水产品用运输车开到池塘边，看好样品后再与货主进行协商定价，价格确定后货主起网捕捞，过秤结算，将鲜活水产品装入专用运输车内，以尽快的速度把活鱼虾等运到销地批发市场。批发市场都备有可以换水且有增氧设备的大型鱼池，活鱼虾等运抵批发市场，马上把鱼放在鱼池中，批发时再从池中捞出售给鱼贩。鱼贩再把活鱼虾等运到零售市场销售。鱼贩一般都在零售市场备有用小水槽等，活鱼虾在这里面能延长其生命。

（2）海水产品营销。远洋捕捞时，出海作业时间较长，而鲜海产品存活条件要求比较高，如果进行活体运销，其成本就会很高，因此一般不进行活体运销。远洋捕捞的海水产品，捕捞后将海产品装入网袋，然后用冰块保鲜，放入底舱。

海水产品销售有两种渠道：一是捕捞后，回到码头销售给批发商或鱼贩，批发商或鱼贩将海产品装入木桶运到零售市场进行销售。二是在海上由批发商用收购船收购，批发商购货后一般送到冷冻加工厂经分级、整理、速冻后待售。

2. 加工水产品营销

加工水产品，指的是经过干制的水产品。干制水产品包括传统的虾皮、海米、海参、干贝、鱿鱼以及淡水鱼腌制品等。干制水产品存贮条件一般不需冷藏，要求相对较低，但干制水产品易于吸收空气中的水分而霉变，因此存放时要通风防潮。

我国干制水产品数量非常大，占水产品总产量的10%左右。其营销方法较为简单，一般根据销地市场情况，由批发商或鱼贩从产地加工企业或批发商进货，运到销地市场加价后，批售给副食品商店、水产品门市部、零售商贩等进行零售。

3. 冷冻水产品营销

鲜活水产品极易死亡，进而腐败，失去价值，要想延长保鲜时间，就必须对其进行冷冻加工。现在，全国水产品冷库4000多座，全国水产品加工企业已达5 000多家，为冷冻水产品的市场销售与供应提供了物质基础。

冷冻水产品批发商从批发商处或产地加工企业购买水产品后，用冷藏车运到销地批发市场后放入冷库，然后再批发给超市、鱼贩或水产品门市部进行零售。

设在超市中的水产品柜台，都需要配备冷藏设备。当消费者购买时，

从冷藏设备中取出后销售。

四、水产品市场的主要问题

（1）市场发育不健全，制约了水产品生产的进一步发展。主要表现在水产市场的软、硬件建设落后，没有形成高效的水产品市场体系。全国部分城乡水产品市场仍处在自发的“农贸市场”阶段，设施落后，功能不全，管理较乱，对流通调节能力和对生产的指导能力受限。同实现渔业的大流通、大市场的要求相比，还很不适应。

（2）与水产品市场紧密相连的水产品加工业落后。目前水产加工品在水产品总产量中的份额只有25%左右，同发达国家的80%以上和生产的实际需要相比相差很远。淡水鱼加工没有质的突破，造成淡水鱼发展落后，部分集中产区季节性积压；海水鱼、贝类的精深加工还处在起步阶段，需加快发展步伐。

（3）近海渔业资源衰退，水域污染日趋严重。近年来，尽管采取了多种严格的管理措施，但近海捕捞强度加大的势头没有得到有效遏制，近海经济鱼类资源衰退的趋势没有得到根本扭转。据调查，我国主要经济鱼类资源严重衰退，有的很难再形成产量。

随着沿岸和近海海域经济活动的增加及城市生活污水、工业废水的排放，使得内陆水域和沿海港湾的污染日趋严重，有的已严重威胁渔业生产的正常进行。近年因污染每年死鱼几十万吨，特别是天然苗种损失严重。

（4）基础性投入不足。虽然近些年对渔业的基础性投资逐年有所增加，但基础性投入不足的问题日益突出，以至渔业基础设施老化，支撑渔业发展的基础脆弱，渔业发展的后劲不足。

第七节　特色农产品营销

一、特色农产品营销

1. 杂粮的生产和消费

（1）杂粮的生产。杂粮通常是指水稻、小麦、玉米、大豆和薯类五大作物以外的粮豆作物。主要有：高粱、谷子、荞麦、燕麦、大麦、糜子、黍子、薏仁、籽粒苋以及莱豆、绿豆、小豆、蚕豆、豌豆、豇豆、小扁豆、黑豆等。

其特点是生长期短、种植面积少、种植地区特殊、产量较低，一般都含有丰富的营养成分。如“豆您玩”的绿豆，具有清热解毒、消暑除烦、止渴健胃等养生保健的功效。绿豆清热之功在皮，解毒之功在肉。绿豆生长期很短，一般只有60–70天，亩产量仅50kg。但绿豆富含蛋白质、脂肪、碳水化合物，维生素B_1、维生素B_2、胡萝卜素、菸碱酸、叶酸，矿物质钙、磷、铁。

尤其是所含的蛋白质主要为球蛋白，其组成中富含赖氨酸、亮氨酸、苏氨酸。

（2）杂粮的消费。杂粮自古以来一直是百姓餐桌上的主食部分之一，随着改革开放后经济条件好转，餐桌上的主食才被精加工过的大米、白面所占据。但是，只食用大米白面这一类精加工的粮食，无法获得全面的营养，导致营养失衡，会出现各种疾病。随着养生保健知识的普及，销量一直走低的杂粮开始有抬头之势，杂粮所富含的营养重新被更多的人所发掘。

杂粮逐渐成为注重保健人士的必备品。送礼送健康，物美价廉的杂粮成为时尚的礼品。

2. 特产的生产和消费

（1）特产的生产。特产指某地特有的或特别著名的产品，有文化内涵或历史，亦指只有在某地才生产的一种产品。一般而言，特产是指来源于特定区域、品质优异的农林产品或加工产品，特产可以是直接采收的原料，也可以是经特殊工艺加工的制品。但是，必须具备两个特点：一是地域性特点，这是形成特产的一个先决条件，其次是品质，无论是原料还是制品，其品质与同类产品相比，应该是特优的或是有特色的。

特产的“特”字，应包含如下5层意思：特殊的生态环境、特优的品种、特殊的种养方式或特殊的加工方式、特殊的功用价值、特高的经济效益。如四大怀药的地黄，种植在古怀庆府今温县和武陟县一带，品种仅限怀地黄。地黄可分为生地和熟地两种，加工工艺是焙干的生地和雄黄熏干炮制的熟地，生地具有凉性，熟地具有热性。加工工艺不同，药效截然相反。《本草纲目》记载：地黄生则大寒，而凉血，血热者需用之；熟则微温，而补肾，血衰者需用之。男子多阴

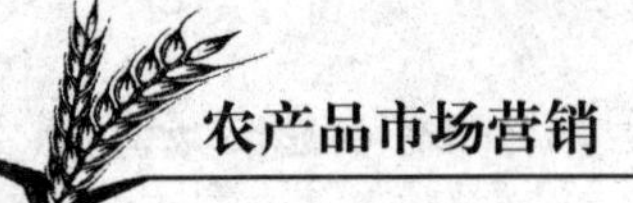

虚，宜用熟地黄；女子多血热，宜用生地黄。尤其是熟地，药用填骨髓，长肌肉。生精血，补五脏，利耳目，黑须发，通血脉，确系祛病延年之佳品。市场上，怀地黄的价格往往是其他地方地黄的数倍。

（2）特产的消费。特产已经成为人际交往的必备品，尤其是在物流高度发达的今天，工业化的产品随处可见，难以成为称心的礼物。选择具有显著地方特点的，生产数量有限的特产，是馈赠亲朋好友的首选。

特产是拥有优质和特殊功效的代表，由于生产区域的限制和供应的稀缺，特产成了高价农产品，因而，也成为高收入人群的消费品。

3. 新奇农产品的生产和消费

（1）新奇农产品的生产。新奇农产品是指少见的不同于一般的具有独特的口味、或颜色、或功能、或形态的新品种。如紫色花生、黑色牡丹、黄色番茄等。

新奇农产品的生产具有小规模、易垄断、易鉴别的特点。

（2）新奇农产品的消费。新奇农产品的消费主要是满足人的猎奇心理，吸引人的眼球。

二、影响特色农产品销售的因素

1. 受节日的影响

礼品是节日人际交往的必备品，尤其我国传统春节、端午节、中秋节，亲朋交往频繁，礼品需求量巨大，市场供应量集中。然而，礼品的需求确实是不断发生变化的，这往往导致一些杂粮、特产、新奇类农产品脱销，也常出现某些杂粮、特产、新奇类农产品的滞销。

2. 受消费者收入水平的影响

高品质、高价格的产品往往是收入比较高的人才会消费，因此，消费者的高收入水平及人群规模决定了该类产品的销售状况。没有购买实力或缺少目标客户，再好的产品也会无人问津。

3. 受包装形象的影响

杂粮、特产、新奇类农产品的经营者多是从事农业生产者，在设计产品形象时，缺乏专业性，设计的外观包装难以满足礼品的特征，导致认可度不高，会影响对该产品的消费。

4. 受稀缺性的影响

随处可买的礼品往往价格透明，缺少珍稀性，表达心意不足。因此，稀缺性是影响该类产品的重要因素。

5. 受知名度的影响

特产知名度高低，也是影响消费者选购的重要因素。高知名度的农产品也是促进消费者购买的重要因素。比如温县的铁棍山药、新郑的"好想你"大枣，都是因为知名度高，能够代表当地的特产或特色，而被消费者争相选购。

6. 受食用便利性的影响

食用是农产品的核心功能，便捷的食用，往往也是影响选购的重要因素，仍然以温县的铁棍山药和新郑"好想你"大枣为例，铁棍山药需要加工（煮粥、或蒸、或炖）才能食用。而大枣开袋即食，且老少皆宜，其销量和市场普及了，就高于铁棍山药。

7. 受品质不稳定的影响

由于农业生产受不确定因素影响多，导致产品的品质不稳定，再加上，管理不善、要求不严，导致每批产品、甚至同批产品出现显著差异。送礼的目的本来是为了取悦对方，或表达善意、敬意，不稳定的质量会让消费者担心"送礼不讨好"。

三、特色农产品营销的主要渠道

1. 超市

超市是该类产品销售的重要渠道之一。由于超市客流量巨大，无论价格实惠的散装的杂粮、特产、新奇的农产品还是包装精美的礼品装，都可以销售。

2. 粮店

粮店是杂粮销售的重要场所，尤其是为了满足自己需求的消费者，往往到粮店购买实惠的杂粮。但是，粮店很难成为特产和新奇类农产品的销售场所。

3. 商店和专卖店

该类产品的礼品包装，放到土特产专卖店，是一个不错的选择，然而，专卖店的销售存在较大的不确定性，有时长期无人问津，有时急需大量。货物配送存在较大难度。

4. 网店

网上销售是一种新的销售渠道，对于该类产品销售，往往因为生产标准难以达到网站要求，或因体积庞大、物流成本太高，或因易变质、不易长时间贮藏运输导致网络销售并不理想。

5. 农产品贸易公司

农产品贸易公司，往往是专业经商人士进行管理和运作的，将该类产品通过农产品贸易公司推广销售，往往可以大幅度提高销售量，可能获得利润更高。

〔案例导入〕

琉璃脆——封丘贡芹

封丘贡芹是一种远近闻名的优质芹菜，具有蔬、果、药三品同源之特点。封丘贡芹是一个传统特产，具有悠久的栽培历史，自古就有“封芹延波”之称，被誉为“新乡一绝”。据记载：“封丘芹菜”因其珍稀曾作为北宋宫廷专属贡品而誉满九州。明清时期亦被列入御膳房贡品，封丘贡芹“琉璃脆”遂名扬天下。封丘县贡芹种植专业合作社2009年申请注册了农产品地理标志登记。

封丘芹菜形态根冠肥大，根似龙首，叶似凤尾，茎鞘如笙，色泽鹅黄清雅，封丘芹菜根、茎、叶皆可入菜。生食入口甘甜脆嫩而无渣，细品芹香悠远，回味余韵绵甜，熟食鲜香兼有，实为餐桌佳品。

然而，由于封丘贡芹采用的是传统种植方式，施用独特的沼渣、油渣、豆腐渣等肥料，并经过长达近两个月的封埋，生产成本高、周期长，因此，导致生产规模小、产量低。目标客户只能是高端消费人群，销售时采用分级、分类销售。

合作社针对封丘贡芹的特点，采取了针对性的营销渠道，精选优质的封丘贡芹优先配送“四星级酒店”、“五星级酒店”，满足高端消费需求。同时，生产高端饮品“封丘贡芹汁”，专供商务招待，取得了较好的经济效益。

第六章　农产品营销新思维

〔案例导入〕

“好想你”你知道吗？

2011年5月20日，“好想你”枣业股份有限公司成功登陆深圳证券交易所，成为中国枣业第一股。“好想你”枣是继双汇、思念之后农业大省河南的又一张闪亮名片。

中国红枣的种植面积占全世界的99%以上，新郑是中国枣树发源地之一。数千年来坊间传诵：“临潼石榴砀山梨，新郑小枣甜似蜜”。表明新郑有数千年的大规模种植枣树的历史。“好想你”枣业作为国内最大的红枣产销龙头企业，年产量大概为16 000吨，市场占有率1.8%。

1. 产品从产地保证到产品创新

“好想你”的产品，除了鲜枣、枣干、枣片等，还有形状类似口香糖的枣片、口服系列、特需营养浓浆系列、塑形养颜饮品系列、保健养生酒系列、养生饮品系列、收藏高端礼品系列以及孕妇伴侣系列等特殊形态产品。为了扩大经营范围，锁定更多高端消费者，“好想你”还进行了产品同心多元化整合，增加产品经营品类，从专营红枣类产品，调整为经营全国精品特产、药食保健多用养生食品，如山药、核桃、花生等品类。

2. 品牌从奥星到“好想你”

“好想你”前身是1997年成立的河南省新郑奥星实业有限公司，1996年歌星周冰倩的《真的好想你》红遍大江南北。2000年，奥星开了第一家直营店，创始人石聚彬注册了“好想你”品牌。该品牌天生就是礼品，这个透着温馨、浪漫、直白的名字大家都容易记得住。从寓意上分析，“好想你”天生带有礼品品类性质的内涵，自然成为馈赠亲朋的一个“贴切的理由”。“好想你”赞助河南电视台品牌栏目《梨园春》，随着该栏目在全国的逐渐叫响，“好想你”红枣也被消费者熟知。在销售网点选择上，火车站、飞机场、旅游景点，凡是游客出入的

地方，都有“好想你”产品展示，使得“好想你”被更多的外地游客所接受。随后，有“邻家女孩”之称的演员杨紫成为“好想你”品牌代言人，通过影视、车体、户外等多种形式进行品牌传播。2008年，获国家农业部“中国名牌农产品”称号；2010年10月8日，“好想你”被国家工商行政管理总局认定为驰名商标。

3. 从公司品牌到地方品牌

河南的红名片得到官方的认可并推广，无疑成为“好想你”品牌营销的又一大亮点。在全国“两会”期间，河南省委书记卢展工连续3年推广河南的特产，以前，“好想你”红枣最多是送送亲戚朋友，但自从省委书记推介后，渐渐变成了河南礼品，大家觉得送外宾都不丢面子。

案例解析：“好想你”在品牌建设的过程中，是因地制宜，一步一个脚印，按部就班地发展起来的。“好想你”是在发挥新郑数千年大枣种植历史和十几万亩大枣种植基地的基础上，采用现代化的企业管理模式，并利用了媒体及名人的影响力迅速扩大了影响，并采用了多种销售渠道实现了销售规模的扩大，而较高的定价策略为企业带来了丰厚的效益。规模的扩展和丰厚的效益为公司建立品牌奠定了基础。借助观光旅游、政府平台又提升了品牌影响力，实现了品牌的飞跃，成为中国驰名品牌，造就了大枣第一品牌的荣耀，成就了河南特产、中国特产的口碑。

第一节 农产品品牌营销

一、农产品品牌营销

品牌营销，通俗讲就是把经营者的产品质量、文化以及独特性，通过某种方式将其特定形象深刻地映入到消费者的心中，最终形成品牌效益的营销策略和过程。品牌营销就是把经营者的形象、知名度、良好的信誉等展示给消费者，从而在消费者的心目中形成对其产品或者服务的美好印象。

品牌营销的关键点在于为品牌找到一个具有差异化个性、能够深刻感染消费者内心的品牌核心价值，它让消费者明确、清晰地识别并记住品牌的利益点与个性，是驱动消费者认同、喜欢乃至爱上一个品牌的过程。

品牌营销的前提是产品要有质量上的保证，这样才能得到消费者的认可。品牌建立在有形产品和无形服务的基础上。有形产品是指产品的核心功能、新颖包装、独特设计以及富有象征吸引力的名称等。而无形服务是在销售过程当中或售后服务中给消费者以满意的感觉，体验到做“上帝”的幸福感。让他们始终觉得选择购买这种产品的决策是对的。

纵观现状，从现在的技术手段推广来看，目前，市场上的产品质量其实相差无几，从消费者的立场看，他们看重的往往是经营者所能提供的服务多寡和效果如何。从长期发展来看，建立品牌营销是企业发展的必然选择。对经营者而言，既要满足自己的利益，也要顾及消费者的满意度，注重共赢，赢得永久客户。

品牌不仅是经营者、产品、服务的标识，更是一种反映经营者的综合实力和经营水平的无形资产，在经营的每个环节都具有举足轻重的地位和作用。对于经营者而言，唯有运用品牌，操作品牌，才能赢得市场。因此，积极开展品牌营销，是农产品经营者的必修课题。

二、农产品服务营销

服务营销是一种通过关注消费者的多样化需求，进而提供合理产品及服务，最终实现成功销售所采取的一系列营销方式。作为服务营销的重要环节，“关注消费者需求”的满足程度，将决定是否能实现成功销售，进而影响消费者的满意度。

由于科学技术的进步和社会生产力的显著提高，产业升级和生产的专业化发展日益加速，使产品的质量得到不断改善。而且，随着劳动生产率的提高，市场转向买方市场，消费者随着收入水平提高，他们的消费需求也逐渐发生变化，需求层次也相应提高，并向多元化方向拓展。这就导致经营者之间的竞争日趋激烈，为提升各自竞争力，也出现了经营者更倾向于通过提供各种服务，进而去满足消费者更高的满意度，提升消费者的忠诚度，提升经济效益的目的。

由于服务营销因需求的不同具有多样性和分散性，且受服务人员的技术、技能、素养、甚至心情的影响，服务质量不可能达到唯一的、统一的衡量标准，而只能有相对的标准和凭消费者的感觉体会。

由于农产品的终端消费者具有长期需求、分散购买以及习俗偏好的特征，通过满足需求的服务营销方式，易培养成忠诚的顾客。

〔案例导入〕

田园牧歌的今生与来世

贵州田园牧歌现代农业股份有限公司成立于2011年11月，由一批成功的知名企业家作为发起人，以促进中国农业产业化、工业化、现代化为目标，立志做中国领先的现代农业公司。公司将富农、富民、富国作为使命，将按工厂化来管理农业，按公司化来经营农业作为经营理念，用现代化管理手段，通过建立高效、科学的管理体系，做大、做强高端（有机）蔬菜种植产业。

1. 公司的成长历程

公司立足国内蓬勃发展的现代高端农业市场，推出自有品牌的高海拔农产品，并自建独立营销渠道，创立了农场到会员的直供营销模式，为城市高收入家庭提供高品质、安全可信、优质服务的农产品消费。

注册成立后，耗时近半年，寻访云贵20多个县，寻找适合的基地。

2012年，开展社区深度营销模式，建设完工净菜工厂、无尘冷库、配送团队、呼叫中心等，制定基地建设规划、分拣中心、品牌建设、营销模式调整，获得商业订单。2012年被评为“贵阳市‘守合同、重信用’单位”。

2013年，开设分公司，成立董事会，包装基地转移，执行每天发货供应，提高供应准确性，引进鸡蛋、大米、水果等新品种，每次供应品种提高到40种，每月品种达到90个。公司进行改革、改善供销对接，恢复供应品种25+4种供货方式。新公司经理上任，调整在售品种政策、调整配送机制，改善配送准时率、进行现场有机认证检测、强化基地建设（获得有机转换认证），扩大基地规模，推出鸡蛋、大米宅配卡。推出年货产品开发。

2014年，分公司改革自负盈亏，开展家庭健康顾问，营养师培训计划等。

然而，2014年6月9日，因连续亏损，股东不再投资，引发单方面解除与客户的合约，停止配送蔬菜。

2. 田园牧歌倒闭的原因

田园牧歌的职业经理人分析倒闭的几大核心原因。

（1）治理结构设计不合理。田园牧歌是由18个股东成立的一家农业投资公司，投资公司将农业项目委托给一家咨询公司经营，由咨询公司合伙人出任总经理，并组建经营团队。咨询公司从项目中获得咨询托管费，不承担任何经营风险；2013年7月，董事长发现不妥，终止了托管经营。

（2）管理团队不专业。田园牧歌作为一家现代农业公司，为中高端家庭提供从田间到餐桌的高品质蔬菜服务。服务链条是非常长的，涉及基地种植、加工分拣、包装运输、市场销售、客服等多个环节。客观上对管理专业化要求是非常高的。但在这样一个要求高度专业化的项目中，核心团队的组合是非常不合理的。在很长一段时间里，公司没有专业化的供应链人才，没有真正懂现代农业的人才。所以，公司经营在很长时间里，团队都是摸着石头过河。公司从组建到产生第一个客户用了差不多一年时间。公司人员在高峰期有300多人。人多带来的不仅是成本的增加，更可怕的是人浮于事，产生窝里斗。这些在同行看似不可思议的事情，确实在田园牧歌发生过。很多同行说田园牧歌是土豪，田园牧歌很有钱，但光有钱有什么用呢？再好的项目，如果没有得力的团队操盘，也会陷入困境。

（3）销售模式效率低下。田园牧歌服务对象是高端家庭客户，这些家庭客户是如何拓展的呢？田园牧歌在销售模式上也进行了很长时间的探索。因为在拓展家庭客户上，也确实没有成熟经验可供参考。最后，田园牧歌采用了社区直销的方式拓展家庭客户。大致流程是：渠道部和小区物业管理处达成小区推广活动协议——促销部在小区做推广活动，以体验送菜的方式获得意向客户名单——销售人员拿到名单后再免费送三四次菜，极少客户在这个过程中办卡成为田园牧歌会员。这种三段式的销售模式效率低、成本高。一个体验客户平均送10份菜，一份菜送到客户手上平均12元成本，也就是一个体验客户的体验成本是120元，平均40个体验客户才能成交一个订单。按照这个推算，获取一个客户的蔬菜成本近5 000元。田园牧歌前后有近3 000个会员，也就是说，过去不到两年时间里，田园牧歌免费送菜的成本就有差不多1 500万元。有超过十万户的中高端家庭体验了田园牧歌的蔬菜。毫无疑问，这种高投入、低产出的销售模式是难以为继的。或许这种模式更多的贡献在于向市民宣传这种生态农业的发展理念吧。

案例解析：田园牧歌是我国服务高端生蔬宅配企业中的先行者，在田园牧歌成立的两年多时间里，运营管理团队做了非常多的具有开拓性的工作，如公司构建与改革、品牌建设、渠道建立、基地选择、产品认证、精选加工、冷链建设、货物配送、招募会员、服务倍增计划等。

公司获得第一个客户用时一年时间，然而，获得第1 000客户只用了几个月。其发展速度是惊人的。生蔬宅配的市场大有潜力。

田园牧歌的前期用户也是值得赞赏的，没有他们的信任和支持，以田园牧歌为代表的农产品服务营销就看不到光明。

通过田园牧歌的例子，再次说明了“由于农产品生产周期长，前期推广成本较高，在行业远未达到成熟期的局面下，想获得发展，还有很长的路要走。”这也是农业经营者的宿命。

三、农产品绿色营销

绿色营销是在社会日益提高的环保意识的基础上，并由此产生的对无公害产品的需求后，经营者创造并选择绿色产品的市场机会，通过进行一系列的营销措施来满足消费者以及社会及生态环境发展的需要，实现可持续发展的营销过程。

绿色营销的核心是按照环保与生态原则来选择和确定营销组合的策略，是建立在绿色技术、绿色市场和绿色经济基础上的、对人类的生态关注给予回应的一种经营方式。

绿色营销不是一种诱导顾客消费的措施，更不是经营者塑造公众形象的手段，它是一个导向持续发展、永续经营的过程，其最终目的是在化解环境危机的过程中获得商业机会，在实现经营者利润和消费者满意的同时，达成人与自然的和谐相处、共存共荣。

绿色营销是经营者在营销活动中体现的社会价值观、伦理道德观，是在充分考虑社会效益的前提下，自觉维护生态平衡，自觉抵制各种有害营销。

农产品绿色营销的前提必须是绿色的生态环境，没有绿色的生态环境，绿色营销就无从谈起。在一个污染的环境中，怎么能生产出绿色的农产品呢?

〔案例导入〕

红提葡萄变绿了

河南省宏力高科技农业发展有限公司成立于2000年2月，是集红提研究、种植、贮藏、包装、销售为一体的大型现代化企业。自成立至今，现已开发建成7个葡萄种植区，种植面积达13 000亩。2004年6月，“宏力”牌红提葡萄被中国绿色食品发展中心认定为A级绿色食品，并于2007年6月顺利通过了续认（绿色农产品认证编号：LB-18-0711163095A）。

2005年11月，“宏力”牌红提葡萄被河南省林业厅评为“河南省林产品十大品牌”之一；2007年10月，公司产品被河南省农业厅评为“河南省名牌农产品”。2009年10月，公司被评为国家葡萄产业技术体系重点示范点。公司严格按照绿色食品生产操作规程来提高果品质量，在开园之初，就对当地的土壤、水质、环境进行了调研和检测，选择周围没有任何污染源，也没有任何污染残留的土地做葡萄生产园区。公司还通过果实套袋、果实采后分级等综合措施提高葡萄质量，使得公司生产的产品得到了广大客户的认可，在国内的水果市场上颇有影响。

案例解析：河南省宏力高科技农业发展有限公司，通过实施绿色农产品营销措施，为公司创造了具有竞争力的产品，不仅满足了消费者对绿色食品安全的需求，而且为公司的发展奠定了坚实的物质基础，并实现了农业可持续发展。公司在实施绿色营销的过程中，也为公司创造了品牌，塑造了竞争力，使公司获得了巨大的无形资产，成为地方绿色产品的代表。

四、农产品网络营销

网络营销指基于互联网平台，利用信息技术与软件工具发现、满足或创造顾客需求，进行的市场开拓、产品创新、定价促销、宣传推广等活动，实现满足经营者与消费者之间交换产品的过程。网络营销具有跨时空、整合性、交互性、成长性和经济性等特征，网络营销已成为营销中必不可少的营销手段。

网络营销是以现代营销理论为基础，借助网络、通信和数字媒体技术，以及现代物流，实现营销目标的营销活动；是科技进步、经济发展、消费者价值变革、市场竞争等综合因素促成的，是信息化社会的必然产物。

网络营销是经营者整体营销战略的一个组成部分，是建立在互联网基础之上借助于互联网技术来实现一定营销目标的营销手段。

网络营销目标是为了借助互联网使得企业品牌在网络中迅速有效地传播，提高企业知名度，提升企业品牌效应。

网络营销好比是一个系统工程，涉及很多方面，需要结合企业自身的实际情况，对市场进行需求分析，细致分析做好网络营销计划，最终才能够实现网络营

销对企业宣传推广的作用。计划包括企业网站的建设，发布企业信息，确定营销预算，选择网络营销方式和推广产品，安排网络营销专业销售人员，确定服务客户等，计划要把所有的工作安排到位，周密的计划能够使企业在网络营销过程平稳地进行，从而达到理想的网络营销效果。

构建企业网站是在网络营销过程中非常重要的一环。事实上，大多数经营者的网站并没有发挥出宣传推广的作用，起不到网络营销最初设定的效果。

这是因为，经营者认为网站是企业在互联网上的形象，一味地着重于网络的外观设计，导致建设网站时忽略了网站的实用性。此外，农产品经营者与网站设计者缺乏有效深入的沟通，没有突出产品的核心价值和特征。

［案例导入］

流金叠翠的网络营销之路

流金叠翠词意形容秋天美丽的景色，碧绿和金黄交相辉映，呈现的是金秋时节，表达了五谷丰登、瓜果飘香、蟹肥菊黄，述说着丰收的喜悦，承载着幸福与美满的寓意。于2012年注册为商标。

流金叠翠，主要经营济源冬凌茶、封丘金银花茶、温县怀菊花、温县铁棍山药、获嘉药黑豆、原阳大米、双真石磨面粉、鹤壁火龙岗红薯粉条、太行山的野生花椒、七里村黑米香醋、王久新香油头、新乡花生油、南阳邓州黄酒等农民专业合作社的产品。流金叠翠注册商标的同时，注册域名建立了自己的网站：

http：//www. liujindiecui. com；

http：//www. liujindiecui. cn；

同时在淘宝网开设了网店：http：//liujindiecui. taobao. cn等。

案例解析：流金叠翠认识到了网络的作用及意义，通过网络应用，提高了产品的知晓率、增加了产品的交易机会，也的确增加了产品的销售。然而，由于受技术及认识的影响，网站的作用并没有充分发挥出应有的作用，从淘宝网上可以看到，农产品的成交记录往往仅有数百个，远远低于工业产品动不动就上万、甚至数十万个的成绩。这或许是因为农产品的附加值相对较低，物流成本高、易过保质期等客观因素的影响。同时还受农产品的均一性、品相、品质及消费者的认知性差异的影响。面对农产品网上销售低的问题，农产品网络营销还需要在新模式上进行突破。

五、农产品文化营销

文化营销强调经营者的理念、宗旨、目标、价值观、员工行为规范、经营管理制度、企业环境、组织力量、品牌个性等文化元素，其核心是理解人、尊重人、以人为本，调动人的积极性与创造性，关注人的社会性。在文化营销观念下，经营者的营销活动一般奉行一些原则：给予产品、品牌以丰富个性化的文化内涵。

文化营销是利用文化进行营销，是指经营者在企业核心价值观念的影响下，所形成的营销理念，以及所塑造出的营销形象，两者结合在具体的市场运作过程中所形成的一种营销模式。

经营者卖的是什么？中秋节吃月饼吃的是什么？我们难道只吃的是它的味道吗？不是，我们吃的是中国民族传统文化——团圆喜庆。端午节吃的是粽子吗？不是，端午节我们是在纪念屈原——历史文化。过生日吃的是蛋糕吗？也不是，吃的是人生的希望与价值。喝康师傅冰红茶喝的是它的激情、酷劲与时尚。

总之，通过以上例子我们看到在产品的深处包含着一种隐性的东西——文化。经营者向消费者推销的不仅仅是单一的产品，产品在满足消费者物质需求的同时还满足消费者精神层面上的需求，给消费者以文化上的享受，满足他们高品位的消费。这就要求经营者转变营销方式进行文化营销。

物质资源会枯竭的，唯有文化才能生生不息。文化是土壤，产品是种子，营销好比是在土壤里播种、耕耘，培育出品牌这棵大树。

文化营销是指把产品作为文化的载体，通过市场交换进入消费者的意识层面，它在一定程度上反映了消费者对物质和精神追求的蕴含的各种文化要素。文化营销既包括浅层次的构思、设计、造型、装潢、包装、商标、广告，又包含对营销活动的价值评判、审美评价和道德评价。

〔案例导入〕

北京烤鸭飞上天

北京烤鸭是具有世界声誉的著名菜式，由中国汉族人研制，曾是宫廷食品。用料为优质肉食鸭的北京鸭，果木炭火烤制，色泽红润，肉质肥而不腻，外脆里嫩。北京烤鸭分为两大流派，它以色泽红艳，肉质细嫩，味道醇厚，肥而不腻的特色，被誉为“天下美味”。

案例解析：北京烤鸭只是餐桌上的一道菜，好吃的菜有千千万万种，但是，它之所以能够成为北京的招牌菜，是因为它与明朝在北京建都后的文化有紧密的联系，因明朝的皇帝爱吃烤鸭，引入北京，又经数百年的发展，北京烤鸭积淀了丰富的文化，尤其是新中国成立后，进入国宴名录，招待国际友人，使北京烤鸭更加闻名世界。北京烤鸭的品牌成为中国饮食文化的象征之一，因此，到中国、到北京，常常会有一种“品尝北京烤鸭，感受中华饮食”的欲望。

六、农产品体验营销

体验营销是指经营者通过采用让目标消费者通过观摩、聆听、尝试、试用等方式，使其亲身体验经营者提供的产品，让顾客实际感知产品的品质、性能等，从而促使消费者认知、喜好并购买的一种营销方式。这种方式以满足消费者的产品需求为目标，以服务为平台，以体验为载体，经营高品质产品，拉近经营者和消费者之间的距离。

体验营销是在消费者有体验意愿的基础上进行的，经营者为消费者提供体验项目，并让消费者参与其中，通过消费者的亲身体验认识所需产品的功能或独有的特征，从而产生购买行为。

体验营销的主要原则：①适度。体验式营销要求产品和服务具备一定的体验特性，顾客为获得购买和消费过程中的“体验感觉”，往往不惜花费较高的代价。②合理。体验式营销能否被消费者接受，与地域差异关系密切。各个地方由于风俗习惯和文化的不同，价值观念和价值评判标准也不同，评价的结果存在差异。因此，体验营销活动的安排，必须适应当地的风土人情，既要富有新意，又要符合常理。

〔案例导入〕

游览龙泉果园，体验农事文化

河南省龙泉集团农业开发有限公司位于河南省新乡县七里营镇龙泉村，是集旅游、度假、休闲、餐饮、娱乐、生产为一体的高效农业园区，也是国家3A级景区、全国农业旅游示范点。

公司于2001年建立了一个占地1500亩“三季有花、四季有果”的农业高科技园区，内设有精品水果区、水果采摘区、农事体验区、花卉观赏区、农业史教育区、垂钓中心、水上园中园、游乐园以及正在建设中的占地300余亩的龙泉湖等。公司生产基地出产的精品水果有30余种，精品水果区实现了春季赏花，夏、秋、冬季既赏花又可尝果。游客在3月初开始就能欣赏到杏、桃、梨花的美丽，自4月开始游客在园中就可以品尝到绿色精品水果。

农业生产生活资料展览室展示民俗文化；农业体验活动区有林果专家、花卉专家给游客讲解农业、林果知识。

案例解析：河南省龙泉集团农业开发有限公司以体验营销措施拉动当地果品行业发展，充分发挥公司紧邻人口百万的新乡市优势，通过旅游、度假、休闲、娱乐等方式为消费者提供亲近自然、体验农业生产过程、享受收获喜悦的机会，实现农产品的增值。

休闲营销的形式也多种多样，如田园农业休闲、民俗风情休闲、农家乐休闲、乡村旅游休闲、度假休闲、科普教育体验等形式。

七、农产品国际营销

国际营销是指企业超越本国国境进行的市场经营活动。在确定正确的市场定位后制定适宜的营销组合方案以满足国际市场的需要，从而实现企业的利润。国际市场营销与国内市场营销一样，同样需要文化整合，市场调研、市场分析、市场细分、市场营销组合、实行目标营销等一系列营销过程的战略确定及战术实施。国内市场营销和国际市场营销定义的唯一区别表面上看与国际营销活动范围是在一个以上国家进行的。实际上，开展国际市场营销活动的难度远远大于国内市场营销。由于，国际市场营销既要适应国内市场环境，又要适应国际市场环境，因而国际市场营销比之国内市场营销具有更大、更多的差异性、复杂性和风险性。在国际市场营销的大趋势下，经济贸易将向全球化、一体化方向发展。经营者面临的既是机遇又是挑战，如何面对机遇，迎接挑战呢？一个经营者在国际市场营销中立足之本应该是产品本身，同时也要建设品牌形象才能实现在国际上得到发展，在国际市场营销中有一席之地。

〔案例导入〕

永良甘薯闯迪拜，跨出国门挣外汇

延津县永良甘薯种植专业合作社成立于2007年，注册资金105万元，位于延津县北部的黄河古道腹部，属华北平原南部，暖、湿带季风性气候区；土地沙质，气候温和，雨水适宜，对繁育、种植生产高品质甘薯品种十分有利，产品色、形、味俱佳。多年来，该社产品在省内外市场上已形成很大的影响力，是河南省植物脱毒中心豫北地区脱毒良种繁育基地。目前，拥有37个原种繁育大棚、

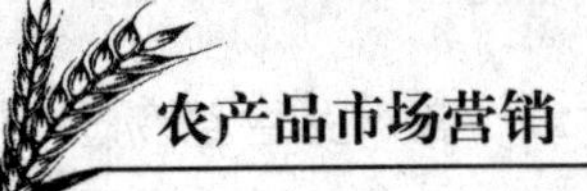

130个良种繁育大棚，可育优质原种种苗2 000万株，良种种苗5 000万株，现有标准化甘薯贮存窖4座，存贮量2 500万kg，育苗田130亩。

2013年1月，迪拜首次派代表团来到郑州，举行庆祝与郑州市缔结国际友好城市5周年活动。在活动中，永良甘薯合作社的各种薯类产品引起了代表团极大的兴趣。

5月中博会期间，南非约翰内斯堡市代表团团长保罗索恩和市议会经济顾问蓝色波特祖玛考察了永良甘薯种植专业合作社，并签订了购买甘薯协议。9月24日，延津县永良甘薯种植专业合作社的首批甘薯装入集装箱，通过迪拜出口到非洲。（资料来源：河南科技报（2013.8.19）和合作社新闻等整理）

案例解析：延津县永良甘薯种植专业合作社在建设好产品基地的基础上，借助文化交流和博览会的平台宣传产品，在政府职能部门支持及贸易公司的帮助下，实现了产品的出口。不仅再次证明好的农产品才能被消费者认可，初级农产品同样也可以走出国门，小小合作社也能做大事情。

第二节　农产品的国际营销

一、国际农产品市场的特点

国际农产品市场和国内农产品市场有很大的区别，主要表现出如下特点：

1. 结构复杂

目前，世界上参加国际市场经济活动的国家和地区有130多个。这些国家和地区各有不同的社会制度、政策法律、文化教育、地理位置、风俗习惯、宗教信仰、经济水平和消费结构等，反映在贸易往来上就有不同的要求，从而形成了不同的特色。

2. 竞争激烈

国际市场竞争，实际上就是商品质量、价格以及销售方式、服务态度、国家利益等方面的激烈较量。国际市场行情变化快，价格涨跌频繁，谁的商品质量好、价格合理，谁的供货能力强、销售速度快、服务水平高，谁就能取胜并在国际市场上占有一席之地。优胜劣败在这里反映得最为明显。世界上一些发达国家如美国、日本、欧盟等国的农产品贸易竞争异常激烈。特别是随着各国生产和资本进一步国际化，国家之间的贸易战、市场争夺战和关税战也在进一步激化。除世界贸易组织之外，一些地区性经济合作和贸易集团不断出现，如欧盟、北美自由贸易区、亚太经合组织等，使世界经济贸易呈现出区域化、集团化发展趋势，进一步加剧了国际市场的争夺。同时，发展中国家也开始积极参与国际市场竞争，已成为一支不可忽视的力量。

3. 商品构成变化明显

目前，进入国际市场交易的商品品种越来越多，数量也有所增加，质量要求则越来越高，正在由劳动密集型向知识密集型和技术密集型商品转移。其中农业市场中初级农产品贸易额逐年下降，加工产品贸易额逐年上升。

4. 营销规模不断扩大

农产品国际市场无论在深度还是在广度上都在不断扩大，主要表现在国家之间的经济贸易关系日益加强，商品流通额和资本输出额大大增加。我国加入世贸组织后，享受成员国待遇，给国际农产品市场带来了新的活力，但是我国多数农产品的国内生产成本高、技术含量低、产出率也比较低，在国际市场上面临的机遇和挑战并存。

5. 非关税贸易壁垒增加

进一步削减关税，最终实现贸易自由化是世界贸易组织的宗旨，但是国际贸易保护主义依然存在，特别是在农产品市场上表现得尤为突出。我国加入世贸组织后，一些国家担心会受到中国农产品大量进口的冲击，为保护本国农业，纷纷提高了商品检测标准和卫生检疫的技术标准等，使我国农产品的出口频频受阻。

二、农业企业进入国际市场的途径

农业企业进入国际市场的主要途径有两种：一是出口，二是在国外生产。

1. 出口

产品在国内生产，然后出口，包括间接出口和直接出口。间接出口是指企业将农产品生产出来之后卖给中间商，如外贸公司，然后再由中间商销售到国外。直接出口是指企业生产出产品后，不经过中间商，直接卖给国外客户。

2. 国外生产

在某些情况下，企业可以到国外直接进行生产，其方式主要有合同生产、包装和许可证贸易、开办合营或独资农业企业等。

企业在决定采用何种渠道进入国际市场时，主要应考虑以下因素：

（1）渠道的可获得性。指企业根据不同国家的市场情况选择不同的进入方法。比如，在某些国家中建立独资企业是不可能的，但在另外一些国家则很受欢迎；在一些国家采用许可证贸易方式是不现实的，因为找不到合格的被许可人，而在另一些国家则是可行的。

（2）获利的可能性。企业追求的主要目标是利润，在评估采用不同进入途径可能获得的利润时，主要估测和比较应采用各种渠道可能获得的销售额和花费的成本。

（3）需要的投资。进入的方式不同所需投资亦不同。间接出口需要的资金较少，而国外独资经营所需资金较多。一般来说，进入海外市场的方式越直接，所需的资金就越多。企业必须结合自身的资金状况来选择进入海外市场的方式。

（4）人员要求。对营销人员要求来说，进入国际市场的方式越直接，就越需要更多的业务熟练的国际营销人员。

（5）风险。风险大小不仅取决于市场，而且取决于进入该市场的方式。一般认为直接进入国际市场比间接进入风险要大，在国外生产比国内生产的风险大。

（6）经营者对其产品分销渠道的控制程度。控制程度的高低与所选择的渠道有关。如果企业把产品卖给了出口商，让出口商去外销，这时企业对渠道就无法控制。但如果企业自己进行海外销售或建立海外子公司，就在较大程度上对渠道进行控制。

（7）灵活性。当企业通过选择某种进入方式时该方式可能是最佳的，但是当市场发生变化或销售扩大之后，这一方式可能就不再是最佳的了。因此，企业要有灵活性和应变能力。值得注意的是，不同进入方式具有不同的灵活性。例如，某企业已在某国建了农场生产农产品，如果想要撤回就很难，而相对而言，间接出口的方式就比较灵活。

三、提高农产品国际竞争力的方法

提高农产品的国际竞争力，掌握和运用好产品竞争力的双因素原理是一个有效的方法。双因素原理是把构成产品竞争力的诸项因素分为两类，即基本因素（或称无竞争因素）和竞争因素。

（1）基本因素

基本因素包括产品的基本功能、一般质量、习惯价格、通常供货周期等，这些因素为竞争的同类产品所共有，因而并不构成某种产品的竞争因素。但是，它们是构成产品竞争力的基础，如果抽去基本因素，产品即失去作为商品的基本素质。

（2）竞争因素

竞争因素包括产品的附加功能，如质量优良、营养丰富、易储藏、外表美观、价格低廉和淡季供货等。这些因素往往要在该项产品与同类产品竞争中才体现出来，它是用户在同类产品中进行识别和选择的依据。

根据双因素原理，农产品企业可采取下列方法，以提高农产品国际竞争力。

（1）功能分离法。农产品的功能可分解为基本功能和附加功能。基本功能为同类竞争产品所共有，附加功能则为某产品所独有。产品的附加功能包括派生功能、保健功能以及营养特性等。附加功能不仅扩展和完善了产品功能，同时使产品标新立异，可满足用户某些新的需求。

（2）质量分离法。可将农产品的质量分解为合格品和优质品，一般的合格品只意味着产品是可用的，而用户满意的优质品则包含着好用或好吃、好看、好贮藏等更多方面的质量内容，企业应力求以“优”取胜。

（3）价格分离法。将产品价格分解为市场上的习惯价格和可能降低的竞争价格的方法称为“价格分离法”。习惯价格不构成竞争因素，而可能的降价幅度才是竞争因素。为此，农业企业就要力求降低产品的生产和加工成本，力求以“廉”取胜。

（4）时间分离法。农产品生产的季节性很强，而采用时间分离法就是将产品的供货期分离为季节供货期和反季节供货期。季节供货期并不构成竞争因素，而比季节供货期早、快的反季节供货才构成竞争因素。为此，企业要采取预先捕捉市场信息、引进先进品种和技术、采取旺储淡销等措施，实现淡季供货或反季节上市，力求以“时”取胜。

（5）售后服务法。产品售后服务的好坏是与竞争有关的重要因素，企业通过听取用户意见和提供售后服务，一方面可以赢得消费者的信任，另一方面可以根据消费者反馈的意见改进不足之处，做到以“诚”取胜。

第七章 农产品促销策略实施

〔案例导入〕

仲景香菇酱走俏市场之路

仲景香菇酱之所以能走俏市场，在好产品的基础上，在专业的品牌营销策划公司福来的策划下，产品推广采用“三到”模式。河南是仲景香菇酱营销第一战场，在这里必须树立营销团队和消费者信心。针对香菇酱的特性，福来为仲景香菇酱量身打造看得到、尝得到、买得到的“三到”推广模式。

1. 看得到

（1）媒体做少。聚焦重点，靶向投放。聚焦春节黄金档，战略性上央视。与河南卫视王牌栏目《梨园春》展开深度战略合作，通过赞助、贴片、植入等形式，用足用透这一河南收视制高点。牵手食品行业《糖烟酒周刊》、《新食品》刊物，展开战略合作，打造渠道品牌。

（2）户外做巧。围绕重点终端有针对性投放户外广告。采取“大卖场+交通要道+主要商业街+批发市场”投放策略。在南阳和西峡，硬是将户外广告牌做到市、县政府正对面，这样时刻提醒有关领导，这可是咱家乡特产，记得多多推荐。

（3）终端做好。大卖场终端媒体化：甄选一批大卖场，投放堆头、包柱、吊旗、DVD、配备专职促销员等，进行系统化、多样化、媒体化包装，将其打造成仲景香菇酱的品牌宣传阵地。小连锁店、社区店单一物料规模化投放。2010年春节前，10万个小气球投放郑州市场，一下子在人流攒动的大商场及户外形成一道香菇酱品牌风景线。

（4）网络做妙。主要通过置顶、加精把话题贴排到各论坛首页。《西安宝马女狂奔600里，只为小小一瓶酱》、《河南美食新三样，烩面、胡辣汤、香菇酱！》、《一天一瓶酱 谁来帮我养女友》等话题吸引了很多网民关注。开通仲景香菇酱官方微博，通过不同的形式展开网络互动。

2. 尝得到

用产品卖产品，用体验做营销。针对仲景香菇酱良好的口感和质感，福来提出把试吃动销作为一种战略手段。通过在大卖场、社区、学校、写字楼（派发品尝装）的品尝活动，让更多的消费者吃起来。

这里强调一点，试吃在快消行业并不新鲜，但是，仲景香菇酱却做得与众不同：统一的促销物料、统一的人员形象、统一的促销话术，企业真正做到了试吃规模化、标准化、持续化。

抓住家长心里，从孩子入手，充分保证品尝率、购买率和回头率，做到把家庭消费带起来，口碑传播动起来。

干豆片包香菇酱并用牙签试吃的方式，演绎成仲景香菇酱的一种新吃法，并成为很多家庭餐桌的一道菜。

香菇酱用事实说明，体验营销在食品行业是一种非常重要的战略手段。

3. 买得到

除了在大卖场、连锁超市、批发市场、便利店等进行全面铺货，更重要的是开辟了名烟名酒店、特产礼品店、热门旅游景点等特殊渠道，最大化地保证了产品的终端可见率。

同时，仲景高度重视网络渠道建设，构建了天猫旗舰店+网络渠道联盟+促销链接联盟的全网络渠道布局。大卖场、流通、特通、网络的全渠道策略既顾全了中原市场消费，又兼顾了全国。仲景香菇酱还没出家门，已经香遍全国。

也许不久，随着全国市场逐渐铺开，在中国调味酱市场一个知名品牌将会诞生。

第一节　广告策略

广告促销是通过媒体向用户和消费者传递有关商品信息，达到促进销售目的的一种促销手段。

广告策略是企业在广告活动中为取得更大的营销效果而运用的手段和方

法。农产品广告策略可以概括为产品策略、市场策略、媒介策略和广告实施策略四个方面。

一、广告产品策略

农产品广告的目的是为了促进产品销售，广告产品策略即为配合产品策略而采取的广告策略。

（一）产品定位策略

产品定位策略指在广告活动中通过突出商品那些符合消费者心理需求的鲜明特点，确立商品在竞争中的定位，促使消费者树立选购该商品的稳定印象。对农产品来说，产品定位策略的具体运用可分为实体定位策略和观念定位策略。

1. 实体定位策略

产品实体定位策略，就是在广告宣传中突出商品的新价值，强调与同类商品的不同之处和所带来的更大利益。实体定位可分为功效定位、品质定位、市场定位、价格定位。

（1）功效定位。就是在广告中突出商品的特异功效，使该商品在同类产品中有明显区别，以增强选择性需求，提高竞争力。比如美国百事可乐宣传自己产品不含咖啡因。

（2）品质定位。就是在广告中强调本产品的良好品质，对产品进行定位。哈尔滨哈慈集团的“七河源”大米以“绿色”品质为主题，通过大量电视广告打开市场。

（3）市场定位。市场定位是将产品定位在最有利的市场位置上。比如，可将绿色无公害农产品通过广告定位在对生活质量要求较高的中高层消费者上，在广告中以幸福家庭为背景，塑造诸如“把绿色还给生活，完美新生活”的口号。

（4）价格定位。广告的价格定位就是在广告中努力定位适当的产品性价比。在与自己商品没什么大差别的众多产品中，可以通过价格定位策略，使商品的价格具有竞争性。

2. 观念定位策略

指在广告中突出产品的新意义，改变消费者的消费习惯和购买心理，树立新的商品观念，可分为是非定位和逆向定位两种方法。

（1）是非定位。这是从观念上人为地把产品市场加以区分。比如，美国的七喜（7UP）汽水在其广告宣传中把饮料分为可乐型和非可乐型两大类，从而突破可口可乐和百事可乐垄断饮料市场的局面，使企业获得空前成功。随着农业杂交生产技术的发展，一些优异的杂交品种营销则完全可以运用是非定位的广告策略，开辟新的农产品市场。

（2）逆向定位。逆向定位是借助有名气的竞争对手的声誉引起消费者对自己的关注、同情和支持，以便在市场竞争中占有一席之地的策略。逆向定位往往在广告中表明自己的产品不如对手好，故意突出自己的不足之处，甘居其下，但正通过努力准备迎头赶上，以唤起同情和信任。这是利用社会上同情弱者和信任诚实人的心理。由于农产品的品质具有很强的产地特征，因此同一地区的二、三流农业企业完全可以借助该地区领导企业的产品声誉，通过广告的逆向定位策略，提高本企业产品知名度。

（二）产品市场生命周期策略

广告产品市场生命周期策略，就是依据产品市场生命周期的不同阶段，采取相应策略（表7–1）。

表7–1　广告产品生命周期策略运用

产品生命周期	引入期	成长期		成熟期	饱和期	衰退期
		前期	后期			
广告阶段	初期		中期		后期	
广告目标	创牌		保牌		维持	
广告目的	创造需要		指导选择性需要			
广告战略	开拓市场		竞争市场		保持、转移、压缩市场	
广告策略	告知		说服 差别化、多样化、 印象		提醒	
广告对象	最先使用者 早期使用者		早期使用大众 晚期使用大众		晚期使用大众 保守者	
媒体选用情况	多种媒体组合、刊播频率高、造成广告声势，广告费投入较多		广告费、刊播频率较初期次之，说服、竞争消费者		广告压缩，采用长期间隔定时发布广告的办法，唤起注意并延续市场	

1. 导入期

在导入期，消费者对产品缺乏了解，竞争者少或者没有竞争。这一时期的农产品促销广告应该着重于宣传产品的功能、品质，并通过广告促销活动吸引消费者对产品进行品尝。广告宣传以创品牌为目标，执行开拓市场的战略。

2. 成长期

在成长期，产品竞争已经出现，且越来越激烈，而且许多产品开始上市，市场上出现一些假冒产品。比如，当前我国的无公害农产品市场就处于这一时期。成长期的广告宣传以保品牌为目标，巩固已有的市场和扩大市场潜力，展开竞争性广告宣传，引导消费者认品牌选购，建立品牌的知名度。针对当前我国无公害农产品市场上假冒产品混乱的情况，广告宣传还必须包括品牌识别与保护的内容。

3. 成熟期

在成熟期，市场已较稳定，产品质量已基本定型。目前，我国的成熟期农产品大都处于供大于求、假冒产品冲击的竞争状态，因此强调品牌忠诚度优惠政策是广告宣传的重要内容。

4. 衰退期

这一时期，消费者的消费习惯开始转变，产品销量下降，库存增加。因此这一时期的广告宣传应该更多地发挥创意，挖掘新的消费方式，推广原产品的新用途，寻找和挖掘新顾客，延长产品的市场寿命。

二、广告市场策略

广告市场策略主要包括广告目标市场策略与广告促销策略两个方面。

（一）广告目标市场策略

这是指根据不同目标市场的特点，采取相应的宣传手段和方法，包括无差别市场广告策略、差别市场广告策略和集中市场广告策略。

1. 无差别市场广告策略

这种策略是指在一定时间内向一个大的目标市场运用各种媒体组合，做同一主题内容的广告。对于一些大宗农产品，产品差异较小，消费者的需求弹性也很小，因此比较适合运用无差别市场广告策略，提高产品品牌的知名度。

2. 差别市场广告策略

指在市场细分的基础上，企业根据不同细分市场的特点，运用不同的媒体组合，做不同主题的广告。运用差别市场广告策略有利于突出产品个性特点，满足不同消费者的不同需要，达到扩大销售的目的。因此对于一些产品质量较高、营养保健功能较强的农产品比较适合。由于市场分化，各目标市场各具不同的特点，所以广告设计、主题构思、媒介组合、广告发布等也都各不相同。随着农产品市场竞争的激烈，对产品市场进行细分并结合农业结构调整，是我国大部分农业企业和农业产区的根本出路。产品市场细分必须结合广告促销，通过宣传才能真正被消费者所了解，否则产品又会陷入大宗农产品无差异化的陷阱。

3. 集中市场广告策略

指企业把广告宣传的力量集中在已细分的市场中的一个或几个目标市场的策略。对于一些规模实力较弱的农业企业，其产品又具有显著的个性，可以运用集中市场广告策略，利用较少的广告费用，提高区域范围内的产品知名度。

（二）广告促销策略

广告促销策略是一种紧密结合市场营销而采取的广告策略，它不仅告知消费者购买商品的获益，而且结合市场营销的其他手段，给予消费者更多的附加利益。广告促销策略运用包括馈赠、文娱、中奖和公益等促销手段。

1. 馈赠性广告促销策略

指企业通过发布带有馈赠行为的广告以促进商品销售的广告策略，可以采用赠券、奖金、免费样品、折扣券、减价销售等形式。比如，通过报刊广告赠券的方式，促进消费者对某种新上市的农产品进行品尝或者直接作为一种折价促销的手段。

2. 文娱性广告促销策略

指伴随文娱形式发布广告以促进商品销售的广告策略。比如，一些观光农业企业可以运用报刊发布免费门票的促销形式，达到提高场内消费的目的。

3. 中奖性广告促销策略

指以发布抽奖形式、中奖者将获得企业提供的丰厚奖品或奖金的广告以促进商品销售的广告策略。由于农产品消费是人们生活中不可或缺的持久性消费品，因此为促使消费者能够长期消费本企业产品，可以采用发布一些“组合性”中奖广告信息。

4. 公益性广告促销策略

指将广告活动与公益活动结合起来，通过关心社会公益活动进行广告促销的策略。比如，对于一些绿色农产品，可以利用广告发布绿色消费、关心健康、可持续发展等公益性信息，以提高产品品牌的知名度和美誉度。

三、广告媒介策略

广告的媒介策略是根据广告的产品定位策略和市场策略，对广告媒介进行选择和搭配运用的策略。媒介选择一般要考虑媒介性质、产品定位、消费者习惯、广告市场定位和目标定位、市场竞争、广告费用预算等因素。

媒介的性质是首先考虑的因素，即选择什么样的媒介做某种商品广告才能获得最好的广告效益。媒介传播范围的大小、发行量的多寡会影响视听人数；媒介的社会文化地位与广告的读者层或视听层会影响广告的效果；而媒介的社会威望则对广告的影响力和信任程度有重要影响。因此，在选择媒介时，应事先对媒介有所了解，这样才能使媒介运用得当，使广告收到较好效果。在日常生活中，人们常常是根据自己的职业、兴趣、文化程度等来选择传播媒介，对媒介的接触习惯对广告的宣传效果影响很大。因而，广告媒介的选择，必须考虑消费者的生活习惯。广告对象与媒介对象越接近，广告效果就越好。认清消费者的生活习惯和接触媒介的习惯，有助于选择媒介。

同时，选择广告媒介，必须考虑广告的目标因素，看是否与企业的经营活动紧密配合。如广告的目标市场是大的地区，可选择传播范围广、覆盖面广的媒介；若是小的目标市场，则选用地区性媒介；同样的，若有强的时效性要求，则选择时效性强、接触面广的地方报纸、电视和广播，以使广告在短期内迅速扩大影响。

广告宣传竞争是市场竞争的一个重要方面。为了配合市场竞争，不但要求有不同的广告策略，而且要有不同的媒介选择。另外，根据有些政策规定，有的广告媒介不准发布某些产品的广告，这也是媒介选择中必须考虑的因素。

最后，企业发布广告要依据自身的财力来合理选择媒介，尽量使广告费用开支限制在广告预算的范围之内。广告费用包括媒介价格和广告作品设计制作费。同一类型的广告媒介也因刊登时间和位置不同，有不同的收费标准。同时，在选择媒介时，不但要考虑广告的绝对价格，而且要考虑其相对价格，考虑广告的实际接触效果所耗费的平均费用。

在实施广告时，可以使用一个广告媒介，也可使用多个媒介组合。选用媒介主要是要考虑目标市场、广告对象、商品属性、媒介广告价格等因素，要分析媒介的发行量、读者层、编辑内容、发行地区、知名度等。更确切地说，要研究媒介是综合性的，还是专业性的；是全国性的，还是地区性的；是适宜登消费品的，还是适宜登机器、设备、原材料的。因为广告效果和媒介发行量不一定成正比例，所以要考虑对象所占比例大小。另外，还要考虑媒介知名度与档次是否相配。最后，还应考虑价格是否合算，一般按千人广告价格来计算。千人价格公式为：千人价格=广告费用×1 000/到达人数。

四、广告实施策略

广告实施策略主要包括广告系列策略和广告时间策略。

（一）广告系列策略

广告系列策略是企业在广告计划期内连续和有计划地发布有统一设计形式或内容的系列广告，不断加深广告印象、增强广告效果的手段。

1. 广告形式系列策略

这是指在一定时期内有计划地发布一系列设计形式相同、但内容有所改变的广告策略。由于农产品供给具有较强的系列性，而农产品需求目标则具有很强的统一性，因此运用广告系列策略，对同一品牌的不同产品进行宣传，能够取得较好的效果。

2. 广告主题系列策略

这是指在发布广告时依据每一时期广告的目标市场特点和市场营销策略的需要，不断变换广告主题，以适应不同对象的心理需求。

3. 广告功效系列策略

这是指通过一系列广告逐步深入强调商品功效的广告策略。多数农产品具有一定的营养、医疗、保健功效，而这些功效实际上并不为大多数消费者所知，因此通过广告逐步宣传产品功效也是农产品广告实施策略的重要方式。

4. 广告产品系列策略

这是指为了适应和配合企业系列产品的经营要求而实施的广告策略，适用于规模较大、产品较全的农业企业。运用广告产品系列策略不仅可以提高企业、产品的知名度，而且还可以提高消费者对该企业的依赖度。

（二）广告时间策略

广告时间策略指广告发布的具体时间、信息量和频率的合理安排。农产品广告时间策略必须考虑农产品经营的众多影响因素，包括产品市场生命周期、产品保鲜期、产品生产季节性、目标市场的需求变化时间等。

1. 集中时间广告策略

指集中力量在短时期内，对目标市场进行密集性的广告攻势。这种策略可以集中优势，在短时间内迅速造成声势，扩大广告的影响，迅速提高商品或企业的声誉。对于一些刚刚组建的农业企业，为了提高企业产品的知名度，可以利用这种策略在短期内扩大企业影响力。另外，在产品销售旺季，各种产品竞争激烈时也可以采用这种策略，迅速扩大商品影响力。

2. 均衡时间广告策略

这种策略是一种有计划反复地对目标市场进行广告宣传的策略，可以持续加深消费者对商品或企业的印象，保持消费者的记忆度，挖掘潜在市场，扩大商品知名度。这种策略适宜规模较大、实力较强的农业企业或地方政府，为提高或保持产品的影响力而采取的策略。

3. 季节时间广告策略

农产品的生产与消费都具有季节性特征，一般在销售季节到来之前，就要展开广告活动，为销售旺季的到来做好信息准备和心理准备。销售旺季时，广告活动达到高峰；旺季过后，广告要收缩，销售季节末期，广告即可停止。

4. 节假日时间广告策略

针对中国人的传统节日，在节日前针对与节令消费有关的农产品，宣传以节日为主题的广告，便能够取得较好的广告效果。

第二节　人员推销策略

人员推销，指生产经营企业的销售人员与可能的购买者直接接触、洽谈、宣传、介绍产品或提供服务，以促进销售的活动过程。随着产业化的发展、城乡农产品营销员队伍的壮大，人员推销已经成为农民和农业企业对农产品进行促销的重要手段。

目前，我国农产品人员推销大体有三种类型。一是农民自己作为推销员上门推销产品。比如，近年来上海郊区的一些农民进城向居民兜售大米，同时拿出一叠名片向居民们散发，大都会这样说“吃完了大米，如觉得口味还可以的话，打个电话来，我们为你送货上门”，以期待通过卖米招徕回头客。二是城乡中介运销员。这些中介运销员主要是一些农民贩运户、经纪人、个体营销户，他们走南闯北，为农产品流通做出了巨大贡献。三是龙头企业或农业组织的专门推销员。这类推销员一般受过专门技术训练，也有固定收入，推销能力较强，是农产品人员推销队伍中的中坚力量。农产品人员推销具有推销成本低、双向交流、针对性强、灵活应变、推销面大、成功率高的特点。

一、农产品人员推销技巧

（一）与客户见面的技巧

“好的开始等于成功了一半”，与客户的第一次见面在一笔交易中显得尤为重要。农产品推销员在与客户见面时必须注意以下几个方面的技巧。

1. 见面前必须对顾客有一定的了解

了解顾客需求的特点，然后再针对农产品的某一具体功能向目标顾客推销，投其所好，便能提高交易的可能性。

2. 预测谈话内容，并对相应语言进行组织

由于目前我国的农村推销员总体上素质仍然不高，还缺乏较高的应变能力，因此事先的语言准备是非常重要的。

3. 着装整洁、卫生、得体，有精神

推销员的形象在一定程度上反映了企业形象，因此穿着得体、整洁在某种程度上体现着企业对农产品卫生、安全程度控制的质量。实际上，当我们在地摊上看见脏兮兮的摊主时，我们怎么也不会相信他的农产品是非常卫生的。此外，推销员穿着得体有精神，还可以提高自己的信心和工作风貌。

4. 自我介绍的第一句话不能太长

农产品的品牌往往与产地或者一些有名的农业企业联系在一起，因此推销员在介绍时可以简洁说“我是来自x×地方的”，或者说“我是××企业的”，而不能用长句表达成“我是××地方××有限公司”之类的介绍。

5. 学会假借一些指令或赞美来引起客户的注意

比如，可以说“是我们县农业协会派我来的”，“是××厂家业务员说你生意做得好，我今天到此专门拜访您，取取经”。

（二）交换名片的技巧

交换名片是建立和维持客户关系的第一步，交换名片不是单方面的给名片、塞名片，而是双方之间的未来交流意愿。推销员在见面时不要过早拿出自己的名片，在说明来意，自我介绍完成后，观察客户反应，做出交换名片的决策。推销员可以在拜访完成时，提出“××经理，与您交换一张名片，以后多联系”的建议。而不应该向客户提出“可以给我一张您的名片吗”的尴尬要求。

（三）交谈气氛融洽的技巧

缺乏想象力的推销员在和顾客见面后，往往急于进入推销状态。他们会迫不及待地向顾客介绍自己的产品。常见现象是一见面就问“要不要”、“买不买”，要知道大多数人对推销是很反感的，所以不要让顾客一开始就把自己当做推销员。成功的推销员往往先谈客户及顾客感兴趣的问题及嗜好，以便营造一种良好的交谈气氛。比如，可以询问对方有关农产品消费的习惯以及本地有关产品消费的习俗等，找到与产品有关的相关话题。

（四）产品介绍技巧

在推销过程中，产品介绍必须根据客户、用户的利益来确定。

1. 向经销商介绍产品

经销商关心的是产品的赢利能力与水平，所以在向经销商介绍产品时，应先简单告诉产品是干什么用的，主要的用户或者消费群是哪些。接着就要介绍这种产品在流通过程中可获得的利润水平怎么样，再接着围绕流通环节的价差展开说明。最后再来介绍一些售后服务、运销服务等方面的事项。由于经销商的主要目的是为赚钱，所以向经销商介绍产品主要应围绕他能获得多大的价差及多大的销量展开。

2. 向消费者介绍产品

用户关心的是产品能给他带来什么好处，因此向消费者推销产品时要设法识别客户的层次、素质、需求、喜好，并阐明本产品能够满足这些需求。向用户介绍产品的一般步骤：先介绍某类产品的功能，再介绍本产品的特点，接着将本产品特点与消费者关注的利益点联系起来，最后解答一些赠送、送货上门等增值问题。在向用户介绍产品时，最难的是判断用户的关注点或利益点。

（五）不让对方说“不”

有些推销新手常常不知道怎样开口说话，好不容易敲开顾客的门，硬邦邦地说“请问你对××产品感兴趣吗？”、“你买不买××商品？”等，得到的回答显然是一句很简短的“不”或“不要”，然后就搭不上腔了。因此推销员在推销农产品时也应该谈论一些商品以外的比如食用习惯等问题，谈得投机了，再进入正题，这样更让人容易接受。

二、农产品人员推销策略

根据产品的特点与推销途径，农产品人员推销可遵循以下销售路线。

（一）针对批发商推销

农产品批发商是我国农产品流通组织的主要力量，而且普通推销员可以通过各个农产品批发市场方便地联系到这些批发商，一旦与批发商建立良好的合作关系，便可给地方农产品销售带来巨大利益。对批发商来说，差价与利润是他们主要关心的因素，因此推销的产品应该能够满足其市场利润较高的要求。

（二）针对代理商、经纪商、佣金商推销

对于一些品牌知名度较高、销售前景较好的产品，可以通过销售人员与这些代理商建立合作关系，促进产品的销售。对代理商来说，产品的市场前景是他们关心的问题，因此推销员应该重点介绍产品的功能、质量、品牌知名度等内容，以引起代理商的兴趣。

（三）对企业界的推销

企业需求的是成本低、性能好的原料型农产品，因此推销员应该能够掌握并阐述相关产品加工转化率的指标及其相对应的性价比。此外，企业往往非常关心农产品生产方对质量的控制能力，因此整个推销过程需要农业企业的相关配合。

（四）对机构团体的推销

主要是针对学校、医院、孤儿院、旅馆、俱乐部、饭店以及其他实行集体食堂的机构。这些机构团体关心的是足够的产品安全性保证。所以推销员应该找准负责人，并重点表达产品的安全、营养质量及其质量控制能力。

（五）对超市、农产品连锁商店的推销

由于这些客户关心的往往是产品的质量、安全问题，以及相关（如“净菜”等）的服务功能。因此，推销员也应该针对这些特点做好相应的准备，组织交谈的内容。

三、人员推销的组织策略

为提高企业的整体组织水平，杜绝内部重复推销情形的出现，对各个推销人员运用各种方式进行组织是非常必要的。农产品人员推销的内部组织策略可采取以下三种形式。

（一）地区结构式

地区结构式指每个（组）推销人员负责一定地区的推销业务。针对市场的特点进行地区划分，然后根据各个销售人员对各个地区的熟悉程度，将企业的推销员进行地区划分，让每个推销人员负责各自独立的市场。

（二）产品结构式

产品结构式指每个（组）推销人员负责一种或几种产品的推销业务。根据推销人员对相应产品的熟悉程度和推销相关产品的经验，让每个推销人员负责各自的产品业务，并且由推销人员自己开拓市场。

（三）顾客结构式

顾客结构式指根据顾客的行业、规模、分销渠道的不同而分别配备推销人员。

第三节　营业推广策略

营业推广是指除了人员推销、广告和公共关系之外的，在短期内用以刺激顾客或其他中间机构（如零售商）迅速和大量地购买某种特定产品或服务的活动。营业推广根据推广对象不同可以分为三种类型。

一、对消费者的营业推广

（一）赠品推广

农业生产者在农产品生产过程中可以收获多种主副产品，同时，消费者对农产品也有多方面的需求，从而产生不同产品需求组合，所以对产品进行组合或赠送促销是一种可行的办法。如，甘肃一果农为了将积压在手的苹果卖出去，打起了玉米皮的主意。他发挥自己的编织特长，将玉米皮编成各式各样的水果篮，然后装上苹果拿到城里市场出售，卖苹果送果篮，他的苹果很快被抢购一空。

（二）快捷服务

随着人们生活节奏的加快，对农产品的需求也增加了送货、去净等快捷服务。如，江苏连云港市兴起了一种全新的蔬菜、副食品购销模式——“蔬菜快递”，向市民快速提供新鲜蔬菜、牛奶、禽蛋的一种购销服务方式；平顶山市湛河区的一些种养专业户，在市民无暇上街或暂时得不到新鲜蔬菜、牛奶等副食品供应的情况下，打电话告知所需的蔬菜品种、数量，就提供多种副食品的上门供货服务。据统计，目前湛河区已有50多户农民利用“蔬菜快递”方式销售蔬菜、牛奶、鲜蛋，收入达800多万元。

（三）免费品尝

农产品的口感质量是无法通过外观质量得以体现的，免费品尝的促销活动是传递产品“美味”信息的最好途径。据考察，我国台湾省非常注重农产品的品牌培育和保护，新产品上市前，一般都会锁定一个目标市场，在超级市场或特定的场合召开免费品尝会，由政府补偿产品成本。

二、对组织用户的营业推广

（一）农产品交易会

农产品交易会是在一定场所和期间，集中展示农产品及有关信息，组织当事人洽谈、签约的农产品交易活动。交易会的具体形式包括农产品促销会、展销会、博览会等。农业经营者通过交易会宣传本企业的产品，展示新品种，通过营业推广结识更多的朋友，获取所需的信息，吸引客户前来购买，有利于扩大销售。

（二）农产品拍卖会

农产品拍卖，就是在公开、公平的环境下，拍卖师将供货商委托拍卖的农产品当众叫价，然后，由承销商出价竞购的促销方式。拍卖促销可以减少流通环节，降低交易费用，有效地提高交易效率和物流效率。

三、对推销员的营业推广

近年来，农村流通中介人发展非常迅速，对推销员的营业推广将成为农产品促销的重要内容。广大农户可以对推销员实行折扣鼓励、配套优惠等促销手段。而龙头企业则可根据推销员的工作业绩，给予适当奖励，如给予一定数量奖金，或提供免费旅游，或提供培训学习机会，也可根据推销人员推销的数量或金额，给予一定比例提成等。

第四节 公共关系策略

关系营销是指企业与消费者、分销商、零售商和供应商建立一种长期、信任、互惠的关系。而为了要做到这一点，企业必须向这些个人和组织承诺和提供优质的产品、良好的服务以及适当的价格，从而与这些个人和组织建立与保持一种长期的经济、技术和社会的关系纽带。

一、关系营销的子市场

企业关系营销的基本框架可以概括为六个子市场。

（一）农资市场

农业经营者在农资市场上营销是为了获得化肥、农药、生产运输机械、生产技术、信息等生产过程中所必需的资源，并实现资源的合理配置。

（二）内部市场

农业经营系统在内部市场营销的目标是通过龙头企业与农民的协作以实现在资源转换过程中的价值最大化。

（三）竞争者市场

农业企业在竞争者市场上的营销活动是为了寻求资源共享、优势互补和共建产地品牌。农产品品牌明显地具有产地特征，因此这些竞争企业可以通过建立协作关系，共同推动该产品品牌的建设。此外，这些竞争企业还可以在技术、信息、价格等方面建立联盟竞争战略，从而实现共享资源，优势互补。

（四）经销商市场

企业在经销商市场上进行营销，是为了合理地进行资源分配并取得市场经销商的支持。因此，农业企业与经销商应该建立稳定的价格控制机制，确定合理的利润分配关系。

（五）最终用户市场

企业在最终用户市场上的营销是为了获得顾客资源，这是支持企业生存和发展的基础。因此，农业经营者应该从顾客的需求角度出发，严格控制产品质量，提高顾客的信任度。

（六）影响者市场

“影响者”即各类形式繁多的“影响因素”，如政府机构、农业协会、农村金融机构等。影响者市场被视为建立客户关系过程中一个有机组成部分。为了树立企业形象，最大限度地获得企业的无形资产，企业必须在影响者市场上实施关系营销。

二、针对组织用户的关系营销

组织用户的关系营销就是企业在产业市场、中间商市场、政府市场等组织市场上所开展的营销活动，而关系营销所关注的正是这些方面。组织市场营销必须更加注重关系营销。农业企业为与这些组织保持良好的发展关系必须做好以下几方面工作。

（一）保证农产品的质量是建立营销关系的基础

对中间商来说，只有当产品具有良好品质与美好的市场前景时，他们才会愿意主动与企业建立良好关系。而对农业企业来说，如果不能保证产品的质量，不能满足消费者的需求，或是产品的质量随时间推移有所下降，即使建立起了某种营销关系，这种关系也是脆弱的，很难维持下去，因为它损害了消费者的利益，也损害了营销关系网络中各成员的利益，从而损害了营销关系网络的整体利益和效益。所以农业经营者要与组织用户建立良好的营销关系，就应保证产品的质量，并不断地提高产品质量，使营销关系建立在坚实的基础上。

（二）加强产品的服务工作。不断提高企业的服务水平

服务被称为关系营销的强化剂，是关系营销的重要内容。农业经营者对中间商的服务工作主要是配送、运输、净菜、去壳等附加服务。同时，为经销商出售产品创造更好的条件，对其提供强有力的支持等。

（三）制定合理、稳定的价格。协调双方的利益关系

不能见利忘“义”，在保证赢利的条件下，要兼顾客户和营销关系网络中各成员的利益，使得在营销关系网络中的每一个成员都能互惠互利，取得共同的发展。“互惠互利”可以说是企业进行关系营销的核心，只有这样，客户的利益才能得到满足，才能成为企业的“忠实”顾客，企业的关系营销网络才能真正发挥作用。因此只有确定双方之间合理的利润分配水平，才能建立良好关系。同时，在农产品畅销，甚至供不应求时，应平等地对待每一个经销商，尤其是不能忽视那些小的经销商。当经销商在经营活动中遇到困难时，应当及时援助，尽可能地帮助经销商摆脱困境。在双方利益发生冲突时，应站在战略的高度从长计议，互相协调，达成共识。农业企业可采取一系列有效措施和政策，逐步把经销商纳入

企业的伙伴体系中。

（四）加强与经销商的沟通

农业经营者应让经销商充分了解其实力、经营理念、战略目标、市场营销计划等。只有这样，经销商才会产生信任感，才能准确地把企业信息传递给终端市场，才能积极主动地配合开展市场拓展活动。与经销商的沟通形式包括个人沟通、群体沟通、口头沟通和书面沟通等。有关销售部门、农民、农村中介流通组织、政府部门、农协组织、销售人员是向经销商传递信息最普遍、最有效的沟通媒介。利用农产品交易会、展销会的机会，精心组织企业与经销商共同参与会议，是与经销商进行沟通的最直接、最迅速、最经济的方法。

三、针对消费者的关系营销

顾客是企业生存和发展的基础。企业离开了顾客，其营销活动就成了无源之水，无本之木。市场竞争的实质就是争夺顾客，顾客忠诚的前提是顾客满意，而顾客满意的关键条件是满足顾客的需求。然而，农产品生产过程中由于存在产品质量信息的严重不对称性，很多农业生产者往往为了短期利益而损害消费者的利益。如，无公害农产品在生产过程必须对一些化肥、农药进行严格限制，转而使用成本较高、效率较低的生物肥、生物农药等，然而一些规模较小的经营者为了追求短期利益，继续使用化肥、农药，结果对消费者造成了严重损害，同时也对整个无公害市农产品场造成了混乱。

农产品经营者要想与消费者建立并保持良好的关系，必须做好以下几个方面。第一，必须真正树立以消费者为中心的观念，并将此观念贯穿于企业生产经营的全过程。产品的开发与生产应注重消费者的需求，产品的定价应符合消费者的心理预期，产品的销售应考虑消费者的购买便利和偏好等。第二，切实关心消费者利益，提高消费者的满意程度，为顾客提供高附加值的产品和服务。通过产品的品牌、质量、服务等，为顾客创造最大的价值，使他们感觉到物超所值。如，为顾客提供送货、净菜等服务。第三，加强与消费者沟通和联系，重视情感在消费者购物决策时的影响作用。飞速发展的技术使人们之间沟通的机会减少，但人们却迫切希望进行交流，追求技术与情感间的平衡。企业在经营中要注意到顾客的这种情感因素，并给予重视。农业企业可以通过创建网页、提供顾客建议箱、发名片等活动建立保持与消费者的联系。

第八章　农产品物流与配送

〔案例导入〕

河南万邦国际农产品物流配送城

河南万邦国际农产品物流配送城是在河南省发改委立项备案，由郑州成立河南万邦国际农产品物流股份有限公司于2011年建设，是河南省服务业提速建设的重点建设工程项目。

该物流配送城集农产品交易、物流、仓储、质量检验、科研等功能于一体。

万邦国际农产品物流配送城项目，总规划占地5 300亩，总投资90亿元。一期占地1 600亩，总投资15亿元，主要进行蔬菜、水果、粮油交易区、冷藏保鲜库等项目建设。

河南万邦国际农产品物流配送城依托河南省农产品的基础地位，充分发挥郑州交通枢纽的区位优势，按照“绿色安全、服务优质、功能明确、管理科学”的要求，以拓展功能、提升层次为着眼点，集聚发展要素，加强多方合作，争取政策支持，尽快建成集农产品交易集散、安全检测、市场调剂、科技研发于一体的农产品物流配送城。

物流配送城设计建成“一城、五个中心、十二交易区”，即农产品交易主体城市综合体；期货交易中心、电子交易中心、质量检测中心、科技研发中心、仓储调控中心；蔬菜交易区、果品交易区、粮油交易区、水产及海鲜交易区、花卉交易区、肉类交易区、干货交易区、冷藏保鲜仓储区、交易结算区、农资交易区。

河南万邦国际农产品物流配送城的功能定位有下面以下方面。

1．农产品物流交易集散中心

依托郑州信息流、资金流、人流、物流、商流汇集优势，完善交易设施，优化区内布局；拓展交易内容，增加交易品种；创新交易方式，建立农产品期货和电子交易平台；减少流通环节，降低流通成本；开展农产品展示、分拣、配送、包装、转运、简单加工等业务，建成北粮南调、东菜西输、南果北进、全国花卉集散的商务和物流中心。

2. 农产品市场调控中心

积极承接政府赋予的农产品临时收贮任务，发挥平抑物价的功能。加强冷藏贮备设施建设，扩大贮藏规模，增强抵御市场波动的能力。开展农产品信息服务，发布市场供求信息，分析农产品供求走向，为政府决策和农产品生产提供依据。把物流城建设成区域性农产品市场波动调控中心，以形成相对稳定的供求机制，探索走出一条有效解决“价贱伤农、价高伤民”问题的发展路子。

3. 农产品质量安全检测中心

争取政府支持，设立企业农产品质量安全检测财政预算专项；加大资金投入，加强检测硬件建设；加强检测人员引进和培养，提高检测水平。严格检测标准，完善质量标准体系；建立准入制度，严把进口关，强化园区质量安全信誉。在人员机构、工作职能、管理制度、仪器设备、环境条件、检测工作和检验报告等方面，建立起一个以企业为主体、实现检测结果国内互认、符合省级授权（或资格）认可和计量认证要求的综合性检测中心，建立标准化绿色、有机、安全农产品物流体系。

4. 农产品科技研发中心

充分发挥郑州市大专院校、科研院所分布集中和农业科研实力雄厚的优势，开展合作交流，重点加强粮油、果蔬、畜产品等农产品领域的攻关研究，积极承担科研与推广项目，加强硬件与基础设施建设，把园区建成农产品科技研发中心，成为农产品科技成果转化与推广平台。

5. 以农产品物流为主体功能的城市综合体

明确物流城在城市总体框架中的功能分区定位。高标准设计，搞好与郑州新区的对接发展；加强道路、供电、供水、通信等基础设施建设，完善城市功能；加强学校、医院、公租房等配套设施建设，为集聚人口提供条件，从而把物流配送城打造成主题突出、分工明确、功能完善的城市综合体，实现与新区的融合发展。

河南万邦国际农产品物流配送城已于2012年1月5日盛大开业，郑州刘庄蔬菜批发市场、大中原果品市场已全部搬迁至河南万邦国际农产品物流配送城。目前，物流配送城各种蔬菜、果品、粮油、水产品等应有尽有，车辆川流不息。

第一节　农产品物流

一、农产品物流的定义

农业是我国经济发展的基础产业。在经济全球化的影响及国家相关政策支持下，我国农产品物流也得到了快速发展。

农产品物流是指为了满足消费者需求、实现农产品价值而进行的农产品物质实体及相关信息从经营者到消费者之间的流动，包括农产品收购、运输、贮存、配送、装卸搬运、包装、流通加工、信息处理等一系列环节，并在这一过程中实现农产品的价值增值。

二、农产品物流与相关概念的比较

1. 农产品物流与农业物流

农业物流是指从农业生产资料的采购、农业生产的组织到农产品加工、贮运、分销等一系列活动的过程中所形成的物质流动。而农产品物流主要是指农产品生产、收购、运输、贮存、配送、装卸搬运、包装、流通加工、信息处理等活动，因此，农业物流包含了农产品物流。并且，农产品物流是农业物流的重要组成部分。

2. 农产品物流与农产品流通

农产品流通是指农产品从生产领域向消费领域转移中商品的价值、使用价值及相关信息的运行过程，包括商流、物流、信息流和资金流。农产品流通首先从商流开始，通过经营者与消费者之间农产品所有权的转移来实现价值转移。物流与资金流伴随商流而发生，物流完成农产品实体让渡过程中时间与空间的转移；资金流则完成付款、转账等形式的资金转移。

农产品流通是商流、物流、资金流和信息流的集合体，是一个综合性的系统，缺少其中任何一项都不能构成流通。因此，可以看出农产品物流是农产品营销中必不可少的重要一环。物流包括运输、贮存、配送、包装、装卸搬运、流通加工及信息处理等活动，贮存、运输仅仅是物流活动的构成要素之一。

3. 农产品物流与农产品贮运

传统的贮存与运输是两个相互独立的环节，各自追求自身的最优。而现代农产品物流是一个系统工程，经营运作的目标是系统最优。整个系统就像一个木桶，每一功能都是组成木桶的板块，木桶的容量代表系统的效益，所以，局部最优并不是系统的最大产出，重要的是通过协调提升短板以提高系统容量。

虽然贮存和运输是物流的主要功能，占据大部分的成本比例，但我们不能简单地将农产品物流等同于农产品贮运，农产品贮运只是农产品物流系统中的重要组成部分。

三、农产品物流的分类

1. 根据在供应链中的作用分类

（1）农产品生产物流。农产品生产物流是指从农作物耕作、田间管理到收获的过程中产生的物流活动，包括育苗、插秧、锄田、整枝、杀虫、施肥、灌溉、收割、晾晒、包装、入库等作业。与其他产业的生产物流相比，农产品生产物流受自然条件影响较大，并且受地理环境条件的限制，活动范围也较小。

（2）农产品销售物流。农产品销售物流是指为实现农产品所有权转换、价值增值而进行运输、贮存等一系列的物流活动。农产品销售物流是农产品从加工企业或销售中介，通过零售商到达消费者手中所产生的物流，与其他产品的销售物流相比，虽然最终送达的都是消费者，但农产品销售物流会有自身的特色，如先集中再分散、周期短、范围广、频率高等。

（3）农产品废弃物物流、回收物流。农产品废弃物物流是指在农产品生产、消费过程中废弃物处理所产生的逆向物流。

据资料显示，蔬菜产品在销售过程中毛菜可以产生大约20%的废弃物，畜牧产品在生产阶段会产生大量的禽畜粪便。对已丧失再利用价值的废弃物进行掩埋或焚烧，称之为废弃物物流。对有价值的部分进行分拣、再加工，使其重新进入生产或者消费领域，称之为回收物流。农产品废弃物、回收物物流的渠道较为复杂，管理难度较大，相较于其他产品的逆向物流，农产品逆向物流所能创造的货币收益也较小。

2. 按照物流客体分类

按照物流客体分类，农产品物流可分为大宗农产品物流、生鲜类农产品物流、特色农产品物流。

（1）大宗农产品物流。大宗农产品，主要包括粮食作物、油料作物、经济作物的物流，指的是大宗农产品从各地收获后集中、再分散到再加工、再销售场所或消费者手中。大宗农产品关乎民生及国家安全，是人类生存的重要生活物质资源，包括水稻、小麦、玉米、高粱、大麦、大豆、花生、棉花等。大宗农产品物流也是农产品物流的重要组成部分。大宗农产品物流的流量规模非常大，但频率较低，其完善与否也直接影响着国民经济的发展情况。

（2）生鲜类农产品物流。生鲜类农产品是我国消费者除粮食以外最主要的食物营养来源，它在日常生活消费中占有十分重要的地位。生鲜农产品居民消费的供给和需求一直受到政府和消费者的高度重视。生鲜类农产品主要包括人们日常生活所需的蔬菜、水果、花卉、肉类、禽蛋、奶产品、水产品、食用菌等。其含水量高，易腐烂。

由于我国农业生产分散，生鲜类农产品收获后，要在“行商”（走村串户的经纪人）、“坐商”（收购贩运商）、“老板”（批发商）、“小贩”（零售商）等诸多环节中辗转。生鲜类农产品长时间日晒雨淋、温度变化，导致生鲜类农产品在物流过程中损耗率约占25%，高的甚至达到30%以上。这一损耗率比发达国家平均5%左右的损耗率，要高出很多。这种“吃三扔一”的现状对促进农民增收、土地增效提供了机会。其品质及价值的实现以物流运作的效率角度来看，要做到快装快运、防热防冷，管理水平越高、速度越快，其价值与价格就越高。

（3）特色农产品物流。特色农产品不但向消费者提供特有的功能，还是礼尚往来的重要媒介。随着生活水平的提高、人际交往的更加频繁，特色农产品的需求愈发旺盛。特色农产品的种类繁多，但规模小，其对物流的需求具有多样性和高成本的特点。奶等食物，也向轻工、化工、制革、制药工业提供原材料。畜牧产品可细化为肉类产品物流、蛋类产品物流、奶类产品物流等，总体物流需求量大。

3. 按照运作条件不同分类

按照运作条件不同，农产品物流可分为常温链物流和冷链物流。

（1）常温链物流。常温链物流是指在通常的自然条件下，对农产品进行的物流活动，大多数非鲜活类农产品可以在常温下完成物流过程，如大宗农产品的粮食作物、油料作物、纤维作物等。

（2）冷链物流。冷链物流泛指冷藏、冷冻类食品在生产、贮藏运输、销

售，到消费前的各个环节中始终处于规定的低温环境下，以保证食品质量，减少食品损耗的一项系统工程。冷链物流的适用范围包括生鲜类的蔬菜、水果、花卉、肉类、禽蛋、水产品、食用菌等农产品。

我国蔬菜、水果、肉类、禽蛋、水产品产量位居世界第一位，但大多数产品的分销渠道没有严格的冷链环境，80%的易腐食品在运输中没有温度监控，导致农副产品运送至最终消费前的损耗量也占世界首位。

随着我国农业发展和人民生活水平不断提高，对冷链系统的需求越来越多。生鲜类农产品的保鲜加工和贮运是农业生产的再继续，其冷链建设是农业产业化的重要组成部分，也是农产品标准化发展的必由之路。大力发展生鲜类农产品冷链设施和物流，可以减少从产到用的消耗，有利于保障食品质量安全，扩大生鲜类农产品供应，有助于降低销售价格并增加农民收入。

4. 按照农产品物流特性分类

（1）耐贮农产品物流。耐贮农产品一般指粮食作物、油料作物、纤维作物等大宗农产品及畜牧产品皮毛、干菜、干果等，在农产品中占的比例大。耐贮农产品自然属性稳定、变化缓慢，对物流时间的要求不会太高，因此，物流作业的大部分精力会花在贮存的环节上。

（2）鲜活农产品物流。鲜活农产品一般指果蔬、肉、蛋、奶等易变质的农产品。鲜活农产品含水量高，容易腐烂，受天气影响大，消费者对鲜活农产品新鲜度的要求在逐步提高。因此，鲜活农产品物流的各个环节都要重视，如选用冷链运输、装卸搬运中要轻拿轻放、快装快运。鲜活农产品要求高效率的物流，要尽可能减少渠道层级，缩短运作时间，减少过程损耗，只有这样经营才能在交易中获得更大的收益。

（3）流体农产品物流。流体农产品是指自然属性为容易流失散落的液态农产品，如牛奶、食用油等。流体农产品一般无固定形状，一旦包装破损，就容易流失洒落，因此，对流通的技术要求较高，包装材料需要达到一定强度，还需注意包装方法，并减少装卸搬运过程中的外力影响。流体农产品的流通批量较大，但是，消费比较均衡，所以，对流体农产品要特别注意贮藏要求。

（4）易串味农产品物流。易串味农产品一般指容易吸收异味和自身容易散发味道的农产品，如香烟、茶叶、药材等。容易吸收异味的农产品要严格控制环境的湿度，防止霉变和脆化。易串味农产品在物流过程中需要保持包装和承运工具的整洁，并保持通风，并要注意不可将容易吸收异味的产品与容易散发味道的产品邻近贮运。同时，也要注意防止同为容易散发味道的农产品临近贮运，这类产品其气味往往是验收和评价质量的重要指标。

5. 按照农产品物流组织者不同分类

按照物流组织者不同分类，农产品物流可分为第三方农产品物流和自营农产品物流。

（1）自营农产品物流。自营农产品物流是指农产品经营者借助自有资源组织物流活动的业务模式。自营物流的管理掌握于自己手中，可以有效、快速地传达指令，并得到信息反馈。但是，会加大经营者的雇员、资金的压力，由于农产品供销季节性很强，物流设备总体利用率会比较低。

（2）第三方农产品物流。第三方农产品物流是指独立于农产品经营者与消费者以外的专业物流企业，基于契约，为供需双方提供一系列物流服务的业务模式。这类专业物流企业通常可以提供个性化的物流服务，具有较高的现代信息技术，与双方形成长期的合作关系。这种物流业务外包的业务模式，有利于农产品经营者集中精力发展自己的核心竞争力，减少库存，节省物流费用，提高物流运作效率。

第二节　产品物流功能与管理

一、农产品仓储

1. 农产品仓储的概念

仓储可以分为“仓”与“储”，“仓”即仓库，指存放物品的场所、建筑物或大型容器、洞穴等特定场所。“储”表示收存、保管以备使用。

农产品仓储的定义是利用仓库对农产品进行保存及对其数量、质量进行管理控制的活动。

2. 农产品仓储的意义

农产品的仓储是由农产品在生产与消费之间的客观矛盾决定的，由于这些矛盾的存在，农产品在流通过程中大都需经历仓储的阶段，仓储环节在调和上述矛盾中体现出了它的重要意义。

（1）通过仓储克服农产品生产与消费地理上的分离。由于社会分工细化、

生产规模化，产品的生产地较为集中，消费地分散，因而在销售时对运输的需求大为增加。随着社会发展，自给自足的自然经济已经离我们远去，农产品的生产者与消费者在空间上逐步分离，并呈现生产地分散、消费地分散的格局，对于运输的需求更大。在农产品生产与消费之间进行适度集中贮存，可以平衡运输的负荷。

（2）弥补农产品生产与消费时间上的差异。农产品的生产与消费之间，有一定的时间间隔。间隔时间较短的主要是常年生产、常年消费的产品，如蛋、奶等鲜活农产品；时间间隔较长的主要是季节性生产、常年消费的产品，如粮食、经济作物等。在这段时间间隔里，农产品流通会暂时停滞形成仓储。通过有效的仓储管理，可以调节生产与消费时间的差异。

（3）调节农产品生产与消费方式上的差别。生产与消费的差别主要表现在品种与数量方面。随着专业化程度提高，生产者生产的产品品种趋向单一，但是，数量却很大，而消费者在消费的时候会选择多样化但数量较少的商品。通过集散，可以调节两者存在的差异。

（4）保持农产品原有使用价值的措施。任何农产品，在被消费前都会因为各种因素导致其使用价值降低。因此，仓储活动在保障再生产顺利进行的基础上，还要尽量保障贮存对象的数量、质量不受损。通过科学的贮藏、管理，可以保护好农产品的使用价值。

（5）增加农产品的经济效益、社会效益。仓储活动可以加快资金周转，节约流通费用，降低物流成本，提高经济效益。搞好仓储管理可以减少农产品在贮存中的损耗，降低库存，加速资金周转。

物流是企业的第三利润来源，而仓储又在其中占据很大的比例，搞好仓储可以有效降低企业的费用与成本，同时又提升了作业效率，最终提高整体经济效益。

3. 农产品仓储保管的方法

（1）简易贮存。简易贮存就是利用现有设施，针对不同农产品的特点采取因地制宜的贮存方式。可分为库藏、堆藏、沟藏等。这类贮存设施投资较少，结构简单，适宜大宗、廉价、耐贮的农产品。

（2）窖窑贮存。窖窑的贮存方式在全国各地都有，形式多样，如井窖、棚窖、冰害、土窑洞。这类贮存方式的环境中二氧化碳浓度大，可以相对抑制农产品的呼吸作用，同时，还可抑制微生物和害虫的活动与繁殖，温湿度稳定。

（3）通风库贮存。通风库是果蔬等农产品贮存经常采用的传统设施。利用对流原理，引入外界冷空气起到降温作用，再配合强制通风，其保鲜效果几乎可以达到普通商业冷库的效果。与普通冷库相比，其硬件投入可节省60%以上，运作以后的能耗可节省90%左右。

（4）冷藏库贮存。冷藏库贮存是在具有较好隔热性能的库房中，安装制冷设备，根据农产品贮藏要求，自主控制库内的温度和湿度。其特点是效果好，但造价与运行费用高。

（5）气调保鲜贮存。气调保鲜贮存是指调整贮存环境的气体成分的冷藏方法，综合了冷藏、降氧增碳（二氧化碳）、减压等贮存方法。可以最大限度抑制果蔬产品在贮存过程中的呼吸作用，延缓氧化衰老，同时通过减压起到抑菌、灭菌、消除气味干扰的作用，最终延长了果蔬产品的贮藏期。

4. 农产品仓储管理的科学化

（1）对仓储进行科学合理的设计。科学选择仓库地址，综合考虑客户分布、气候、水文、地质、交通及当地政策等因素。合理建设库区，根据贮存对象选择适应的库区结构与设备，科学规划出入库流程。

（2）对被贮存产品进行分离分析，实施重点管理。

（3）适度集中贮存，实现规模经济。

（4）加速周转，实现仓储时间合理化。周转速度加快，可以使资金周转加快、资本效益提高、仓库吞吐量增加、单位贮存成本下降。可以实施“先进先出”、计算机存取等方法。

（5）提高贮存密度，有效利用仓容。充分利用高度可以提高场所利用率，减少空间浪费，使贮存成本直接降低。高垛、减少通道数量与面积、使用高层货架等方法可以加大贮存密度。

（6）实施分类分区，并采取贮存定位等。

（7）采用现代化的贮存保养方法、条码技术等。

（8）采用集装箱、托盘等贮运一体化装备。

二、农产品运输

1. 农产品运输的概念及产生背景

农产品运输是指通过运输工具或设施来实现农产品时间、空间上的转移。随着人类社会的发展，生产力水平在急速提高，农产品在被生产者消耗之后还有

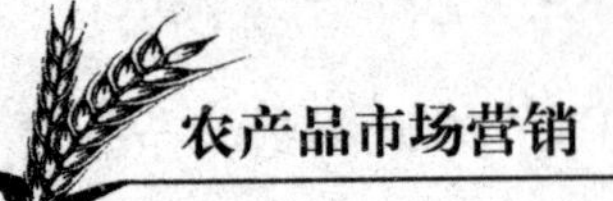

大量剩余，生产者会将这部分剩余拿到市场上去交易。这时生产与消费变得不同步，需要让运输去衔接这两个环节。伴随农产品交易规模的扩大、交易范围的全球化，社会对农产品运输的需求也愈加迫切。

2. 农产品运输的各种方式及特点

农产品运输方式主要有公路运输、铁路运输、水路运输、航空运输这4种，不同的运输方式具有各自鲜明的特点。

（1）公路运输。公路运输灵活性强，可以实现门对门的运输，可深入山区或偏僻的农村，运输速度快。但运输能力低，变动成本高，劳动生产率低，运输大宗农产品成本高，长距离运输费用更高。但是，适合生鲜类农产品的快速运输。

（2）水路运输。水路运输具有以下特点。①运输量最大。在国际贸易中有75%的业务都是靠水路运输完成的。现代货运船舶向着大型化、高承载的方向发展，一般普通万吨级的货轮单趟的承载量可抵得上200节50t火车车皮、千余辆中型卡车的运量。②运费低廉。在水路运输中，线路是天然的，只用建设码头，运行时燃料经久耐用，其固定成本与可变成本都较低，所以，货物运输的单位成本也相对低廉。③运距远。水路运输又可分为近海运输、远洋运输、内河运输。可以跨大洋进行长途运输，运输距离相对较远。④速度慢。船舶体积大，阻力也大，由于承运量大，其装卸时间也较长，所以，水路运输的速度相对最慢。⑤风险较大。水路运输受自然条件与天气的影响较大，特别是远洋运输，海洋环境复杂、气象多变，遭遇不可抗自然灾害袭击的可能性大。除自然风险外，还存在战争、海盗、禁运等社会风险。

（3）航空运输。航空运输速度快、机动性大、安全性高、基建集资少、准确性高。但载质量比较小、运载成本高、受天气影响较大、不适宜短途运输。航空运输最适合承担运量较少、距离长、对时间要求紧、运费负担能力较高的任务，如鲜活易腐农产品的中长途运输。

（4）铁路运输。铁路运输受天气影响小、安全、中长距离货运价廉、运输批量大、速度快、节能，但不宜短距离运输、途中作业时间长、运费没有伸缩性、不能进行门对门运输、车站固定、货物滞留时间长、不宜紧急运输。

3. 农产品运输的问题

农产品运输过程中出现的不合理现象主要有以下几种。

（1）空驶。空车无载货行驶，是最严重的不合理运输。造成空驶的原因大致如下：社会运输体系不完善，依靠自备车辆进行运输，造成单程空驶；由于计划不周，造成信息失准，车辆空去空回、双程空驶；车辆过分专用，无法搭载回程货品，造成单程空驶。

（2）对流运输。又称相向运输，指同一种货品在同一线路上做相对方向的运输，货品也可以是互相替代却不影响使用与效率的相似货品。

（3）迂回运输。迂回运输是指本来可以选取较短距离进行作业，但是，却选择了较长路程的线路进行运输，就是我们平时讲的“绕远路”。但是，迂回运输有一定的复杂性，为避免交通堵塞、道路情况不好、特殊限制而发生的迂回，不能归为不合理运输。

（4）倒流运输。倒流运输是指货物从起运地送出又回流至起运地的现象，其位移近似于零，往返两趟都是不必要的。

（5）重复运输。重复运输是指本来可以直达的货运，在中途停滞并重复装卸再送达目的地的不合理运输形式。虽然这样没有增加运输里程，但是，增加了不必要的装卸环节，延缓了速度，增加了费用。

（6）托运方式选择不当。本可以选择最好的托运方式而未选择，造成运力浪费及费用加大的不合理运输形式。如本应选择整车托运的，却最终决定零担托运。

（7）运力选择不当。运力选择不当是指未利用各种工具的优势而选择不正确的工具进行运输的不合理现象。如弃水路，采用铁路、大型船舶的过近运输等。

（8）超限运输。超过规定的长度、宽度、高度和质量进行运输，容易引起货损、车辆损坏和公路路面及公路设施的损坏，还会造成严重的事故。

4. 农产品运输合理化的途径

（1）加大对农产品物流基础设施的投入。加强农村道路建设，实施“村村通”公路，提高道路等级，确保农产品可以物畅其流。加快农产品运载工具的开发研制。

（2）正确选择农产品运输路线，确定合理流向。要改善生产布局，按照近产近销的原则调整购销贮运网点，避免对流和倒流运输。正确选择运输方式，尽可能实行直达运输，减少迂回和中转。引导农产品运输业实现专业化。

（3）实行公铁分流，发挥各自优势。在我国的陆路运输中，200km以内公路运输的费用要低于铁路运输。对于果蔬类易腐烂农产品，运距在450km以内

时，公路运输比铁路运输更适宜。

（4）提高运输工具的使用效能。通过提高工具的装载量、加速车船运转、开展“捎脚”运输、加强运输计划性等方法节约运力，提高运输工具的使用率，用同样的能耗，装运更多的农产品。

（5）加强运输的安全质量管理。在运输作业中，应强调“及时、准确、安全、经济”的原则，严防运输过程中发生包装破损、霉变、丢失及翻车沉船等事故。

（6）大力开发应用保鲜技术与设备。研发农产品运输的冷冻保鲜技术，扩大冷藏货运车辆的生产与营运。

（7）建立农产品运输的“绿色通道”。在农产品运输之前把所有手续办理完毕，省略中途的各种检查、缴费手续，减少农产品的在途时间。

三、农产品配送与配送中心

农产品配送是指在经济合理的区域范围内，根据客户的要求，对农产品进行拣选、加工、包装、分割、组配等作业，并按时送达给客户的活动。配送处于现代物流的末端，是现代物流中一种特殊的、综合的活动形式，在物流系统中占有重要的地位。

1. 农产品配送的特点

农产品本身具有生产区域性、季节性、分散性、鲜活性的特点，同时，农产品是生活必需品，消费弹性小，具有消费普遍性、分散性的特点。因此，农产品的配送会有不同的特点。首先，农产品的生产与消费都很分散，需要设置大量的接近消费者的配送点。其次，农产品大多易腐易烂，即便采取保险措施，也会有一定比例的损耗，这使得农产品配送的半径相对较小。最后，由于农产品的供求信息不对称、季节波动大，导致农产品的配送风险加大。

2. 农产品配送与农产品运输的关系

运输和配送都是线路运动，两者的差别是：①运输作业距离长、周期也较长，而配送作业距离短、周期较快。②运输针对大批量少品种的农产品，配送针对小批量多品种的农产品。③运输的功能相对单一，而配送的功能较复杂。④运输和配送具有互补关系。

3. 农产品配送的业务模式

（1）直销型配送模式。直销型配送由农户或农产品供给者自行配送，将农产品送到客户手中。

（2）契约型配送模式。契约型配送模式是指加工企业与农户或合作社之间通过契约形式联系，由企业负责将产品运送至市场。

（3）联盟型配送模式。联盟型配送模式的主导者是农产品批发市场，参与者是农产品生产者、批发商、零售商、运输商、加工保鲜企业等，通过利益联系和优势互补形成战略联盟。

（4）第三方配送模式。第三方配送是由相对于发货人和收货人而言的第三方专业企业来承担企业配送活动的一种形态。它不拥有产品，不参与产品买卖，而是为其他方提供基于合同的一系列、个性化、信息化的长期配送代理服务。这种模式也将会是以后农产品配送发展的趋势。

4. 农产品配送合理化

为实现农产品配送合理化，应做到以下几点：①推行一定程度的专业配送。②推行加工配送。③推行共同配送。④实行送取结合。⑤推行准时配送系统。⑥推行即时配送。

5. 农产品配送中心的概念

农产品配送中心是指从事农产品配备（集货、贮存、加工、拣选、配货等）和组织对用户的送货，以高水平实现销售和供给服务的现代流通设施。配送中心是从事配送业务的场所和组织，它应符合下列要求：①主要为特定的用户服务。②配送功能健全。③完善的信息网络。④辐射范围小；⑤多品种、小批量；⑥以配送为主、贮存为辅。

6. 农产品配送中心的功能

（1）贮存保管功能。为防止缺货，或多或少都要有一定的安全库存。配送中心通常都建有现代化的仓库，贮存一定量的商品，这也为农产品销售者降低库存奠定了基础。

（2）分拣配货功能。配送中心与传统仓库最大的区别在于它还要对农产品进行分拣、加工、配装。配送中心的服务对象很多，每一个服务对象由于经营性质与规模的不同，其需要配送的产品在数量、规格、作业要求上也千差万别。为了能同时向不同的用户进行有效地配送，必须采取现代化的分拣技术与设备对农产品进行分拣、分装和配货。

（3）农产品集散功能。集散功能是配送中心的一项基本功能，特别是农产

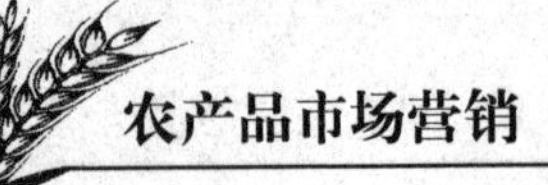

品配送中心，通过配送中心可以把分散的农产品集中起来，同时，还可以把各个用户所需的多种产品组合起来，形成经济、合理的货运批量，集中送达分散的用户，提高了送达效率，降低了物流成本。

（4）配送加工功能。为提高竞争力，国外许多配送中心均配备一定的加工设备，他们按照用户的要求，将货物加工成必要的规格、尺寸和形状等。这样可以提高客户满意程度，也可以提高农产品资源的利用率。

（5）衔接功能。现代化的配送中心如同一个“蓄水池”，不断地进货、送货及快速周转有效地缓解了供需矛盾，在产销之间搭建了一个缓冲平台。

（6）信息沟通和处理功能。配送中心不仅仅是产品流通的节点，也是信息流通的枢纽。消费者口味、要求的变化可以由它获取并传递给生产者，生产者的推广信息、新产品信息也可由它传递给消费者。还可以实时反馈农产品流通所处位置的信息、数量信息，便于管理者进行决策。

7. 农产品配送中心作业流程

虽然配送中心的规模、性质不同，其营运涵盖的作业项目也不完全相同，但其基本作业流程大致可以归纳为：作业流程由供应商供应货品到达配送中心开始，经“进货”作业验收分类后，便依次“贮存”入库，然后，这些产品根据需要的数量向分拣区递补。在“贮存”的过程中，为了保证配送管理有良好的绩效，要对货品进行定期或不定期“盘点”。当接收到客户的订单后，先将订单进行处理，并生成分拣单，驱动“拣货”作业。“拣货”进行时，如发现分拣区存量过低，则需要贮存区来“补货”，将存贮的农产品继续递补至分拣区以供“拣货”。如发现贮存区域的存量低于标准，便要向上游供应商采购进货。而此时已按客户订单要求完成分拣的货品经数量复核并简单整理包装后便进入发货区域，等待“发货”。配送人员将这些农产品配装上车，然后，将它们“配送”到对应的客户手中。

四、农产品包装、装卸搬运与流通加工

1. 农产品包装

商品经过适当的包装，才能真正进入流通和消费领域，才能实现商品的价值与使用价值。农产品具有自身的特性，良好的包装不但能促销，还能提高农产品

的附加值。包装简陋、单一，不但销路会受影响，更重要的是运输、贮存、装卸搬运都将受阻。

（1）农产品包装材料。农产品包装材料主要有：纸质包装、塑料包装、纳米复合包装、金属包装、玻陶包装、可食性包装、条编包装。

（2）农产品包装技术。可采用的农产品包装技术有：防震包装技术、防破损包装技术、防霉腐包装技术、防虫包装技术、特种包装技术。

（3）农产品包装适度。

①适度包装。农产品包装应追求适度，一要防止包装不到位、包装落伍。包装不到位，会使包装的基本功能无法实现，容易出现商品受损、发霉等情况。包装落伍会使产品形象受影响，延误销售。二要防止包装过度。包装过度会增加产品的成本，这个成本最终要转嫁到消费者身上，对于普通商品而言，包装费用应控制在售价的15%以下。

②包装应适应装卸搬运、运输、贮存作业的要求。包装尺寸应尽量与运输工具、仓库等配合，既不溢出，又不留空隙。否则，运输及配送的成本增加。

③大力推行农产品包装机械化、自动化和智能化。推广诸如缓冲包装、防锈包装等包装方法，采用托盘、集装箱进行组合包装运输。推行机械化、自动化、智能化包装，可以提高包装作业效率、节省劳动力、提高流通中货品的安全性，降低物流成本。

④农产品包装绿色化。农产品包装绿色化是当今世界农产品包装的基本原则。一是要求实行包装的减量化；二是要求包装材料能再循环处理；三是要求包装材料可降解。

当今对农产品等关系国民身体健康的产品非常重视，不仅对食品农产品本身的品质提出了严格的卫生要求，而且对其包装也制定了很高的标准。食品包装主要包括塑料袋、纸袋、铝箔袋、玻璃瓶、陶瓷瓶、马口铁罐、塑料薄膜等内包装及材料，以及纸箱、塑料桶、钢桶等外包装及材料，这些包装材料中的有害成分都可能因为超标影响农产品质量，损害人体健康。必须加以重视，减少包装对农产品质量的影响。

2. 农产品装卸搬运

（1）农产品装卸搬运的特点。农产品装卸搬运是附属性、伴生性的活动，但它衔接了生产的各阶段和流通的各环节，是整个物流过程中的闸门与咽喉。可见，改善装卸搬运作业，对于加速车船周转，加快物流速度，降低物流费用，提高服务质量，提升系统整体效益，都具有十分重要的意义。

（2）农产品装卸搬运合理化。减少装卸搬运的次数，消除多余、重复作业，提高装卸搬运灵活性，使货品尽量处于适于下一步作业的状态。利用重力作用，减少能量消耗。实现作业机械化和自动化，将作业人员从重体力劳动中解放出来，提高装卸搬运的效率。推行组合化装卸搬运，尽量使用托盘和集装箱，拓宽物流系统的“咽喉”和“闸门”。

3. 农产品流通加工

（1）农产品流通加工的概念。根据《中华人民共和国国家标准物流术语》的定义，流通加工是指物品在从生产地到使用地的过程中，根据需要施加包装、分割、计量、分拣、印刷标志、栓标签、组装等简单作业的总称。例如，按照顾客的订单要求，可将食肉和鲜鱼进行分割或把量分得小一些等。

农产品流通加工的定义可以根据对象的特征再细化，在物流过程中根据需要对农产品进行除杂去废、清洗、切段、计量等作业都属于农产品流通加工。

（2）农产品流通加工的方式。农产品流通加工的方式包括：除杂去废加工、分级分类加工、清洗、切削分割加工、粉碎加工、压缩打包加工、腌泡加工、干燥脱水加工、冷藏冷冻加工、消毒杀菌加工、密封包装加工、催熟加工等。

（3）农产品流通加工的意义。

①流通加工可以保护农产品的有益成分。蔬菜经过速冻加工后，在恒温下可以贮存2年以上，在烹调过程中其维生素才损失20%左右，新鲜蔬菜在烹调时维生素损失在30%以上。

流通加工可以延长农产品的贮存时间。一般加工后的蔬菜可以延长贮存期半年到两年，水果类产品可以延长贮存期一个月到一年左右，蛋类可以延长贮存期半年到一年，肉类可以延长至一年以上。

②农产品流通加工创造附加价值。食品的流通加工，有时可以使加工对象的产品利用率提高20%～50%，如大米的自动包装、上市牛奶的灭菌、鱼和肉类的冷冻等。

〔案例导入〕

农产品的保鲜物流体系

农产品的质量易受到温度、碰撞等条件变化影响。建立高效的农产品保鲜物流体系，有利于减少流通过程中的损耗，提高农民收入并满足消费者对新鲜农产品的需求，日本在第二次世界大战以后逐渐建立起一套较为成熟的农产品保鲜物流体系。

1. 日本农产品保鲜物流的主要形态和流程

农协（日本农业协同工会，简称农协，下同）和中央批发市场是日本现在的农产品主体流通渠道，约占流通总量的60%。农产品生产者主要为中小农户，产品多为一般档次。其流程如下：农户收获产品后送至农协，在农协进行预冷处理并分拣包装后，通过冷藏卡车等工具送至城市大型批发市场。产品进入批发市场马上进行拍卖，售出后通过冷藏卡车运送至中间商或零售商的冷藏库，直接摆上柜台。

零售店与签约农户间的产销直送模式约占流通总量的20%。生产者多为大规模农户，产品中高档、特产品较多。农户收获后，经简单分拣包装，直接通过冷藏卡车送至零售商的冷藏库或店铺。

网上直销、邮购等原店铺直销约占流通总量的15%，产品以特产类为主。农户直接接受消费者订货，通过速递或邮局系统的小型冷藏箱送至消费者。

此外，近年来兴起的农产品直销店系统约占流通总量的5%。由农协提供销售店铺场地和信息、结算系统等基础设施，农民直接将产品摆放到店铺内并自行定价。店铺多处于产地附近，一般只有简单包装，并不使用冷链系统。

2. 日本保鲜物流主要应用技术

为保持农产品的鲜度，需要根据不同产品和流通形态的特点，在收获、运输、存贮等各个物流环节综合运用各类技术。

（1）冷链系统。冷链系统是农产品保鲜物流技术的核心，主要涉及预冷、冷冻冷藏运输和保温仓储等环节。

预冷是指在农产品收获后立即对其进行迅速降温处理，通过预冷处理可以控制产品的呼吸作用和水分蒸发，防止有机酸、维生素等营养成分减少，抑制细菌繁殖，以达到维持产品色泽、防腐以及防止水果类过熟的保鲜效果。

冷冻冷藏运输是冷链系统的重要组成部分，主要涉及保温卡车、集装箱及保温箱技术等。

现在日本大部分易腐农产品已绝大多数使用保温卡车及保温集装箱运输，部分高档农产品还利用空运缩短流通时间。如清早收获的鲜鱼、高档水果等，当日就能出现在东京百货店的柜台上。

（2）保鲜包装。根据不同产品和流通形态的特点，采用适当保鲜包装技术。对马铃薯、洋葱等不易腐烂的蔬菜等，可采取简单包装，通过容器内部的空气循环即可控制发霉和腐烂。并尽量扩大运输规模，提高运输效率，发挥规模成本优势。在网上订货或邮购等小规模农产品流通上，使用泡沫塑料加制冷剂等冷藏包装。对优质高价的农产品可采取特殊包装。如日本在樱桃、桃、草莓等易碰伤水果的包装上广泛使用缓冲材料，并使用特制的保鲜箱，吸收水果散发的乙烯成分，控制水果过熟。此外，配合冷藏运输，有时需要使用泡沫塑料包装，在包装内放置制冷剂。

采用可多次循环使用的运输容器可有效提高运输效率，降低运输成本。日本在农产品运输上广泛使用标准尺寸的折叠式运输箱，运输时可叠加摆放，卸货后可折叠起来不占用运输空间，且可多次循环利用。

（3）保鲜仓储。冷冻冷藏仓库是保鲜仓储的基础，此外，最近一些配合冷冻冷藏的技术开始推广，较为普及方法有两种：①气调贮藏。使用氮气或二氧化碳抑制呼吸作用，以达到保鲜效果。②干燥保藏。采用自然干燥或人工干燥，对食品或食品原料进行脱水处理，使其水分降低到不致使食品腐败变质的程度，从而达到保鲜目的。

3. 日本政府对农产品保鲜物流的支持情况

日本政府对农产品流通的支持主要体现在基础设施——建设方面。如直接提供资金，完善公路交通网，在各地建立大型批发市场、预冷仓库、冷藏仓库、冷冻仓库等设施。日本此类设施的初期投资往往由政府全额出资，建成后委托农协组织或公共机构经营维护。

对农产品保鲜物流体系研究提供资金支持也是政府支持的重要方面。日本政府长期通过国家预算，向各国农业研究所提供项目经费支持，给地方政府也对地方性研究机构提供资助。

第三节 农产品物流发展的趋势

一、农产品绿色物流

绿色物流是可持续发展的必然选择，绿色是生命、健康、活力的象征，农产品绿色物流已成为现代物流发展的新方向，它不仅关系到生态环境的污染问题，更重要的是还关系到人类的身心健康。

1. 绿色物流的定义

我国国家标准《物流术语》对绿色物流的定义是“在物流过程中抑制物流对环境造成危害的同时，实现对物流环境的净化，使物流资源得到充分利用。”

2. 农产品绿色物流的意义

近年来，农产品消费观念发生改变，从数量追求转向对农产品的质量要求，强调无公害、无污染，崇尚健康、环保、安全。因此，农产品绿色物流显得尤为重要。

（1）发展农产品物流，可以优化农产品物流系统目标，提高农产品物流管理水平，实现农产品物流系统的整体最优及对环境的最低损害，提高物资的重复利用率。

（2）发展农产品绿色物流，是对绿色农业的完善，有助于让农产品赢得公众信任，在激烈的市场竞争中脱颖而出。

（3）发展农产品绿色物流，可以给农业企业和农户带来巨大的经济效益，增加农民收入，增加农产品的价值，实现低投入、大物流。

（4）发展农产品绿色物流，可以在实现经济效益、社会效益的同时节约资源、保护环境，保持自然生态平衡，为子孙后代留下生存和发展的空间。

二、农产品物流标准化

1. 农产品物流标准化的概念

农产品物流标准化是指以农产品流通以及相关的农产品分类、采收、名词术语、包装、贸易、贮存、运输为内容而制定的共同使用和遵守的准则，以形成全国以及与国际接轨的标准体系，并对标准实施进行监督。

2. 农产品物流标准化的内容

农产品物流标准化包括以下内容。

（1）基础编码标准化。

（2）物流术语、计量单位标准化。

（3）标志、图示和标识标准化。

（4）模数尺寸标准化。

（5）物流建筑基础模数标准化。

（6）集装模数尺寸标准化。

（7）物流单据、票证标准化。

3. 农产品物流标准化的意义

（1）农产品物流标准化是规范秩序的重要纽带和桥梁，有利于农产品流通，有利于农产品物流网络的建立。

（2）农产品物流标准化可以降低物流成本，提高流通效率，并可以更好地保证质量安全。

（3）农产品物流标准化可以满足社会对农产品多样化、个性化的需求，可以促进农业管理与技术的进步。

（4）通过农产品物流标准化建设，可以更好地解决“三农”问题，提高农民收入。

三、农产品物流信息化

1. 农产品物流信息化的概念

农产品物流信息化是指将现代信息技术应用于农产品流通领域。

农产品物流信息化是农业信息化的重要组成部分。通过信息化，可以提高农产品市场流通效率，保证农业信息畅通，有利于实现市场供需平衡。并且还有利于降低农产品交易成本，促进农产品的商品流通。

2. 农产品物流信息化技术的内容

农产品物流信息化技术包括：条码技术、电子数据交换技术（EDI）、无线射频识别技术（RFID）、地理信息系统（GIS）、全球定位系统（GPS）等。

3. 农产品物流信息化的途径

农产品物流信息化的途径包括以下几种。

（1）积极推行“信福工程”建设。

（2）加强农产品信息网站建设及推广。

（3）提高农产品流通企业和农户的信息意识。

（4）探索运营模式，解决农产品信息化集资难题。

（5）加强与涉农部门的信息共享，完善信息采集系统。

（6）加强农产品信息系统的扩充性开发。

（7）通过政策优惠推动农产品龙头企业的信息化进程。

（8）加强农产品流通信息管理和技术服务队伍的培训，形成专业合作。

［案例导入］

美国的粮食物流

美国是世界粮食主产国和头号粮食出口国，其耕地面积28.5亿亩，约占国土总面积的20%。农业在国民经济中的比重很小。粮食生产者也仅占全国总人口的3%。美国人均耕地面积达11亩，是世界人均水平的3倍，中国人均水平的9倍，每个农民生产的粮食可以满足87个人的生活需要，充裕的耕地和较高的机械化水平使美国粮食产量和人均占有量均在世界上名列前茅。近年来，美国粮食产量基本稳定在3.3亿～3.5亿吨，粮食库存约为1.9亿吨，约占世界库存总量的30%，美国出产的主要粮食为小麦、玉米、大豆和稻谷，粮食出口量占世界出口量的一半。美国粮食物流各环节都实现了高度信息化，政府和行业协会在粮食物流中发挥了重要作用。

1. 运输方式

美国的粮食运输基本上实现了多式联运模式，公路、铁路、水路各种运输方式衔接顺畅。从收纳、中转、贮存、运输到销售终端，都具有完善的筒仓接收发放系统和配套的专用汽车、火车和船舶运输工具，以及由第三方物流企业提供的专业化的粮食物流服务。汽车散粮运输使用标准化的专用卡车，铁路散粮运输也是采用专用车皮，但载重量和列车编组远远大于中国，车皮计划通过拍卖获得，铁路公司利用价格杠杆调节流量和流向。粮食产供销实现从田间到餐桌的一体化。美国的农业生产、加工、销售等环节紧密相扣，服务配套。美国全国港口库年周转率平均达37次，粮食的物流成本只占粮食交易总成本的18%左右。

2. 公共信息平台

联邦政府建立了以服务社会为目标、资料齐全的粮食统计信息网络，随时采集，定期发布，指导农民和粮食企业的生产及贸易活动。同时，芝加哥商品交易所粮食期货市场的价格导向和交易指导，对美国粮食物流的实物流量起到了十分重要的稳定剂作用。在上述公共信息平台的基础上，粮食物流企业建立了自成体系的物流管理信息平台，用于粮食物流的计划、采购，仓储、运输等各项业务活动，可以起到提高效率、降低成本、增强赢利能力、控制经营风险的作用。美国政府在粮食物流体系中所起的作用主要是创造公平的信息共享系统和公正的质量控制系统。信息共享的作用主要体现在政府有关部门，如农业部、运输部等定期向全社会无偿发布信息。粮食质量控制隶属于美国农业部联邦谷物检验局，主要职能是建立国家粮食标准和质量控制体系，保证美国粮食生产和物流标准化，从而保持美国在粮食进出口贸易中的主导地位。

3. 行业协会的作用

美国各粮食行业协会在粮食物流体系中所起的作用主要是帮助农民或粮商和加工企业等研究市场，提供预期建议，使美国的粮食生产、贸易和加工能在基本稳定的预期框架中运作，从而保证美国粮食物流的稳定发展。美国五大粮商（ADM、邦基、嘉吉、路易·达孚和安德森公司）是粮食物流的实施主体，其粮食贸易量占全国80%以上。例如，嘉吉公司每年承担的粮食出口量约为3 000万吨。在全国39个重点粮食港口终端库的530万吨仓容中，嘉吉占41%，ADM和安德森公司各占9%。大型港口终端库每年的粮食出口周转量都在100次以上。各大粮商在粮食物流体系中，都承担着从粮食收购、集并、仓储、运输、进出口到加工的各个物流环节的组织工作，实现了物流上下游各环节的生产、销售、加工的有效衔接。

第九章　农产品标准与分级

〔案例导入〕

从马斯洛需求理论看农产品需求

马斯洛认为，人类价值体系存在两类不同的需求，一类是沿生物谱系上升方向逐渐变弱的本能或冲动，我们称之为低级需求和生理需求。另一类是随着生物进化而逐渐显现的潜能或需求，我们称之为高级需求。

最低端是生理需求，接着往上依次是安全需求、社会需求、尊重需求，最顶层是自我实现需求。这是马斯洛所提出的人类的5个需求层次。

每个人都潜藏着这5种不同层次的需求，但在不同的时期表现出来的各种需求的迫切程度是不同的。

人们在温饱阶段时最迫切的需求是生理需求和安全需求，在温饱已得到满足后生活水平达到小康阶段时，我们开始迫切追求社会需求和尊重需求。在上述的需求都已满足的情况下，即我们达到富裕阶段的时候，我们最迫切的需求则成了自我实现需求。

一句话，就是我们的需求是外在的物质需求逐渐转向内在的精神层面的需求。

温饱阶段的需求我们可以看做是物质需求，而小康阶段和富裕阶段的需求我们称之为精神层面的需求。

1. 吃饱的需求

吃饱是人类维持自身生存的最基本的需求之一，这一需求如果得不到满足，人类个体的生命将因此而受到威胁。所以说，缺少了生理需求人类将无法实现更高层次的需求，也就是说生理需求是推动人们行动最首要的动力，是最基本的需求，任何人都需要首先满足自身的生理需求。只有最基本的温饱需求满足到足够维持生存所必须的程度后，其他的需求才能成为新的有效的需求。为了吃饱，农产品生产经历了追求高产的阶段。消费者可以得到足够多的食物，满足了基本的生理需求。

然而，高产往往与品质存在着一定的矛盾性，能吃饱了。却丢失了品质和口味，食之无味成为吃饱后的感觉。

2．吃好的需求

在温饱问题得到解决后，人类的本能就指引着我们向更高层次的需求迈进。不但要吃饱，更要吃好，要吃的有滋有味。于是对无公害、绿色、有机农产品的需求增加，农产品的安全成为满足需求的必备条件，消费者的安全需求得到满足。

3．品味的需求

在消费者获得基本生理和安全需求后，社会交往的需求成为追求的内容。于是各种礼品包装的农产品出现，方便了相互之间的礼尚来往。

4．尊重的需求

在消费者获得基本生理和安全需求后，对自我尊重、信心、成就、对他人的尊重、被他人尊重的需求需要得到满足。于是品牌农产品、特色农产品、保健农产品、新奇农产品等不断涌现，并伴随着生活水平的提高、多元化消费的趋势越加突出。

5．自我的需求

该层次需求是最高层次的需求。它是指实现个人理想、抱负，发挥个人的能力到最大程度，达到自我实现境界，接受自己也接受他人，解决问题能力增强，自觉性提高，善于独立处事，要求不受打扰的独处，完成与自己的能力相称的一切事物的需求。农产品的需求完全是根据个人的喜好。

此外，需要说明的是，社会需求、尊重需求和自我需求的出现是5种需求像阶梯一样从低到高，按层次逐级递升，但这样次序不是完全固定的，可以变化，也有种种例外情况。一般来说，某一层次的需求相对满足了，就会向高一层次发展，追求更高一层次的需求就成为驱使这一行为的动力。同一时期，一个人可能有几种需求，但每一时期总有一种需求占支配地位，对行为起决定作用。任何一种需求都不会因为更高层次需求的发展而消失。各层次的需求相互依赖和重叠，高层次的需求发展后，低层次的需求仍然存在，只是对行为影响的程度大大减小。

一个市场多数人的需求层次结构，是同这个市场的经济水平、科技水平、文化及教育程度直接相关的。在落后的市场，生理需求和安全需求占主导的人数比例较大，而高级需求占主导的人数比例较小；而在发达的市场中，则刚好相反。在同一市场的不同时期。人们的需求层次会随着市场水平的变化而变化。

第一节 农产品标准

农产品标准是对农产品的质量、规格以及与质量有关的各个方面所作的技术规定、准则。在进行农产品收购、调拨、储运以及销售的整个商品化过程中，应当严格执行国家相关农产品质量、规格标准。农产品标准除了质量标准、环境标准、卫生标准、包装标准、储藏运输标准、生产技术标准以外，还包括添加剂的使用标准、农产品中黄曲霉毒素的允许量标准和农药残留量标准等。农产品标准将会随着科技的进步和市场需求的变化不断增删，不断完善。我国将农产品大致分为普通农产品、绿色农产品、无公害农产品和有机农产品。不同农产品的生产标准各不相同。

一、普通农产品的质量标准

（一）农产品质量

质量是农产品优劣的尺度。品质优良的农产品应该具有良好的食用品质和商品价值，作为加工原料的农产品还有一些另外的质量要求。农产品是人们生活中不可缺少的食物，因此它的食用品质应该放在质量标准的首位。农产品的食用品质一般包括它的新鲜度、成熟度、色泽、芳香、风味、质地以及内含营养成分等指标。农产品的商品价值除了它食用品质的高低外，为了获得更好的经济效益和满足人们生活的各种需要，还应包括它的商品化处理水平，在储藏、运输、销售过程中的抗逆性和耐储性和商品的货架寿命等指标。农产品不仅能直接作为食物，而且还可作为原料，经加工后可供食用或它用。作为加工原料的农产品，其质量要求除了上述有关指标外还有一些其他要求，如含水量、含杂量、加工适应性强、有效成分含量等。

（二）普通农产品标准的一般内容

1. 所使用的对象

这是指首先要说明该标准应用于什么农产品，采用的是什么工艺以及分类或等级。有的还指出这种农产品的用途或使用范围。

2. 农产品商品的质量指标及各种具体质量要求

这是标准的中心内容，包括技术要求、感官指标、理化指标等项目。技术要求一般是对农产品加工方法、工艺、操作条件、卫生条件等方面的规定；感官指标是指以人的口、鼻、目、手等感官鉴定的质量指标；理化指标包括农产品的化学成分、化学性质、物理性质等质量指标。许多农产品还规定了微生物学指标及无毒害性指标。

3. 抽样和检验方法

抽样方法的内容包括每批农产品应抽检的百分率、抽样方法和数量、规定抽

样的工具等；检验方法是针对具体的指标，规定检验的仪器及规格、试剂种类及规格、配制方法、检验的操作程序、结果的计算等。

4. 农产品的包装、标志以及保管、运输、交接验收条件、有效期等

特别值得指出的是，大多数农产品是人们日常生活必不可少的主要食品，为了保障人民群众的身体健康，必须坚决贯彻执行国家《食品卫生法》的规定。规定明确指出，要禁止生产、经营腐败变质、油脂酸败、霉变、生虫、污秽不洁、混有异物或者其他感官性状异常而可能对人体健康有害的食品；禁止生产经营含有有毒有害物质或者被有毒有害物质污染而可能对人体健康有害的食品。

二、绿色农产品的标准

绿色农产品是遵循可持续发展原则、按照特定生产方式生产、经专门机构认定、许可使用绿色农产品食品标志的无污染农产品。可持续发展原则的要求是，生产的投入量和产出量保持平衡，既要满足当代人的需要，又要满足后代人同等发展的需要。绿色农产品在生产方式上对农业以外的能源采取适当的限制，以更多地发挥生态功能的作用。

（一）绿色农产品标准

绿色农产品标准是应用科学技术原理、结合绿色食品实践、借鉴国内外相关标准所制定的，在绿色农产品生产中必须遵守、绿色农产品食品质量认证时必须依据的技术性文件。它既是绿色农产品生产者的生产技术规范，也是绿色农产品食品认证的基础和质量保证的前提。绿色农产品标准是国家行业标准，对经认证的绿色农产品来说，是强制性标准，必须严格执行。

（二）绿色农产品标准构成

绿色农产品标准主要包括绿色农产品产地的环境标准，即《绿色食品产地环境质量标准》；《绿色农产品生产技术标准》；《绿色农产品产品标准》；《绿色农产品包装标准》；《绿色农产品储藏运输标准》等。以上标准对绿色农产品产前、产中、产后全程质量控制技术和指标做了明确规定，既保证了绿色农产品无污染、安全、优质、营养的品质，又保护了产地环境，并使资源得到合理利用，以实现绿色农产品的可持续生产，从而构成了一个完整的、科学的标准体系。

绿色农产品标准既是开发、管理绿色农产品的前提和基础，也是生产企业是否能够生产出高质量农产品、赢得国际市场、获得经济效益的技术尺度。

三、有机农产品标准

有机农产品是根据有机农业原则和有机农产品生产方式及标准生产、加工出来的，并通过有机食品认证机构认证的农产品。它的原则是，在农业能量的封闭循环状态下生产，全部过程都利用农业资源，而不利用农业以外的能源（化肥、农药、生产调节剂和添加剂等）影响和改变农业的能量循环。有机农业生产方式是利用动物、植物、微生物和土壤四种生产因素的有效循环，不打破生物循环链的生产方式，所生产的农产品是纯天然、无污染、安全营养的食品，也可称为“生态食品”。有机农产品执行的是国际有机农业运动联盟的《有机农业和产品加工基本标准》。有机农产品在我国尚未形成消费群体，产品主要用于出口。虽然我国也发布了一些有机农产品的行业标准，但我国的有机农产品执行的标准主要是出口国要求的标准。目前，欧盟、美国、日本、澳大利亚、加拿大、墨西哥、阿根廷、韩国等都已制定了有机农业及产品生产、加工准则性标准。有机农产品的标准集中在生产加工和储运技术条件方面，无环境和产品质量标准。

四、无公害农产品标准

无公害农产品是产地环境、生产过程和产品质量均符合国家有关标准和规范的要求，经认证合格获得认证证书并允许使用无公害农产品标志的未经加工或者初加工的农产品。无公害农产品执行的是国家质检总局发布的强制性标准及农业部发布的行业标准。产品标准、环境标准和生产资料使用准则为强制性国家或行业标准，生产操作规程为推荐性行业标准。目前，国家质检总局和国家标准委已发布了4类无公害农产品的8个强制性国家标准，农业部发布200余项行业标准。

五、农产品的检验

农产品检验是根据标准对农产品的质量进行科学鉴定以判断其质量高低、使用价值的大小。

农产品检验与标准相互联系，密不可分。任何一种产品标准的制定，必须以大量的检验结果、正确的检验数据为依据；标准发布后，要确定其产品的质量和分等划级，又必须依据标准中规定的质量指标，通过检验来确定。农产品的检验方法一般分为感官检验和理化检验两大类。感官检验在农产品检验中使用十分广泛，其优点是快速简便，有一定准确性，无须专门仪器、设备。对于农产品的新鲜度、成熟度、色香味的判断都具有使用价值。理化检验是利用各种仪器设备、

器械和化学试剂来鉴定农产品的质量。它与感官检验法比较，结果较准确，能用具体数值表示，并且可用以测定农产品的成分、结构和性质。随着现代科学技术的发展，农产品检验必须向科学化、仪器化和快速、少损或无损的方向发展。

第二节　农产品质量分级

农产品质量分级是指根据农产品的质量标准，将不同质量的农产品进行分级、归类。等级明确地反映农产品功能用途及其相应的费用与价格，体现了消费者对农产品预期、认可的不同质量要求。它是生产者能否将产品投入市场的重要依据，也是经营者便于质量比较和定价的基础。它的广泛应用能够降低市场的交易费用，促进市场竞争，更是农产品期货市场、批发与拍卖市场运行的基础。分级应根据事先制定出的质量标准进行。

一、分级的目的和意义

农产品收获以后应该经过一系列商品化处理，再进入流通环节。分级的主要目的是使农产品商品化。通过分级可区分产品的质量，为其价值提供参数、等级标准，在销售中可作为一个重要的工具，给生产者、收购者和流通渠道各环节提供贸易语言。等级标准是评定产品质量的技术准则和客观依据。分级有助于生产者和经营者在产品上市前的准备工作和标价。等级标准还能够为优质优价提供依据，能够以同一标准对不同市场上销售产品的质量进行比较，有利于引导市场价格及提供信息，有助于解决买方和卖方赔偿损失的要求和争论。分级不仅可以贯彻优质优价的政策，还可以促进农产品管理技术的改进，推动农产品生产向良性化发展。通过分级，剔除伤、病虫害农产品，不仅可以减少储运中的损失，还可以减轻一些病虫害的侵染传播。总之，分级是农产品生产、销售及消费之间互相促进、互相监督的纽带，是农产品商品化的必要环节，是提高农产品质量及经济效益的重要措施。

二、粮食的分级

粮食的原始品质主要取决于粮食品种、完善粒状态、杂质和水分。不同的品种，由于其成分不同，品质不同，用途也不同。即使是同一品种，由于完善粒及杂质的比例不同，其耐储性能及加工出的产品质量也不同。因此，为了保障加工产品质量的一致性，更好地进行粮食营销，有必要对收购的粮食进行分级分等，分别管理。不同粮食品种分级依据不同。如小麦和玉米以容重定等。

三、果蔬的分级

果蔬的分级方法有人工操作和机械操作两种。

（一）人工分级

人工分级有两种。一是单凭人的视觉判断，按果蔬的颜色、大小将产品分为若干级。用这种方法分级的产品，容易受心理因素的影响，往往偏差较大。二是用选果板分级，选果板上有一系列直径大小不同的孔，根据果实横径和着色面积的不同进行分级。这种方法分级的产品，同一级别果实的大小基本一致，偏差较小。人工分级能最大限度地减轻果蔬的机械损伤，但工作效率低，级别标准有时不严格。目前我国普遍采用的是人工分级。

（二）机械分级

采用机械分级，不仅能够消除人为的心理因素影响，更重要的是显著提高了工作效率。各种选果机械都是根据果实直径大小进行形状选果，或者根据果蔬的不同质量进行的质量上的选果，或是按颜色分选而设计制造的。我国目前果蔬的商品化处理与发达国家相比差距较大，只在少数外销商品基地才有选果设备，绝大部分地区使用简单的工具，按大小或质量人工分级，逐个挑选、包装，工作效率低。有些内销的产品不进行分级。

水果分级标准因种类、品种而异。我国目前的做法是在果形、新鲜度、颜色、品质、病虫害和机械伤等方面已符合要求的基础上再按大小进行手工分级，即根据果实横径的最大部分直径，分为若干等级。如我国出口的红星苹果，直径从65～90毫米，每相差5毫米为一个等级，共分为5等。葡萄分级主要以果穗为单位，同时也考虑果粒的大小。根据果穗紧实度、成熟度、有无病虫害和机械伤，能否表现出本品种固有颜色和风味进行分级。一般可分为3级，一级果穗大小适中，穗形美观完整，果粒的大小均匀，充分成熟，能呈现出本品种固有色泽，全穗没有破损粒和小青粒，无病虫害；二级果穗大小形状要求不严格但要充分成熟，无破损粒和病虫害；三级果穗即为一二级淘汰下来的果穗，一般用做加工或就地销售，不宜储藏。

蔬菜由于食用部分不同，成熟标准不一致，所以很难有一个固定统一的分级标准，只能按照对各种蔬菜品质的要求制定个别的标准。蔬菜分级通常根据坚实度、清洁度、大小、质量、颜色、形状、鲜嫩度以及病虫感染和机械伤等分级，一般分为3个等级，即特级、一级和二级。特级品质最好，具有本品种的典型形状和色泽，不存在影响组织和风味的内部缺点，大小一致，产品在包装内排列整齐，在数量或质量上允许有5%的误差。一级产品与特级产品有同样的品质，允许在色泽上和形状上稍有缺点，外表稍有斑点，但不影响外观和品质，可允许10%的误差。二级产品可以呈现某些内部和外部缺点，价格低廉，采后适合于就地销售或短距离运输。经分级后的果蔬商品，大小一致，规格统一，优劣分开，从而提高了商品价值，降低了储藏与运输过程中的损耗。

四、绿色农产品分级

我国的绿色农产品分为A级和AA级两种。其中A级绿色农产品生产中允许限量使用化学合成生产资料，AA级绿色农产品则较为严格地要求在生产过程中不使用化学合成的肥料、农药、兽药、饲料添加剂、食品添加剂和其他有害环境和健康的物质。按照农业部发布的行业标准，AA级绿色农产品等同于有机农产品。

第三节　农产品消费者的需求特征

现实生活中的消费者形形色色、千差万别。从性别上来看，有男女之分；从年龄上来看，有幼儿、少年、青年、老年之分；从收入水平上来看，有高收入、低收入之分等。因此，消费者的需求也是多种多样的。虽然如此，消费者的需求仍具有某些共同的倾向性和规律性，这就是消费者需求的基本特征。对于农产品来说，消费者需求的基本特征主要表现在以下几个方面。

一、多样性和差异性

受消费者年龄、性别、地域、文化、职业、收入、教育程度、生活习惯、个性偏好及市场环境等多种因素的影响，消费者表现出多样化的需求，在购买商品的数量、质量、品种、品牌等方面存在巨大差异。即使是同样年龄和性别的消费者，也会因为地理、文化和收入的不同，在其购买特点和商品需求等方面表现出明显的差异性。

二、层次性和发展性

消费者的需求是分层的。从全国来讲，改革开放之前，粮、棉、油等关系国计民生的重要农产品尚不能满足全国人民的需求。在这样的境况下，消费者的需求只能是温饱，甚至有些地方温饱问题还不能得到解决，可以说，这时的需求是一种低层次的需求。随着时代的发展，生产力水平得到了进一步提高，农产品产量提高，人们的需求层次也逐步提高，不再满足于温饱，而是追求营养、健康、品位。

可见，消费者的需求是一个由低级到高级、由简单到复杂不断发展的过程。需求的层次性和发展性说明消费者的需求不是一成不变的，而是随着环境因素的改变而变化的。

三、需求的易变性和季节性、地域性

随着市场竞争的不断加剧，企业不断进行产品创新，各种商品琳琅满目，这引导着人们的需求也不再满足于传统的品种和质量，而是向求新、求异方向发展，表现出易变性。

在消费者需求易变性存在的同时，人们的消费需求也表现出一定的季节性：一是由于季节性气候的变化，不同产品适宜在不同季节消费；二是季节性生产的原因，使需求也呈现出季节性；三是风俗习惯和传统节日引起需求的季节性。不同地区的居民有不同的饮食习惯，这就使得食品需求存在地域性。

四、购买动机多样性

消费者受社会、家庭等诸多因素的影响，在认识、感情、意念等心理活动过程中会形成不同的购买动机，从而引发不同的购买行为。

五、需求的派生性

消费者所购买的农产品往往不是原生态的农产品，而是经过加工、流通等环节的农产品。农产品经过加工可以使品质得到改善，经过流通可以满足消费者适时适地的消费需求。因此消费者对最终农产品的需求就会引起加工者和各级流通主体对中间农产品的需求。这就是农产品需求的派生性。

第四节　农产品消费者的购买行为特征

消费者由于收入、性格、素养等不同而存在着购买心理的差异，会产生多种类型的购买行为。经营者应注意分析影响消费者行为的心理因素，了解不同消费

者的态度和信念，生产符合不同心理需求的农产品。在促销手段上要设法迎合消费者的心理需求。正确选择目标市场，有针对性地开展产品营销活动，使消费者的潜在需求变为现实需求。

一、农产品消费者多而分散

农产品消费涉及每一个人和每个家庭，购买者多而分散。为此，消费者市场是一个人数众多、幅员广阔的市场。由于消费者所处的地理位置相同，闲暇时间不一致，造成购买地点和购买时间的分散性。

二、少量多次

消费者购买是以个人和家庭为购买和消费单位的，由于受到消费人数、需要量、购买力、储藏地点、商品保质期等诸多因素的影响，消费者为了保证自身的消费需要，往往购买批量小、批次多，购买频繁。

三、购买的差异性大

消费者购买因受年龄、性别、职业、收入、文化程度、民族、宗教等影响，其需求有很大的差异性，对农产品的需求也各不相同，而且随着社会经济的发展，消费者消费习惯、消费观念、消费心理不断发生变化，从而导致消费者购买差异性大。

四、大多属于非专家购买

绝大多数农产品消费者购买缺乏相应的专业知识、价格知识和市场知识，尤其是对某些技术性较强、操作比较复杂的商品，更显得知识缺乏。在多数情况下消费者购买时往往受感情的影响较大。因此，消费者很容易受广告宣传、商品包装以及其他促销方式的影响，产生购买冲动。

五、购买的流动性大

消费者购买必然慎重选择，加之当前市场经济比较发达，人口流动性大，导致消费购买的流动性大，消费者购买经常在不同产品、不同地区及不同企业之间流动。

认清消费者购买的特点，有助于经营者根据消费者购买特征来制定营销策略，策划经营活动，更好地开展市场营销活动。